乡愁城市
薛冰 主编

论道扬州

韦明铧 著

东南大学出版社
·南京·

图书在版编目(CIP)数据

论道扬州 / 韦明铧著. —南京:东南大学出版社,
2017.7
 (乡愁城市 / 薛冰主编)
 ISBN 978-7-5641-7235-0

Ⅰ.①论… Ⅱ.①韦… Ⅲ.①城市文化—文化史—扬州—通俗读物 Ⅳ.①K295.33-49

中国版本图书馆 CIP 数据核字(2017)第 131850 号

论道扬州

著　　者	韦明铧
出版发行	东南大学出版社
社　　址	南京市四牌楼 2 号　邮编:210096
出 版 人	江建中
责任编辑	许　进
经　　销	全国各地新华书店
印　　刷	南京玉河印刷厂
版　　次	2017 年 7 月第 1 版
印　　次	2017 年 7 月第 1 次印刷
开　　本	700mm×1000mm　1/16
印　　张	14.5
字　　数	228 千字
书　　号	ISBN 978-7-5641-7235-0
定　　价	50.00 元

本社图书若有印装质量问题,请直接与营销部联系。
电话:025 - 83791830

目　录

绪言　|1

城史　|9
　城垣变迁　|9
　　蜀冈与邗城　|9
　　隋炀帝寻踪　|16
　　宋代的桥　|23
　　明清新旧城　|27
　文化地标　|34
　　宽简平山堂　|34
　　孤忠梅花岭　|39
　　御道龙衣庵　|45
　　澄净曾公祠　|50
　津梁人烟　|56
　　七河八岛　|56
　　红桥修禊　|61
　　街衢摭拾　|66
　　祠庙鳞爪　|75
　都里印迹　|85
　　扬州的河流　|85

扬州的地名 |91
　　扬州的会馆 |96
　　扬州的书院 |103
　舆图杂志 |108
　　见证扬州城 |108
　　重勘旧园亭 |117
　　二十四景存废考（上） |123
　　二十四景存废考（下） |128

营造 |135
　土木工程 |135
　　迷楼设计者项升 |135
　　任意车发明者何稠 |138
　　佛寺建造者住力 |140
　　白塔建造者慧达 |141
　　雕塑家军法力 |144
　能工巧匠 |146
　　广陵木工 |146
　　窑户翁十三 |149
　　河工柏丛桂 |151
　　发明家黄履庄 |153
　　造船家沙飞 |155
　园林设计 |158
　　园艺家计成 |158
　　叠石家道济 |159
　　造园家黄氏 |160
　　扬派盆景 |161
　　百年欧风 |166

目 录

构件 |169

汉唐官制 |169

抚砖遥想吴王城
　　——"北门壁"汉砖 |169

西晋太子广陵王
　　——"□康六年八月二十日"晋砖 |171

修堑垒　缮甲兵
　　——"官"字唐砖 |173

街垂千步柳　霞映两重城
　　——"罗城"唐砖 |175

巡游四处　保佑一方
　　——"游奕"唐砖 |178

南门拾砖记
　　——"殿司"唐砖 |180

唐城也由砖瓦筑
　　——"城东窑王监制"唐瓦 |182

宋明城防 |185

烟消八百载　犹见一方砖
　　——"敢勇军"宋砖 |185

张家军旧物
　　——"雄胜军"宋砖 |187

当年鏖战急　尚听鼙鼓声
　　——"镇江前军"宋砖 |189

清角吹寒　都在空城
　　——"镇江武锋军"宋砖 |191

神州何处银铸城
　　——"淮安州"宋砖 |194

保甲制度的见证
　　——"□甲"宋砖 |196

夺我十家产　筑尔一佳城

　　　　——"扬州府提调官同知"明砖　|198
　　淮左名都
　　　　——"淮"字明砖　|200
　　明代地券与砖刻工艺
　　　　——"直隶扬州府江都县河东清平界永兴乡"明砖　|203
清民窑造　|206
　　朝廷之命　钦定之工
　　　　——"钦工"清砖　|206
　　忏悔之塔　救赎之砖
　　　　——"吴惟华"清砖　|208
　　往事无痕赖此砖
　　　　——"万寿宫"清砖　|210
　　道光二十六年
　　　　——"道光二十六年八月"清砖　|213
　　一手评聊斋　一手抗英夷
　　　　——"两淮盐运使但监造"清砖　|215
　　高墙岂可挡西风
　　　　——"两淮运司江□重修"清砖　|217
　　末代城砖
　　　　——"咸丰二年六月□日修"清砖　|220
　　共和热血今犹红
　　　　——"五色旗"民国砖　|221

绪　言

扬州的建城史,始于《左传》中一句极其简短的话:"吴城邗,沟通江淮。"

有了这句话,我们才确切知道,扬州的前身——邗城的始筑时间,是在两千五百年前。从那以后,这座城市就成为中国历史长河中的一座舞台,一扇窗口,一曲长歌。各种历史人物或成或败,各种历史事件或惊或险,各种历史回音或悲或喜,演绎成波澜壮阔、气势宏伟、穿越时空、感人肺腑的交响曲。

然而,并不是每一个细节我们都十分清楚。

吴戈是笔　挥写城史序章

据说吴戈是一种极其精锐的武器。屈原《九歌·国殇》有云:"操吴戈兮被犀甲,车错毂兮短兵接。"正是这种冷兵器时代的锐器,揭开了扬州城史的序章。

周武王灭商之后分封天下,将自己的小儿分封到邗,称为邗叔,是为邗国。"邗"在古代通"干",所以有人说,铸剑名匠干将就是邗人。邗国在历史上没有留下辉煌的记载。等到江南的吴国消灭了邗国,邗才因邗城、邗沟、邗江而留名青史。

最早灭邗的吴王其实并非夫差,而是夫差的先祖寿梦。寿梦将邗国变成了吴国的一个邑,他在一支戈上镌刻着"邗王寿梦,乍为元用"的铭文,意为"邗王寿梦所作之戈非常适用",可见吴王也就是邗王。

夫差是吴王阖闾之子,即位后打败了越国。后来开凿邗沟,挥师北进,在山东莱芜大败齐兵。继而在河南封丘会盟诸侯,与晋争霸。因越军乘虚攻入吴都,夫差兵败自杀,吴国遂亡。夫差灭邗一事,正史少有记载。《史记》有夫差传,说"吴王夫差闻齐景公死而大臣争宠,新君弱,乃兴师北伐齐",其中并未写到"吴城邗"一事,也许邗国太小,灭邗筑城不足以视为夫差的赫赫战功。但广陵的确属于吴国的范畴。《汉书》说:"吴地,斗分野也。今之会稽、九江、丹阳、豫章、庐江、广陵、六安,临淮郡,尽吴分也。"

  多年来,学者们都在为寻找古邗城遗址而努力。据文献记载,邗城在蜀冈之上,可是蜀冈范围很大,从六合到江都一线都属于蜀冈。那么邗城究竟在哪里呢?有三种说法,一说在仪征,一说在湾头,多数人认为在平山堂后的蜀冈中峰。《太平寰宇记》叙述邗城的方位是:"城在州之西四里蜀冈上。"具体地说,东至象鼻桥,西至观音山,南自梁家楼子,北迄尹家桥头。历来修城多以旧城址为基础,以此思路来倒推,邗城很可能叠压在今唐衙城之下。无论邗城的位置在哪里,它都不仅仅是吴国北上争霸的桥头堡。夫差像他的先祖一样自称"禺邗王",也即"吴邗王",表明他是把邗城当成他的临时都城的。可以说,邗城是连接江南与中原的重要驿站。

  秦朝是个短命的王朝,却给了广陵人召平以用武之地。召平是扬州历史上最早的名人。《史记》中有一段话:"广陵人召平于是为陈王徇广陵,未能下。闻陈王败走,秦兵又且至,乃渡江矫陈王命,拜梁为楚王上柱国。曰:'江东已定,急引兵西击秦。'项梁乃以八千人渡江而西。"召平在陈胜败亡的关键时刻,起了扭转形势的关键作用。

  关于这一段历史,白寿彝先生《中国通史》是这样叙述的:秦二世元年(前209)七月,陈胜起义后,风起云涌,从者如流。这时刘邦已拥众数百人,活跃于江湖山林之间,俨然一支反秦举事的起义队伍了。九月,项梁、项羽也在会稽举起了反秦大旗。"秦二世二年(前208),陈胜的部将广陵(今江苏扬州市)人召平奉命攻打广陵。进击过程中,传闻陈胜已经败走,秦章邯军即将追来,召平乃渡过长江,假借陈王令,拜项梁为张楚政权的上柱国,并命其'急引兵西击秦'。梁受命后,乃率领江东精兵八千人渡江而西。至东阳(今江苏盱眙东南),会合了故东阳令史陈婴的起义军两万人。渡淮之后,又会聚了英布和蒲将军的部队。等到军屯下邳(今江苏邳县南)时,身任张楚上柱国重职的项梁,已拥众六七万人,成为张楚旗帜下一支新的起义大军了。"史书上关于广陵人召平的事迹,大抵就是这样。

  但是,作为文学典故,更为著名的却是"召平瓜"。据说召平后来隐退长安,种瓜为生。他种的瓜五色斑斓,香甜可口,远近闻名,古今流传,人称东陵瓜、东门瓜、故侯瓜、召平瓜等等。阮籍《咏怀》:"昔闻东陵瓜,近在青门外。"杜甫《喜晴》:"千载商山芝,往者东门瓜。"王维《老将行》:"路旁时卖故侯瓜,门前学种先生柳。"李商隐《永乐县即事一章》:"芳年谁共玩?终老召平瓜。"诗中用的都是召平瓜典故。直到清代,扬州人宗元鼎为琼花观卖花老人作传,还说他家"尝有五色瓜,云即昔之广陵人召平种也"。

汉代扬州,频繁封国,其中吴王刘濞被扬州人祭祀于大王庙中。历史上扬州的兴盛,主要有三个时期:汉代,唐代,清代。追溯这些时代之所以兴盛的原因,都是人才集聚、海纳百川的缘故,而以吴王刘濞开其先河。扬州曾先后被封为荆、吴、江都、广陵等国,整个汉代扬州的兴盛,也以吴王刘濞时代为最。刘濞着重发展制盐业和炼铜业两大支柱产业,使得国力崛起。制盐业和炼铜业的发展,需要大量的务工人员和技术人才。据记载,吴王刘濞在人才问题上采取了大力引进的政策,也即《史记》所说"濞则招致天下亡命者"。所谓"天下亡命者",许多是些怀才不遇、流浪四方的人才。当然,董仲舒在江都为相,刘细君与乌孙和亲,也可以看成是特殊的人才。

南朝人鲍照的《芜城赋》,也许是对扬州城盛衰的最早也最生动的描写:"当昔全盛之时,车挂轊,人驾肩。廛闬扑地,歌吹沸天。孳货盐田,铲利铜山。才力雄富,士马精妍。"这是对汉代广陵兴旺发达的写照。可是好景不长,刘宋时代的无情兵火摧毁了它,当时鲍照眼中的广陵城是:"边风急兮城上寒,井径灭兮丘陇残。"《芜城赋》以清丽的辞藻和鲜明的对照,极写汉代广陵的繁盛和南朝芜城的破败,它除了文学上的成功之外,更唤起了读者对人间兴亡的无穷感喟。

芜城,从此成为扬州最具有沧桑感的别称。

唐梦如歌　高唱绝代风流

芜城到了隋代,已经完全换了一个模样。

隋炀帝也许是中国历史上最有争议的帝王之一。他因消除分裂实现统一而功勋卓著,也因开凿运河滥征民夫而天怒人怨;他兴师动众征伐辽东俨然是三军将帅,也舞文弄墨吟风唱月仿佛是一介诗人。隋炀帝只活了五十岁。这是一个短暂而丰富的人生,成功而失败的人生,充满杀戮而又追求风雅的人生。

他生前生后都与扬州结下了不解之缘。

隋炀帝取得皇位之后,原也想做一番事业的,故改年号为大业。他最大的功绩是开凿大运河。他开凿通济渠,借洛河、黄河之水连接洛阳与淮河。又开凿永济渠,引卫河、永定河之水以通北京。继而开凿江南运河,引长江之水直通钱塘江。至此,建成了以洛阳为中心,由永济渠、通济渠、山阳渎和江南运河连接而成的京杭大运河,全长达两千七百余公里。这条中国南北交通大动脉,对中国的军事、交通、经济、文化起过极其重要的作用,隋王朝也因此大伤元气。后人对杨广开河的评价有八个字:弊在当日,功在千秋。

隋炀帝除了兴修运河,又大建宫室。他三下江都,所建隋苑成了千古话题。《舆地纪胜》说"炀帝于江都郡置宫,号江都宫",可惜江都宫的模样后人一无所知。只是在小说传奇中,后人发挥着想象力,如古人版画所描绘的那样,江都宫建筑繁多,树木蓊郁,池水荡漾,石桥飞架,美人散落各处,炀帝嬉戏其间。惹人注目的是,版画上有一行字——"隋炀帝巡幸江都"。唐人李商隐写过一首《隋宫》,他对隋宫的描绘是:"紫泉宫殿锁烟霞,欲取芜城作帝家。""于今腐草无萤火,终古垂杨有暮鸦。"尽管题作"隋宫",诗人看到的只是垂杨暮鸦,令人唏嘘。隋炀帝的江都宫和秦始皇的阿房宫一样,成为后人想象、凭吊和寻索的对象。到清代,江都宫的断砖残瓦还常被扬州农人拾得。阮元有《隋宫瓦》一诗,说他看到扬州农民拾到隋宫瓦的情景:"我过芜城见耕者,拾得隋时故宫瓦"。这种隋宫瓦有花纹,无铭文,不知道它出自回雁宫、芳林门,还是流珠堂、成象殿。阮元说,这种隋宫瓦唯有拿来琢成砚台,磨墨书写吊古文字。

作为皇帝,炀帝有许多值得诟病的地方;作为诗人,杨广却表现出了杰出的才华。他在浮靡的南朝诗风之后,创制了新乐府的写法,推动了格律化的成熟,开启了边塞诗的先声。因为隋炀帝,中国南北诗风在一定程度上实现了融合。诗歌从南朝的靡弱走向初唐的勃兴,隋炀帝的作用是不可忽略的。他在有名的《江都宫乐歌》中写道:"扬州旧处可淹留,台榭高明复好游。"文字清丽,景色宜人,对扬州的留恋溢于言表。又在《泛龙舟》中写道:"借问扬州在何处?淮南江北海西头。"气魄雄伟,举重若轻,直把南巡江都视为回归故乡。

唐代的扬州号称"扬一益二",同样是由于人才空前积聚的缘故。一方面,丝绸之路的畅通为中外经济文化交流开辟了便利的渠道,而扬州有幸成为海上丝绸之路与陆上丝绸之路的节点。无数外国商人来扬州进行贸易,诗圣杜甫就有"商胡离别下扬州"的名句。那时的商胡主要是指来自波斯、大食和阿拉伯的商人。他们以扬州为中心,进行矿物、珠宝、药材等大宗交易,使得扬州一跃而为国际性的商业大都市。另一方面,唐代第一流的文化名人如骆宾王、张若虚、孟浩然、王昌龄、李白、高适、刘长卿、韦应物、孟郊、王播、权德舆、刘禹锡、白居易、李绅、徐凝、杜牧、温庭筠、皮日休、韦庄等,或来往于扬州,或生长在扬州,为扬州带来了文化的大繁荣、大昌盛、大丰收。

唐人歌咏扬州城的诗很多,张祜的《纵游淮南》却别开生面,说人的一生不但活着的时候应该在扬州度过,而且死了也应该葬在扬州。"十里长街市井连,月明桥上看神仙。人生只合扬州死,禅智山光好墓田。"诗中的月明桥、禅智寺、山光寺,都是唐代扬州的地名,如今还有遗迹可寻,为我们解读唐代扬州的历史提供了可贵的资料。

唐代扬州有两重城,蜀冈上面为子城或者衙城,蜀冈下面为罗城或者大城。这在唐人诗文中有真实的反映,如杜牧《扬州三首》咏道:"街垂千步柳,霞映两重城。天碧台阁丽,风凉吹管清。"就是唐代扬州城在诗中的写照。市廛和树木相依,街衢和云霞掩映,扬州自古就是一座重视人居环境和生态平衡的城市。于邺的《扬州梦记》可能是最早描写扬州城的文言小说,其中有云:"扬州,胜地也,每重城向夕,娼楼之上,街中珠翠填咽,邈若仙境。"文中说的重城,就是指扬州的子城与罗城,可见作品取材于现实。李公佐的《南柯太守传》没有直接提到扬州城,但却提到了广陵郡,说淳于棼"家住广陵郡东十里,所居宅南有大古槐一株,枝干修密,清阴数亩。淳于生日与群豪,大饮其下"。淳于棼就是在广陵郡东的古槐下,进入大槐安国,做完他的南柯一梦的。唐代的扬州梦被后人不断追思,它的风流、旖旎、富庶、传奇,还包括了鉴真六次东渡的帆影和崔致远四载笔耕的青灯。

宋代扬州的繁华市井,虽然稍逊于盛唐,也是令人艳羡的。秦观有一首《望海潮》词,写宋代扬州的情景是:"星分牛斗,疆连淮海,扬州万井提封。花发路香,莺啼人起,珠帘十里东风。"扬州的千家万户百姓,简直生活在鸟语花香之中。社会的安定,物产的丰盛,使得宋代扬州一度成为文化昌盛之邦。欧阳修、苏东坡,开启了扬州的千年文风。

宋代扬州城的繁盛,毁灭于金兵的铁蹄,南宋姜夔的一阕《扬州慢》写出了词人眼中的空城。词前短序,言简意赅,读来令人悲切:"淳熙丙申至日,予过维扬。夜雪初霁,荠麦弥望。入其城,则四顾萧条,寒水自碧。暮色渐起,戍角悲吟。余怀怆然，感慨今昔，因自度此曲。千岩老人以为有《黍离》之悲也。"本来是一座淮左名都，现在却成了废池乔木，怎不教人伤感？唯有李庭芝、姜才留下的双忠故事，让后人感受血与火的震撼。

清风欲醉　尽染落日辉煌

　　元代的扬州城，有一位名叫盛如梓的扬州人在《庶斋老学丛谈》里曾加以考证。"今之扬州，秦为广陵县，汉为广陵郡。扬州治所，或在历阳，或在寿春，或在建康，广陵皆非所统。隋开皇初，方改为扬州，其城即今宝祐城，周三十六里，因吴王濞之都也。今扬州城，乃后周显德五年，于故城东南隅改筑，周二十馀里。大市东南角，俞生家穿井，犹有船板。"盛如梓说，"宝祐城原系贾似道所筑，旧名堡城，后改名宝祐城。为了筑城，总共费银一千三百馀万两，米九万五千馀石，动用士兵三万人，花费时日六个月。"

　　那时候的扬州社会生活，元人陈秀民有《扬州》诗咏道："琼花观里花无比，明月楼头月有光。华省不时开饮宴，有司排日送官羊。银床露冷侵歌扇，罗荐风轻袭舞裳。遮莫淮南供给重，逢人犹说好维扬。"好一个"逢人犹说好维扬"！让我们至今不敢小觑元代的扬州城，更不用说马可·波罗在他的游记里记载的繁荣和强盛了。

　　昔日扬州的繁华成为明清文人难以挥去的追忆。明清诗人写得最多的，就是"扬州怀古"一类诗什。明人曾棨《维扬怀古》云："广陵城里昔繁华，炀帝行宫接紫霞。玉树歌残犹有曲，锦帆归去已无家。楼台处处迷芳草，风雨年年怨落花。最是多情汴堤柳，春来依旧带栖鸦。"清人洪升《广陵怀古》云："孤坟何处问雷塘？犹忆东巡乐未央。廿四桥头人影乱，三千殿脚棹歌长。流萤不见飞隋苑，杜宇依然叫蜀冈。全盛江都同一梦，杨花如雪晚茫茫。"追忆扬州往昔的美人芳草、急管繁弦，成了封建晚期文人的不解情结。

　　其实明清时代的扬州城，自有它的胜景，尤其城北一带的风光特别宜人。明人万时华《同诸子泛舟平山堂酌第五泉》云："共泛轻舟绿树湾，遥从北郭问平山。"可见明代扬州的北郭，已是人们游赏的胜地。汤显祖在他的著名传奇《牡丹亭》中，引人注目地运用了扬州筑城的史事。剧中人说道："边海一边江，隔不断胡尘涨。维扬新筑两城墙,酾酒临江上。请了!俺们扬州府文武官僚是也。"这里说的扬州筑城一事并不是作者的虚构,而是明代扬州建城史的真实反映。冯梦龙的"三言"对扬州城的描写极多。《醒世恒言》写扬州的交通和商业是:"那扬州,隋时谓之江都,是江淮要冲、南北襟喉之地,往来樯橹如麻。岸上居民稠密,做买做卖的,挨挤不开,真好个繁华去处。"《警世通言》反映了徽商在扬州的活动:"在下姓陈,祖贯徽州,今在扬州闸上开个粮食铺子。"《喻世明言》提到扬州的开明桥和桥畔的生药铺:"教往扬州开明桥下,寻开生药铺申公,凭此为照,取钱十万贯。"虽是小说家之言,却是历史的折射。

史可法的故事反映在孔尚任的《桃花扇》里。史可法在扬州城破之际,不得不突围出城:"俺史可法率三千弟子,死守扬州,那知力尽粮绝,外援不至。北兵今夜攻破北城,俺已拼命自尽,忽然想起明朝三百年社稷,只靠俺一身撑持,岂可效无益之死,舍孤立之君?故此缒下南城,直奔仪真。"谁也想不到,在南宋的双忠之后,又有一位南明的孤忠屹立在扬州城头,成为百代景仰的忠魂。

然而"扬州十日"过后不久,扬州就达到了新的鼎盛。清初诗人吴绮以为,扬州城的精华都在城北。他在《红桥绝句》里写道:"城北风光绝点尘,垂杨个个斗腰身。榆钱飞尽荷钱出,买断扬州十里春。"王士禛同意他的看法,在《红桥怀古》中写下了歌咏扬州城的绝唱:"北郭青溪一带流,红桥风物眼中秋,绿杨城郭是扬州。"陈维崧《依园游记》具体记载扬州城北园林的风光是:"出扬州北郭门百余步,为依园。依园者,韩家园也。斜带红桥,俯映渌水,人家园林以百十数,依园尤胜,屡为诸名士宴游地。"这些鳞次栉比的园林背后,是扬州盐商的富甲天下。

清中叶的几部伟大小说,几乎无一不提到扬州城。

曹雪芹的《红楼梦》有两个回目直接提到扬州城,一是《贾夫人仙逝扬州城》,二是《林如海捐馆扬州城》(脂本)。其中写到扬州城外的风景:"雨村闲居无聊,每当风日晴和,饭后便出来闲步。这一日偶至郊外,意欲赏鉴那村野风光。信步至一山环水漩、茂林修竹之处,隐隐有座庙宇,门巷倾颓,墙垣剥落,有额题曰:'智通寺'。"据考证,智通寺就是城北的禅智寺。吴敬梓的《儒林外史》写扬州有新城、旧城之分:"我要到旧城里木兰院一个师兄家走走,牛相公,你在家里坐着吧。"书中提到扬州城里的许多地名,如河下、钞关、盐运司、兴教寺、缺口门、武城巷等,至今有迹可寻。沈复的自传体小说《浮生六记》是一部篇幅不大但影响不小的文学作品,作者因为流寓扬州,对扬州颇为熟悉,所以在书中极力称赞扬州城郭之美。"平山堂离城约三四里,行其途有八九里。虽全是人工,而奇思幻想,点缀天然,即阆苑瑶池、琼楼玉宇,谅不过此。其妙处,在十馀家之园亭合而为一,联络至山,气势俱贯。其最难位置处,出城八景,有一里许紧沿城郭。"沈复感慨,一般的城郭只有远远地掩映于重山之中才能够入画,哪有紧紧挨着城郭建造园林的呢?可是扬州园林正是倚城而建,"此非胸有丘壑者断难下手"。康乾时代的扬州城,犹如甘美丰腴的春风春雨,吹拂滋养着世人的心,定格在清明上河图式的《扬州画舫录》长卷之中。

可是到了晚清,扬州日见萧条,预兆着中国封建社会已经"无可奈何花落去"。龚自珍在《己亥六月重过扬州记》中,一方面说扬州乍看起来也还歌舞升平,"江淮数十州县治,无如此冶华也";一方面写舟人时时指着两岸说"某园故址也",约有八九处园林已成废墟。他感受到一种盛夏即将过去,秋凉即将到来的征兆,发问道:"今扬州,其初秋也欤?"扬州的秋意,象征着一个漫长历史时期的终结。

清代的扬州被称为封建时代的"落日的辉煌",毋庸置疑的是,它的经济文化也在这时达到了历史的巅峰。在经济上,扬州盐业几乎掌控了朝廷经济的命脉,而成功经营盐业的精明商人绝大多数来自外地,如晋商、秦商、徽商、赣商等。在文化上,也复如此。扬州八怪这个富有创新精神的著名画派人数多达十五人,其中除了高翔是扬州本地人之外,其他成员都来自外地。扬州学派在清代学术上的成就横空出世,同样因为有包容天下的气魄,汪中、焦循、阮元都得益于皖派、吴派,而能够融会贯通、自成一家。

总而言之,清代扬州经济文化的鼎盛,离不开五湖四海的各种人才。而这些人才愿意常住扬州,也因为扬州不但是一个美丽温馨的安居家园,而且是一个施展身手的创业舞台。所有的人才在扬州都可以找到英雄用武之地,他们也给扬州创造了前所未有的辉煌。

但是,这座古城的历史章节依然留下了许多问号,建设这座古城的能工巧匠依然面目模糊,构筑这座古城的断砖破瓦依然有未曾解开的密码。我想在这些方面做一些纯属个人的探索。

韦明铧
2016 年 12 月于扬州墅园

城　　史

城堞变迁

蜀冈与邗城

有人说,邗城是扬州之祖,蜀冈是扬州之根。其实严格说起来,蜀冈并不是山,只是丘陵而已,为什么说它是扬州两千五百年历史之根呢?

早在中国东南沿海一带的先民还被视为"淮夷"的时候,远古的扬州人就披着兽皮,围着草裙,生生不息在蜀冈上。他们茹毛饮血,狩猎耕耘,在蜀冈上建了一个小小的国——邗国。

邗国应该就是老子理想中的那种小国寡民式的桃花源,安居乐业,与世无争。直到春秋时期,北上称霸的吴王夫差用武力消灭邗国,邗国的文明从此深埋蜀冈之下。而夫差新筑的城,新凿的沟,依然叫作"邗"。"邗",一说就是"岸",指水边的高地。

古代的蜀冈,其实是长江的北岸。站在蜀冈的南沿,脚下便是滔滔江水,浩浩东去。很多很多年以后,冈下淤积成陆,才渐渐有人居住。从地质上说,蜀冈形成于第四纪晚期的更新世,距今已有二十万年历史。而冈下有人居住的历史,才几千年。

嘉庆《重修扬州府志》记载:"蜀冈,在城西北四里,一名昆冈。鲍照赋'轴以

蜀冈西峰

昆冈',即此。相传地脉通蜀,故名。上有蜀井。嘉靖《志》云,蜀冈连接西蜀。朱子云,岷山夹江南两岸而行,一支去为江北许多去处;又曰,自嶓家汉水之北,生下一支至扬州而尽。"蜀冈之所以叫作"蜀冈",向来的解释是因为它的地脉与西蜀相连。如果看到长江上游的金沙江与长江下游的扬子江是一脉相承的,那么蜀冈与蜀山相连之说,也并非完全是空想。

1931年出版的《中国古今地名大辞典》对于蜀冈是这样解释的:"蜀冈,在江苏江都县西北四里,冈势绵亘四十余里,西接仪征、六合界,东北接茱萸湾。上有蜀井,相传地脉通蜀。《寰宇记》:冈有茶园,其味甘如蒙顶,蒙顶在蜀,故以名冈。《方舆纪要》:唐光启三年,杨行密自庐州援广陵军于扬子,并西山以逼广陵,即蜀冈也。"蜀冈产茶,味如蒙顶,而蒙顶山在四川,所以山名蜀冈。这又是一种解释,还是与蜀地有关。

扬州流传着一个故事。一位行脚僧在四川峨眉山中游历,口渴了就用瓢在山涧中取水,不慎瓢被激流冲走。几年之后,行脚僧来到扬州蜀冈大明寺,在井中打水时,居然复得当年失去的瓢。人们觉得此山与蜀山相连,从此呼为"蜀冈"。

还有一种说法与众不同,认为古代有一种独行的虫,与扬州的蜀冈相似,故名"蜀冈"。蜀冈的"蜀",就是"獨",传说中一种独行的虫。扬州地处平原,唯有这一座山,所以看起来很像是独行的虫。

蜀冈从头到尾分为三段,中间一段最为繁盛,称为"蜀冈三峰"。中峰有平山堂,东峰有观音寺,西峰有司徒庙,正好三分蜀冈春色。波光粼粼的瘦西湖从峰下蜿蜒而过,亭台楼阁散落于水滨,如一粒粒明珠镶嵌其间,与巍巍蜀冈交相辉映。

蜀冈三峰之东寺庙尤多,铁佛寺、大云寺、禅智寺、山光寺、香阜寺等,至今犹有遗迹可寻。

蜀冈三峰以西则以杂花生树、群莺乱飞取胜,以高士隐逸、富商聚居出名,昔人称为"西山"。清人林溥有《扬州西山小志》咏道:"西山自古擅风流,乔木森森荣载修。甲第极多商贾盛,由来人说小扬州。"

蜀冈的西脉,是指蜀冈三峰以西的余脉。蜀冈至此,距离闹市的红尘渐远,而满坡的绿树愈密。春来野花如星,夏来浓荫蔽日,秋来红叶似火,冬来积雪耀眼。闲来到此,信步攀登,处处有景致,时时可驻足。登高望远,则江南诸山隐约可见;曲径通幽,则林间清风任凭吐纳。蜀冈好似一条蜿蜒的长龙,横贯于扬州东西。到了西部冈上,市声早已被野趣所取代,人心也愈加回复于自然。

蜀冈历来是文人骚客吟咏之地。

王安石《蜀冈》诗云:"城郭千家一弹丸,蜀冈拥肿作蛇蟠。眼前不道无苍翠,偷得钟山隔水看。"是说扬州的蜀冈与南京的钟山之间,只有一江之隔。

秦少游《蜀冈》诗云:"蜀冈精气蓄多年,故有清泉发石田。乍饮肺肝俱澡雪,久窥杖履一清便。炊成香稻流珠滑,煮出新茶泼乳鲜。坐使二分乡思动,放杯四望欲挥鞭。"是说蜀冈的精气与清泉,能把人的五脏六腑荡涤得干干净净。

刘敞《蜀冈南麓》诗云:"山深行易迷,南麓偶清旷。鸡犬鸣谷中,樵童戏岩上。茅茨肖浮居,牖户相背向。竹径通往来,清阴亦弥望。白头三四老,相见语欢畅。心疑避世子,行迹一何放?行将从子游,自恨苦羁鞅。不能问姓名,聊作招隐唱。"是说蜀冈的清旷与幽静,使他陡生挂冠归隐的念头。

盛仪《宴蜀冈阁》诗云:"挟风盘日上崇冈,高阁临虚思渺茫。云拥旌旗翻睥睨,鸟飞湖树杂帆樯。十千禾黍登秋早,无数山峰接海长。四美于人堪发兴,故应黄菊近重阳。"是说蜀冈的秋天,具备了良辰、美景、赏心、乐事四美。

蜀冈有大明寺、平山堂、观音山、瘦西湖等名胜,闻名遐迩,蜚声中外。蜀冈更有层峦叠嶂、人杰地灵、凭栏远眺、江山如画之胜概,令人向往,引人入胜。在某种意义上说,蜀冈是扬州人文与生态结合得最好的地方。夜来谛听脚下,或许会传来峨眉山下潜流的淙淙流水声;晓起轻开窗扉,又或许会邂逅吴王夫差与美人西施的款款身影。汉唐征战的箭镞,或许就在那黄土掩埋之下;明清诗坛的诗章,或许就在那红花绽放之中。

最早的扬州城——邗城,就建在蜀冈之上。我有《夫差筑邗城》旧文记其事:"扬州建城于周敬王三十四年(前486)。这一年,吴王夫差为了北上伐齐,争霸中原,在蜀冈古邗邑之地筑邗城,是为扬州建城之始。在建筑邗城的同时,夫差又开凿邗沟,沟通江淮,成为京杭大运河的滥觞。夫差是春秋末年吴国国君,阖闾之子。阖闾为越王勾践战败致死,夫差立志复仇,终于大败越兵,使越降服。开凿邗沟之后,他北向攻齐,在艾陵之战中全歼十万齐军。邗城遗址位于蜀冈之上,城南沿在蜀冈南麓断崖上,断崖下即是长江。城为方形,板筑城垣,周长约十华里。自从有了邗城,扬州城的历史就未曾中断,至今已经将近两千五百年。"

扬州邗城与常州淹城同属春秋古城,但两座古城不太一样。我和我的弟子朱韫慧写过一篇题为《邗城老故事 淹城新传奇》的文章,比较了两座春秋古城的不同之处。它们分处江北与江南,近年来却成为完全不同的新闻热点。邗城被再度关注,是因为以此为起点的扬州历代城池大遗址将得到完整的保护。淹城的声誉鹊起,则得益于遗址保护与现代旅游的和谐统一。淹城和邗城都是春秋古城,地理环境差异很大。就建城位置而言,淹城是被水重重环绕的城池,这从"淹城"的名称也可以推测出。而"邗"通"干",《诗经·魏风》中说:"坎坎伐檀兮,置之河之干兮","干"即河岸,由此可见邗城建于高高的河岸或江岸之上。

淹城建于春秋晚期,是中国目前春秋古城遗址中保存最为完整的一座。从里向外,它由子城、子城河,内城、内城河,外城、外城河三城三河相套组成。这种建筑形制在中国的城池遗存中独一无二。子城呈方形,周长五百米;内城亦呈方形,周长一千五百米;外城呈不规则椭圆形,周长二千五百米。另外还有一道外城廓,周长三千五百米。

说起邗城,我们自然要提起开城鼻祖吴王夫差。《左传》记载,邗城系吴王夫差始建,春秋后期周敬王三十四年(前486)"吴城邗,沟通江淮",这是扬州建城的最早记载。邗城建成后不久,吴国被越国所灭,邗城归越。周显王三十五年(前334),楚并越,邗城又属楚。历来修城,都是在邗城旧址的基础上扩建或修建。夫差始筑邗城之后,楚王筑广陵城,汉代吴王刘濞筑城,一直到后来的唐城都在蜀冈上。正因为古邗城几经重筑,考古层面的实物发现几乎没有,文献资料又非常零碎,不能提供足够的证据。因此,最早的邗城位置究竟在何方,一直是学界未解之谜。不过,据专家介绍,通过有限的文字记载,对比春秋时的城池,吴王夫差所筑的邗城,一定是建在今天的扬州北郊蜀冈上。可是蜀冈范围很大,从六合到江都一线都属于蜀冈,邗城确切地点尚待考证。现在可以大致推知,邗城的南沿贴近蜀冈南面的断崖,城呈方形,用土夯成;邗城无南门,因为南冈之下便是长江,无路可通;北面仅有一个水门,只有东西设有城门。这种筑城形制与江南的越城、淹城稍有相似之处。"吴城邗"之后,专门为邗城开了一条邗沟,说明了邗城的重要作用。学术界有人认为,"邗"通"干",而"干"字的另一义项是兵器,因此邗城本是一座军事要塞,是吴王夫差北上争霸的前沿堡垒。而且,它不仅是军事城堡,还是吴王夫差的临时都城,夫差自称"禺邗王",意味着他就是邗城的王,邗城就是他的都城。

常州淹城与扬州邗城都是春秋古城,确切地说,邗城传统文化的影响要比淹城更为深远。发人深省的是,文化积淀并不深厚的常州却发掘出了我国目前保存最完整、最古老的春秋城池遗址,而邗城的前世今生仍要靠我们的研究者在为数甚少的文献中猜想和论证。

对于扬州城的早期历史,研究成果不多,外国学者更是极少论到。近年读书时,发现英国李约瑟、朝鲜崔溥、澳大利亚安东篱等人,在他们的著述中都曾涉及邗沟、邗城及夫差。

英国学者李约瑟先生的《中国科学技术史》,是二十世纪划时代的巨著。一个英国人,孜孜不倦地研究中国几千年来科技与文明的发展史,对于人类的贡献是无庸置疑的。《中华科学文明史》五卷是这一巨著的缩写本,此书承原著之精要,作简明之叙事,勾勒了中华科学文明的发展脉络。

李约瑟在书中多次写到扬州在中国科学史上的地位与贡献。首先,李约瑟谈到了京杭大运河及邗沟。他在第一卷第五章中说:

中国处于分裂动乱的状态共有三百三十年,三国的六十年,南北朝的二百七十年。可以预料到,再次统一中国的强大统治集团的首要工作,应当是采取措施来改善北方和南方之间的联系。隋朝的第一位皇帝做了一些成就,而他的继任者隋炀帝全面检查了长江、黄河之间从前零星断续的水道运输系统,并第一次以大运河的形式修筑了作为连接干线的重要水道。这条新的水道正好通过南北之间的传统战场,成为替后世开万代之利的宏伟工程,只是它将很多人的生命都耗费于其中。

大运河的前身是邗沟。第五卷第五章谈水利工程时,李约瑟认为,在公元前五世纪中国出现的一大批水利工程中,只有两项是属于"非常重要"的。其一是西门豹的引漳灌溉农田工程,其二是夫差的沟通江淮工程。李约瑟说:"第二个就是邗沟,它连通了淮河和长江,后来邗沟成为大运河第二段最古老的部分。"关于大运河带来的实际效果,李约瑟在本章引用唐代来华的日本和尚圆仁的见闻录《入唐求法巡礼行记》说:"838年,他在扬州沿岸旅行,那里是从无数盐场引出的横向引水渠中的一条,这些盐场在三国和隋代之间被兴建或维修。在一段笔直的远极目力的引水渠上,一列船队有四十艘,许多船上摇着两条或三条桨,被两头或三头水牛缓慢而有效地拖拉着。一次,遇到了堤岸坍塌,但圆仁所在的团体在挖掘之后通过了,并且当他们靠近大运河的时候,只见盐船三五条桨一齐划动,一里接一里,一艘接一艘,连绵不断。"可见大运河给扬州带来了经济的发展和运输的繁忙。

明代弘治元年(1488),有一位朝鲜中层官员崔溥因事奉差出海,不料遭到暴风袭击,同船四十余人从朝鲜济州岛漂至中国浙江台州临海。他们最初被疑为倭寇,后经审查,排除嫌疑,受到中国官民的友好接待,便由浙东经陆路至杭州,再由杭州沿运河至扬州,到达北京后,再从陆路至鸭绿江返回故国。崔溥把在中国的经历,用汉文写成《漂海录》一书,长约五万余字。傅璇琮为葛振家《崔溥〈漂海录〉评注》所作序说,距今五百多年前写成的这部《漂海录》,堪与《马可·波罗游记》媲美。

《漂海录》以日记形式,逐日记录了作者的行程,内容涉及明弘治年间的政治、军事、经济、文化、交通、风俗等情况。其中经行扬州的部分,是了解当时扬州政制、运河、城市、民俗的生动材料。《漂海录》特别谈到了邗沟,说:"邗沟一名寒江,回抱南北水路之要冲……盖夏禹时,江淮未通……至吴王夫差始开邗沟,隋人广之,舟楫始通焉。"这是朝鲜人关于夫差和邗沟的重要认识。

安东篱女士(Antonia Finnane)原名安东尼亚,本科毕业于澳大利亚悉尼大学,二十世纪八十年代留学于南京大学,后在澳大利亚墨尔本大学历史系任教,主要从事十六至二十世纪中国社会和文化史研究,《说扬州:1550—1850年的一座中国城市》是她的重要著作。

在海外学者很少关注扬州早期建城史的时候,《说扬州:1550—1850年的一座中国城市》却谈到夫差和邗城:

现在的扬州市东边是一片平坦之地,西北边却有一系列低矮的小山。夫差的人马在一块高地顶部筑起了驻防墙,那里可以纵览下面的平原,后来这个地方被称为"蜀冈"。他们在东边开始了中国最著名的工程——开挖运河。它把长江与淮河联系了起来,这无疑是为了便于把军队和给养运往齐国边界。夫差输掉了这场战争,却在扬州的历史上为自己留下了声名。他所修筑的城堡在他退败之后显然被废弃了,留下了今日扬州市的起源。

接着,安东篱说到刘濞和广陵城:"这座城堡被称为邗城,开凿的水道被称为邗沟。这段早期的历史以及此后大约三个世纪中的人工创造物,几乎没有任何东西得到恢复。在这几个世纪里,中国变成了一个不同的地方。相互争战的各个国家已经被焊接成一个帝国,先是经历了秦朝(前221—前207)的短暂统治,然后是一个统治期更长的汉朝(前202—前220)。公元前195年,汉朝开国皇帝刘邦把东南部的吴国作为封地交给自己的侄子刘濞。吴国覆盖了古称'扬州'的许多地区。吴王刘濞在邗城之地修建了自己的国都,并且称之为广陵,意为'开阔的山丘',城墙长约十四里半(五英里多一点),围起了一块较大的区域,足以容纳小块的耕地以及居住区、军营跟市场。"

安东篱还简单回顾了东汉和南北朝时代的芜城:"汉朝延续了四百多年。在此期间开凿了来往广陵的运河,筑起了堤防,栽上了桑树,并从大海中提取出海盐。大多数治水之举,包括江淮运河的改道,都发生在东汉期间(25—220),这让我们想到生齿日盛,拓殖扩展,还有灌溉和运输需要的与日俱增。直至东汉结束,广陵依然是一个边陲之镇,依然是南北交汇之处,不过这种交汇现在更加频繁,这座城市在政治地理上的基础地位得到了更牢固的确立。从这时开始,在从长江到淮河的运河边一直会有一座城市。""汉朝之后是一个很长的分裂时期。广陵的战略意义——这在几个世纪之前夫差修筑其城堡之时即已预见到——得到了反复的证明,敌对各国争战期间,这座城市屡次遭到洗劫。五世纪末,诗人鲍照用诗文反映了这座城市在汉末遭到的破坏,不过这些诗句也适用于他自己的那个时代的情况,其标志就是451年和459年的广陵屠城事件:'边风急兮城上寒,井径灭兮丘陇残。千龄兮万代,共尽兮何言!'鲍照的诗题为《芜城赋》,广陵因而也被称为'芜城',即荒芜或者长满荒草之城,从而一针见血地指出了这座城市的命运之短暂。"

这些简明的回顾,对于英语世界的读者了解中国古城扬州的历史,是非常有益的。借助于这些叙述,西方人才知道扬州人为什么要在2015年举行两千五百年城庆。

说起来真是有缘，几年前我在扬州蜀冈下买了一幢房子，然后我就从扬州的明清古城搬到了邗城遗址之下。门口的大道恰好叫作邗江路，往北步行不远便是十里蜀冈。我真的是家住邗城了。每天清晨，当我推窗北望，都感到有一股清新的山风从蜀冈扑面而来。我告诉自己，这就是两千五百年前邗城的精气。古城的生机因它而诞生，文明的积淀在它的怀抱。它涵蓄着江南的灵动，也吞吐着中原的厚重。盘古山和仓颉庙使你得以与中华民族的先祖对话，斗鸡台与玉钩斜又让你缅怀往昔岁月的万种风情。

山不在高，有仙则名。水不在深，有龙则灵。蜀冈，你还好吗？

隋炀帝寻踪

隋炀帝也许是中国历史上最有争议的帝王之一。他因消除分裂实现统一而功勋卓著,；也因开凿运河滥征民夫而天怒人怨；他兴师动众征伐辽东俨然是三军将帅，也舞文弄墨吟风唱月仿佛是一介书生。

隋炀帝像

隋炀帝只活了五十岁。这是一个短暂而丰富的人生，成功而失败的人生，充满杀戮而又追求风雅的人生。

他生命的休止和事业的终结都在扬州，如今扬州还能寻找到他的踪迹吗？

正如一般人心目中的隋炀帝一样，我印象中的隋炀帝本来也只是一个昏君而已。但如果读一读他的诗歌，不能不承认我们的肤浅。

作为皇帝，隋炀帝容或有许多值得诟病的地方；但作为诗人，我们应该承认他的才华。隋炀帝在浮靡的南朝诗风之后，创制了新乐府的写法，推动了格律化的成熟，开启了边塞诗的先声。因为隋炀帝，中国南北诗风在一定程度上实现了融合。诗歌从南朝的靡弱走向初唐的勃兴,隋炀帝的作用是不可忽略的。

隋炀帝的父亲隋文帝就反对浮华的文风,下令公私文翰均宜务实,不准蹈空,并将文表华艳的官员治罪。隋炀帝在这一点上继承了父志,他的诗歌《饮马长城窟行》刚健质朴,清人张玉谷在《古诗赏析》中赞其"通首气体阔大,颇有魏武之风"。

隋炀帝也写宫体诗。他消灭了陈朝之后,把陈朝的宫廷诗人也带到了隋宫。然而,杨广毕竟是杨广,他写的宫体诗虽然不离花月,却别有气象。如他的《春江花月夜》:"暮江平不动,春花满正开。流波将月去,潮水带星来。""夜露含花气,春潭漾月晖。汉水逢游女,湘川值两妃。"尽管句句离不开风月,并无萎靡的气息。《春江花月夜》原是陈朝旧曲,是隋炀帝使之起死还生,并成为后来张若虚千古绝唱的先声。

有意思的是,在隋炀帝的诗歌中相当一部分与扬州有关。炀帝在扬州的时间很长,他先是担任扬州总管十年,登基以后又三下江都,前后加起来有十三四年之多。他实在是喜欢扬州,在其笔下毫不掩饰他的炽热情感。

如有名的《江都宫乐歌》写道:

扬州旧处可淹留,台榭高明复好游。
风亭芳树迎早夏,长皋麦陇送余秋。
渌潭桂楫浮青雀,果下金鞍跃紫骝。
绿筋素蚁流霞饮,长袖清歌乐戏州。

文字清丽,景色宜人,对扬州的留恋溢于言表。又有《泛龙舟》写道:

舳舻千里泛归舟,言旋旧镇下扬州。
借问扬州在何处?淮南江北海西头。
六辔聊停御百丈,暂罢开山歌棹讴。
讵似江东掌间地,独自称言鉴里游。

气魄雄伟,举重若轻,直把南巡视为回归故乡。还有《江都夏》写道:

黄梅雨细麦秋轻,枫叶萧萧江水平。
飞楼绮观轩若惊,花簟罗帏当夜清。

菱潭落日双凫舫,绿水红妆两摇漾。

还似扶桑碧海上,谁肯空歌采莲唱。

梅雨时节,采莲光景,都映入诗人眼中,打动诗人心弦。隋炀帝如此钟情于扬州,有人说原因有三。一是他长期总管广陵,把扬州视作第二故乡;二是通过南游,促进南北大运河的建设;三是以扬州为基地,将南朝故地真正纳入帝国的版图。

隋炀帝在扬州大建宫室,史称隋宫,又称江都宫。

隋宫有十座之多,即归雁宫、回流宫、九里宫、松林宫、枫林宫、大雷宫、小雷宫、春草宫、九华宫、光汾宫。它们的地点,或说在扬州城北,如《寿春图经》:"隋十宫在江都县北长阜苑内,依林傍涧,因高跨阜,随地形置焉";或说在扬州城南,如《嘉庆一统志》:"扬州府古迹,临江宫在江都县南二十里"。隋宫早已灰飞烟灭,但也不无遗迹可寻。

临江宫应在三汊河附近,那里曾是扬子津所在,在宫中可聆江涛。湾头山光寺是隋宫改建,炀帝因信佛,故舍宫为寺。观音山也应是江都宫遗址,现有迷楼遗构,让后人凭吊和反思。

隋炀帝取得皇位之后,原也想做一番事业的,故改年号为"大业"。但他好大喜功,刚即位就迁都洛阳,大建宫室,同时征调百万民工,修凿运河。他三次南下江都,所建宫阙成了千古话题。《舆地纪胜》说"炀帝于江都郡置宫,号江都宫",可惜江都宫的模样后人一无所知。只是在小说传奇中,发挥着后人的想象力。《隋唐演义》《隋唐志传》《隋炀帝艳史》等书多少都要涉及江都宫的奢靡,《隋唐演义》的一幅版画还描绘了隋炀帝在江都宫作乐的情景。从图中可以看到,江都宫建筑繁多,树木蓊郁,池水荡漾,石桥飞架,美人散落各处,炀帝嬉戏其间。惹人注目的是,版画上有一行字——"隋炀帝巡幸江都"。

隋炀帝的江都宫和秦始皇的阿房宫一样,成为后人想象和寻索的对象。至少到清代,江都宫的断砖残瓦还常被扬州人拾得。阮元有《隋宫瓦》一诗记录他看到扬州农民拾到隋宫瓦的情景:"隋宫黄土迷芜城,大雷小雷春草生。玉勾金钗掘已尽,荒原还有耕夫耕。我过芜城见耕者,拾得隋时故宫瓦。但有双环四出纹,惜无文字周回写。回雁宫,芳林门,知是何方檐溜痕?流珠堂,成象殿,建甍形势分明见。"阮元说,这种隋宫瓦有花纹无铭文,不知道它出自回雁宫、芳林门,还是流珠堂、成象殿,被农民拾到后,唯有拿来琢成砚台,磨墨书写吊古文字。

炀帝隐隐意识到,江都宫可能是他的绝命之处。他曾在宫中引镜自照,然后缓缓对皇后萧氏说:"好头颈,谁当斫之?"他预感自己末日将临,却并无作为,反而得过且过。江都宫果然成了他的伤心之地,而"隋宫"二字也永远被涂上了奢华和亡国的凄惨色调。

唐人李商隐写过一首《隋宫》,他对于隋宫的描绘是:"紫泉宫殿锁烟霞,欲取芜城作帝家""于今腐草无萤火,终古垂杨有暮鸦"。尽管题作"隋宫",诗人看到的只是垂杨暮鸦,令人唏嘘。

宋人晁补之在《江神子·广陵送王左丞赴阙》里写到的隋宫是:"隋宫烟外草萋萋,菊花时,动旌旗。"芳草萋萋,秋花瑟瑟,一片荒凉之气迎面袭来。

如果说隋宫已无觅处,迷楼却有遗迹可寻。

大约在隋亡之后,迷楼就成了游人到扬州必访之处。唐人李绅《宿扬州》诗云:"今日市朝风俗变,不须开口问迷楼。"正好说明人们一到扬州就问迷楼。

迷楼的位置,一直说是在观音山。现在观音山上有座"鉴楼",相传就是迷楼遗址。鉴者,以史为鉴也,这个名字起得很好。但是登上鉴楼,除了可以眺望远方烟树,并不能找到多少奢靡曲折之感。游人到此,也许只是为了窥探隋宫淫秽秘闻,也许只是为了印证野史铺张描写。其实倒是应该问一问:究竟是一座什么样的楼,导致一个王朝毁于一旦?

关于迷楼的传说甚多。要而言之,隋炀帝为了满足其淫欲,让一个名叫项升的人,役夫数万,大兴土木,为他建造宫室,帑库为之一空。据记载,项升建造的宫室极尽人间奢华,千门万户,复道连绵,幽房雅室,曲屋自通。步入之后,令人意夺神飞,不知所在。偶有误入者,终日而不能出。炀帝游此楼后,大喜过望,脱口说道:"使真仙游其中,亦当自迷也,可目之曰'迷楼'。"迷楼便因此而得名。

唐人韩偓的《迷楼记》,专述隋炀帝游幸迷楼之事。近人蔡东藩先生的《南北史演义》将迷楼故事演绎得最为生动:"炀帝眼巴巴的专望楼成,一闻工将告竣,便亲往游幸,令项升引导进去。先从外面远望,楼阁参差,轩窗掩映,或斜露出几曲朱栏,或微窥见一带绣幕,珠光玉色,与日影相斗生辉,已觉得光怪陆离,异样精采。及趋入门内,逐层游览,当中一座正殿,画栋雕甍,不胜靡丽,还是不在话下。到了楼上,只见幽房密室,错杂相间,令人接应不暇,好在万折千回,前遮后映,步步引入胜境,处处匪夷所思。玉栏朱楣,互相连属,重门复户,巧合回环,明明是在前轩,几个转弯,竟在后院;明明是在外廊,约略环绕,已在内房。这边是金虬绕栋,那边是玉兽卫门;这里是锁窗衔月,那里是珠牖迎风。炀帝东探西望,左顾右盼,累得目眩神迷,几不知身在何处。"据说,从此以后,炀帝便每日在迷楼中纵情作乐。

迷楼究竟在不在扬州呢?《迷楼记》只字未提扬州,相反说:"唐帝提兵,号令入京,见迷楼,太宗曰:'此皆民膏血所为。'乃命焚之。"按文意来看,迷楼应在长安,不在扬州。但隋唐以后的文人,几乎众口一词地认为迷楼是在扬州。最有名的是杜牧的《扬州三首》写道:"炀帝雷塘土,迷藏有旧楼。"既然雷塘在扬州,迷楼也应该在扬州。

苏东坡《骊山》诗云:"江都楼成隋自迷。"他也肯定迷楼是在扬州。迷楼其实并不是一个无解之谜,只要历史轮回不止,迷楼永远是一面明镜。

隋炀帝和扬州的故事,在民间流传最广的,是他为看琼花而亡国。很多地方都有花神庙,扬州没有花神庙,却有一位风姿绰约的琼花仙子。有一种说法是,琼花是隋炀帝的妹妹所化。实际上隋炀帝下扬州看琼花之说,唐宋两代并无记载,到元代才有人提到。元人张昱《琼花》诗云:"懿公灭卫虽云鹤,炀帝亡隋岂独花。"明清时代相沿成风,尤以小说为甚。

如《隋唐演义》写炀帝"一日睡初起,正在纱窗下,看月宾、绛仙扑蝴蝶耍子,忽见一个内相来报:'蕃釐观琼花盛开,请万岁玩赏。'炀帝大喜,随即传旨,排宴在蕃釐观,宜萧后与十六院夫人去赏琼花"。书中描写的琼花是这样的:"原来这株琼花,乃一仙人道号蕃釐,因谈仙家花木之美,世人不信,他取白玉一块,种在地下,须臾之间,长起一树,开花与琼瑶相似,又因种玉而成,故取名叫作琼花。后因仙人去了,乡里为奇,造这所蕃釐观,以纪其事。近来此花有一丈多高,花如白雪,蕊瓣团团,就如仙花相似,香气芬芳,异常馥郁,与凡花俗卉,大不相同,故擅了江都一个大名。"

《说唐全传》则写"扬州城里有一羊离观,是个著名的道观。一天晚上,道士们只见空中响亮,有火球滚下,落在观中。随即天井中开了一株异花,高有一丈,顶上一朵五色鲜花,如一只小船样大,上有十八片大叶,下有六十四片小叶,香闻数里,哄动远近"。几乎同时炀帝也梦见了琼花:"那时炀帝在官,梦见花园中现出一朵花来,高有一丈,顶上一朵五色鲜花,上有十八片大叶,下有六十四片小叶,异香无比。又见在顶上立着一个人,天庭开阔,地角方圆,面如傅粉,唇若涂朱,头戴冲天翅,身穿杏黄袍。又见一十八片大叶,化为一十八路反王;六十四片小叶,化为六十四处烟尘,一齐杀来。"

隋炀帝和琼花的故事,仅仅也就是民间故事而已。清人孔尚任《琼花观》诗云:"琼花妖孽花,扬州缘此贵;花死隋宫灭,看花真无谓。"将隋亡的责任归于琼花,并无道理。

寻找隋炀帝的踪迹,湾头古镇是必去之地。每次去湾头老街,我都要去看看街南那座破败的庙。有人说这座不起眼的破庙,就是山光寺遗迹。而山光寺,乃是隋炀帝以江都十宫之一的北宫舍为佛寺的。

山光寺在历史上名声很大。最有名的是唐人张祜的那首《纵游淮南》:"十里长街市井连,月明桥上看神仙。人生只合扬州死,禅智山光好墓田。"这首诗影响深远,尤其是后两句,几乎家喻户晓。禅智、山光,都是寺名。禅智寺一名上方寺,亦名竹西寺,在扬州东北五里,本是炀帝故宫,后施舍为寺。山光寺初名山火寺,后称果胜寺,在扬州东北湾头,原为炀帝行宫,后舍宫为寺。在某种意义上,禅智寺、山光寺已成为古代扬州繁盛的文化符号。

最近因探访湾头的大王庙和将军殿,获悉此地前些年基建时,地下曾出土两块残石,高约二尺,宽约一尺,上面分别镌刻着"戊宫""亥宫"字样。我与同行者都认为,这很可能是山光寺遗物。据史料记载,炀帝在江都所建临江宫在扬子津,所建北宫即在茱萸湾。"戊宫""亥宫"残石应该是隋代北宫的标志物。

山光寺虽然不见了,后来却在它的地基上出现了大王庙和将军殿。两庙各只一进,面阔三间,相距数武。我称之为双子庙。雕塑家常再盛早就劝我去看看这两座庙,最近才得以成行。庙在湾头老街对面的扬州市社会福利中心里。一进大门,顿感草木葱茏,心旷神怡。在宽阔洁净的道路尽头,有一片遮天蔽日的密林。从蜿蜒幽暗的林间小道穿过,前面豁然开朗,杳无人迹,令人忽生出世之感。再回头一看,两座小庙俨然并列,坐西朝东,觉得此地真是红尘中的一方净土。

湾头在历史上曾是扬州的北大门。当年这里帆樯林立、商贾云集,同时水患频仍、火灾不断,人们历来有求神保佑的愿望,所以大小寺庙很多。仅有记载的就有东岳寺、东岳庙、张王庙、南宫庙、广寿庵、九华庵、普善宫、浮佑宫

隋炀帝陵

等。其中供奉的神像，既有佛教菩萨，又有道教神仙，也有民间圣贤。大王庙和将军殿所供何人，年久无考。但多年来，两座小小庙宇在湾头民间产生了深远影响。每逢农历或宗教节日，居民自发前来朝拜，香火不绝，信众成群，成为古镇上一道特殊的文化景观。凡佑民者，必受民佑，这是我在双子庙前受到的启迪。

我在新西兰的罗托鲁瓦访问毛利人村落时，几次接到国内电话，希望对新发现隋炀帝墓一事发表意见。我因人在国外，没有看到发掘报告，所以谈不上有什么意见。我的想法是，如果出土的隋炀帝墓志铭属实，此事必将震惊世界。第一它能推动隋史研究，第二它能还原历史真相，第三它能为扬州旅游提供新的资源。

隋炀帝的陵墓，向来都说在雷塘。唐人罗隐《炀帝陵》诗云："君王忍把平陈业，只博雷塘数亩田。"一千年来，几乎无人置疑。实际上，隋炀帝陵在历史上湮没已久。直至清代嘉庆十二年(1807)春日，阮元才访得陵址。关于阮元发现隋炀帝陵的过程，他在《修隋炀帝陵记》中有简明扼要的记述。大意是：炀帝被弑之后，殡于江都宫建筑之一的流珠堂。流珠堂在江都宫中，应是今扬州宋宝祐废城子城内。继而葬于吴公台下，吴公台在雷塘之南。唐贞观中，以帝礼改葬于雷塘之北，所谓"雷塘数亩田"也。明《嘉靖惟扬志》有图，于雷塘之北画一墓碑，碑刻"隋炀帝陵"四字，距今非久，不应迷失。于是阮元乃问之城中人，绝无知者。嘉庆十二年(1807)，阮元住守墓庐，偶遇北村老农，问以故址。老农言陵今故在，土人名为"皇墓墩"，由此正北行三里而已。阮元乃从之行至陵下，陵地约剩四五亩，多乱坟丛葬，而陵土高七八尺，周回二三亩许。老农言土下有隧道、铁门，西北向，儿童时掘土尚及见之。阮元乃坐陵下，呼村民担土来，委土一石与一钱。不数日，积土八千石，植松百五十株，而陵乃岿然。复告之扬州太守伊秉绶，以隶书写碑文，刊而树之。这就是今天槐泗隋炀帝陵发现和重修的经过。

雷塘位于扬州城北,原为湖泊,古称雷陂,后称雷塘。民间传说,炀帝下葬后,天雷震怒,一声巨响,碎棺抛尸,水漫成塘。三次埋葬,三次雷击,故形成了上雷塘、中雷塘、下雷塘。当然,这只是传说而已。据《隋书》记载,隋炀帝在江都宫被迫缢死后,先由萧皇后命宫人用床板做成棺材,草草掩埋。待叛军离去后,右御卫将军陈棱又将棺材奉于成象殿,迁葬江都宫西的吴公台下。到唐平江南后,再次改葬于雷塘。炀帝死后,遗体确是经历了三次下葬,与民间传说相合。

清人王士禛《浣溪沙·红桥怀古》词云:"西望雷塘何处是?香魂零落使人愁。"雷塘和迷楼、隋堤一样,成了惊醒历代有识之士的警世钟。

"扬州旧处可淹留。"这是隋炀帝留下的诗句,也是谶语。他不但把自己的身家性命留在了扬州,也把自己的荣辱、功过和争议留给了扬州。

宋代的桥

扬州的桥永远是一个谜。当我来到扬州南门外街二道沟的宋代吊桥遗存的发掘现场时,考古工作已经结束。凝视着河床下那些未朽的木桩和河岸边残缺的桥墩,一个问号浮现在我的脑中——在宋代,扬州有些什么桥呢?

唐代以前的扬州桥梁,今天几乎无从考证了。只有《水经注》中曾经记载,广陵城东有过一座桥,名字叫洛桥。到了唐代,扬州的桥梁才忽然为天下所瞩目,最有名的是"二十四桥"。据清代嘉庆重修《扬州府志》记载,。扬州城外河汊密布,津梁甚多,而以城南为最。以城南所属的江都县境为例,就有扬子津(在府城南十五里,

扬州青园桥

即扬子桥,一名扬子渡)、广陵驿渡(在南门驿街东)、白马庙渡(在南门外)、井口巷渡(在通济门外)、赵公渡(在钞关浮桥东)、杨家渡(在运盐河)、瓜洲渡(在府南四十五里)等桥梁则有二十四桥、万里桥、义济桥(在南门内)、惠民桥(在南门月城内)、澳河桥、蒋家桥、钞关浮桥(在挹江门外)、便益桥、永丰桥、响水桥、古渡桥、针桥(以上三桥俱在南门外)、石马桥(在城南新河边)、二里桥(在城南清凉寺北)、安江桥、霍家桥、南砖桥、北砖桥、高家桥、李墅河大桥、大桥、獐儿桥、九龙桥(在城南三里)、扬子桥(在城南十五里)、五里桥、通江桥、新桥、白梢桥(以上三桥俱在瓜洲)、九里十三桥、西板梁(在南门外)、东板梁(在运河北岸)、横梁(在广陵驿南)、旧梁(在瓜洲)等。

然而,其中没有提到南门外街的二道沟吊桥。考古发现往往能够弥补文献记载的不足。随着二道沟拓展工程的进展,南门外大街二道沟的宋代吊桥遗存终于重见天日。关于这座吊桥史料记载极为缺乏,因而它的年龄和身世一直是个谜。幸而在考古发掘到距地面大约一丈多的深处,发现了河底有百余根排列整齐的木桩。又发现两岸有"八"字形的砖砌桥墩,底部用石块作基础,砖头用石灰来黏合。据报道,考古人员从桥墩的砖砌结构及其他出土物推定,此桥建于宋代——虽然现在的桥不是以前的桥,但基础还是以前的基础。

二道沟吊桥在桥下立桩的做法,有宋人《营造法式》可考。李诚的《营造法式》是北宋时官方颁行的建筑学大纲,它在论及《筑临水基》时说:"凡开临流岸口修筑屋基之制……每岸长五尺,钉桩一条,梢上用胶土打筑令实。"后面有小注:"若造桥两岸马头准此。"可知宋人曾经规定,造桥时必须要立桩,以便加固地基,防止因为河水冲刷导致河床泥土流失,造成驳岸坍塌。这也正是二道沟吊桥的桥墩之所以千年不倒的秘诀之一。

二道沟是宋代扬州大城的防御工事之一,系为加强城南的军事防御功能而开凿。平时为了便于军民出入,故设置吊桥。一般城门外,护城河只有一道。扬州宋大城南面既设"二道沟",充分说明了此处在军事上的重要性。既然有"二道沟",必然有"头道沟","头道沟"其实就是南门遗址外的护城河,宋时河上有吊桥。今天的迎熏桥,实为明代始建。

宋代扬州有多少桥梁,并无专书记载,但在前人笔下有零星而真实的记载。比如:

山光桥。梅尧臣《山光寺》云:"古桥经废寺,苍藓旧离宫。"可见山光寺前有桥,它应该就是有名的山光桥。

万里桥。晁补之《扬州杂咏七首》云:"双堤斗起如牛角,知是隋家万里桥。"万里桥在扬州城南,《扬州府志》说它"隋置久废",但在宋代应该还在。

扬子桥。杨万里《晚泊扬州》云:"扬子桥西转彩舫,粉城如练是维扬。"诗中说的显然就是在今三汊河的扬子桥。杨万里还有一首诗,题目是《舟过扬子桥远望》,说"此日淮壖是北边,旧时南服纪淮壖",寄托了对山河破碎的无限感慨。扬子桥虽然建于唐代,但它是宋人抗击金元的见证。相传宋高宗在此手刃死谏的士兵,仓皇南逃。后来,晏殊之后孝广在此举兵抗金,李庭芝、姜才又在此率军抗元。文天祥在逃亡途中,曾经路过扬子桥。他在著名的《指南录》里写道:"如扬州,过瓜洲扬子桥,竟使遇哨,无不死。"他又有《出真州》诗云:"瓜洲相望隔山椒,烟树光中扬子桥。"据记载,文天祥那天从仪征逃往扬州,有人对他说:"某处瓜洲也!""某处扬子桥也!"

廿四桥。靡师旦《廿四桥》诗云:"桥在大业间,今日已倾圮。"这"廿四桥"显然是说的一座桥,而不是说二十四座桥一起倾圮。姜夔的《扬州慢》词有"二十四桥仍在,波心荡、冷月无声。念桥边红药,年年知为谁生"之句,故"廿四桥"又名"红药桥"。我们无法想像,宋代二十四座桥的每座桥边都栽种着红芍药。廿四桥在清代称为吴家砖桥,《扬州画舫录》说"二十四桥即吴家砖桥,一名红药桥",应该从宋代起就如此。

月明桥。刘克庄《维扬客舍》云:"花谱犹堪续,桥名不可寻。"诗人虽然未指明桥名,但是提到了"花谱",当是指宋人王观的《扬州芍药谱》,那么桥也就是指禅智寺前的月明桥了。

迎恩桥。明《嘉靖惟扬志》所载《宋三城图》,有"迎恩桥"之名。此桥位于开明桥、宵市桥之间,也即今叶公桥左右,系为迎接宋高宗南渡时驻跸扬州而建。但是,扬州在宋代和清代分别有过两座"迎恩桥"。李斗《扬州画舫录》记载:"迎

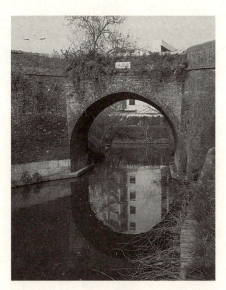

扬州迎恩桥

恩桥,俗名凤凰桥,桥距高桥二里,东西跨草河。"这是指今天的迎恩桥。根据清代府志记载,李斗说的这座"迎恩桥"是清代雍正年间乡人所造,自然不是宋代的桥。此桥名为"迎恩桥",并不是为了宋高宗,而是为了清高宗。王振世《扬州览胜录》说:"迎恩桥,俗名凤凰桥……清高宗南巡,临幸北郊,此桥为翠华所经之路,各官商于桥前建迎恩亭迎銮于此,故名曰迎恩桥。"既然宋代扬州已有"迎恩桥",为何清代亦名"迎恩桥"呢?李斗说得对:"今建砖桥于高桥下,复名'迎恩',亦存古之意也。"

僧道桥。阮元《揅经室集》说:"今甘泉县官册地名,曰'公道桥',而旧时之写者、呼者,则或曰僧道桥、僧度桥、孙大桥。以余论之,以'僧度桥'为近是。此地乾隆己巳(1749)大旱水涸,湖底多古石,石当是宋时物。"据阮元说,宋代的桥梁工程,常常用"度僧牒银"作为资金,如苏州的度僧桥就是如此。扬州僧道桥虽不及苏州度僧桥高大,"但其用度僧牒银造之,谅亦相同,特无碑记可考耳"。据此,僧道桥当始建于宋代,今名公道桥。

另外,宋代又有槐子桥,据说因有槐姓在河上造桥而得名。

桥梁的使用,总是世代相沿的,除非被战争破坏或者自然坍塌。但是到了北宋,唐代有名的二十四桥似乎已不为一般人所知。正因为一般人不清楚,沈括才认真进行了考证。

可是,沈括《梦溪笔谈》所举之桥,似乎不足二十四之数。后经俞平伯先生细考,才发现人们对《梦溪笔谈》的断句有误。俞平伯认为二十四座桥的名称是:(一)浊河桥;(二)茶园桥;(三)大明桥;(四)九曲桥;(五)下马桥;(六)作坊桥;(七)洗马桥;(八)南桥;(九)阿师桥;(十)周家桥;(十一)小市桥;(十二)广济桥;(十三)新桥;(十四)开明桥;(十五)顾家桥;(十六)通泗桥;(十七)太平桥;(十八)利国桥——原作"利园桥",俞平伯据《扬州画舫录》改;(十九)万岁桥;(二十)青园桥;(二十一)驿桥;(二十二)参佐桥;(二十三)东水门桥;(二十四)山光桥。

其中一些桥在宋代依然存在,并被使用。比如:

下马桥。此桥虽然始建于唐代,但在宋代得到续建,易名为长桥。《梦溪笔谈》说:"正当帅衙南门,有下马桥。"因为唐代扬州衙署建在蜀冈上,冈下臣民到此必须下马,故名"下马桥"。到了宋代,扬州郡署位于今迎宾馆、锦旺苑一带,臣民到桥前不必下马,所以桥名也改作长桥。

开明桥。此桥也始建于唐代,到宋代以花市而闻名。宋人王观《扬州芍药谱》说:"扬之人与西洛无异,无贵贱皆戴花,故开明桥之间,方春之月,拂旦有花市焉。"直到清代,《扬州画舫录》还写道:"开明桥每旦有花市,盖城外禅智寺、城内开明桥,皆古之花市。"

月明桥。此桥因唐人张祜《纵游淮南》有"十里长街市井连,月明桥上看神仙。人生只合扬州死,禅智山光好墓田"之句而出名。到了宋代,高观国《浣溪沙》有"偷得韩香惜未烧,吹箫人在月明桥"之句,张炎《忆旧游》有"认得旧时鸥鹭,重过月明桥"之句,说明桥到宋代依然存在。

二十四桥的旧址,至今多能指认。如小市桥,在今北门外;阿师桥,今误读为罗丝湾桥;上马桥,即相别桥,今误读为象鼻桥;开明桥,在今四望亭东;通泗桥,在今文昌阁南;大明桥,在今平山堂前;九曲桥,在今万花园中;禅智桥,在今黄金坝;山光桥,在今湾头。据说,二十四桥中,如今唯一尚能通行并保留原名的是宵市桥。我相信,宵市桥也一定是宋人走过的桥。

二道沟的吊桥,已经消逝于历史的烟尘里。但我看到那里有一座新桥,正在建设之中。未来的二道沟,将不再是一条狭窄而污浊的小沟,而是连接古运河、荷花池和瘦西湖的美丽的水上游览线。

桥是从此岸走向彼岸的通道,历史是从昨天走向明天的通道。

明清新旧城

扬州为什么会有新城和旧城?说来话长。民国二十六年(1937)中日战争爆发,人们至今记忆犹新。明朝嘉靖三十四年(1555),倭寇侵犯扬州,记得的人大概就不多了。但是,倭寇的那次侵犯对于扬州城池变迁史来说至关重要,因为现在扬州明清新旧两重城的格局,就是由于明代的抗倭而形成的。

明代剧作家汤显祖《牡丹亭》第三十一出《缮备》有这样一段词:

(贴扮文官,净扮武官上)边海一边江,隔不断胡尘涨。维扬新筑两城墙,酾酒临江上。请了,俺们扬州府文武官僚是也。安抚杜老大人,为因李全骚扰地方,加筑外罗城一座。今日落成开宴,杜老大人早到也。

西人所绘扬州城

（外）维扬风景世无双，直上曾台望。……真乃江北无双堑，淮南第一楼！

《牡丹亭》虽然是文学作品，但剧中所写的"维扬新筑两城墙"，却是取材于扬州抗倭筑城的史实。

自明朝一开国，倭患就开始了。到了嘉靖年间，倭寇居然五扰江北，三犯扬州。嘉靖三十二年（1553），倭寇从浙东海上入侵，向苏州、常州深入，直至扬州的瓜洲、仪征。嘉靖三十三年（1554），倭寇从通州登陆，直逼泰州，当时泰州海防副使张景贤以火攻倭寇，致使倭寇大败，退到通州。到了嘉靖三十四年（1555），倭寇又来劫掠通州、泰州等地，并且兵分三路进犯扬州——一路从瓜洲，一路从新港，一路从泰州，向扬州迂回而来。一路上，倭寇烧杀抢掠，无恶不作，扬州乡民被杀死及溺死者达数千人。当时扬州守军心存侥幸，以为倭寇不会如此深入，所以未作全面防御，以致倭寇轻而易举地兵临城下。面对强盗，扬州守军仓促迎战，双方均有死伤，扬州城东的商贾损失尤为惨重。

在此之前，扬州旧城是以小秦淮河为城东的护城河的。扬州经过宋金对抗和元明战乱之后，遭到的破坏极为严重，城市残破，人民流徙。当朱元璋取得扬州时，史载"按籍城中，仅馀十八家"，现在扬州还有"十八家"之地名。朱元璋命元帅张德林守扬，张德林因旧城空旷难守，于是截取宋元扬州城的西南隅，筑而守之。城周一千七百五十七丈五尺，有城门五座：南面叫安江门，北面叫镇淮门，东面叫宁海门（即大东门）、小东门，西面叫通泗门。城墙四周有壕沟，南北在安江、镇淮二门西侧市河出入城处，各置一水门。原来宋大城西部有南北向的市河相通，设置水门后，便于船舶运输，就河岸筑城也利于市民用水。市河即汶河，由南而北架有新桥、太平桥、通泗桥、文津桥、开明桥。这就是后来的扬州旧城。至今保留着的大东门、小东门等地名，表明出了大东门、小东门，便到了扬州城外。换句话说，小秦淮以东，古运河以西，虽然在明代已是商业繁华之区,但并无城防。只是因为倭寇的屡次侵犯,才使得扬州人一再提起增筑新城之议。

在扬州增筑新城的建议,是由何城等人提出,而由知府吴桂芳采纳的。何城说,扬州盐税占天下之半,而商肆都在旧城之外,倭患如此频繁,如果不筑新城保护,终非长久之计。这样,就在倭寇大肆入侵的当年,扬州决定增筑新城以抗倭。康熙《扬州府志》卷八记载道:"新城始于嘉靖丙辰(1556)二月。时以倭寇,用副使何城、举人杨守城之议,起旧城东南角楼至东北角楼,周十里,即一千五百四十一丈九尺,高厚与旧城等。"新城的西部与旧城相接,东、南、北三面计长一千五百四十二丈,面积大于旧城,共有城门七座:南面叫挹江门(即钞关门)、徐凝门,北面叫拱宸门(即天宁门)、广储门、便益门,东面叫利津门、通济门。东、南二面以运河为城河,北面挖壕与旧城城壕及运河相通,也即今天的北护城河,这一格局保留至今。

对于扬州建城史而言,太守吴桂芳是个值得纪念的人物。《明史》有他的传略,说:

吴桂芳,字子实,新建人。嘉靖二十三年(1544)进士。……起补礼部,历迁扬州知府。御倭有功,迁俸一级。又建议增筑外城。扬有二城,自桂芳始。

吴桂芳后来在广东抗倭,一日夜克三巢,焚斩四百余人,几乎与戚继光齐名。万历三年(1575),吴桂芳担任漕运总督。当时淮扬一带水患严重,兴、盐、高、宝各县多受其灾,吴桂芳提出"修筑高邮东西二堤以蓄湖水",被议准照办。高邮湖堤筑成之后,吴桂芳受赠"太子少保"的荣誉官衔。

但实际上,太守吴桂芳决定增筑扬州新城后不久,即改调他任,由石茂华继任扬州太守。在石太守的指挥下,扬州军民同仇敌忾,新城只花了九个月时间就全部筑成。因为新城在抗倭斗争中坚如磐石,太守又姓石,人们就称扬州新城为"石城"。

在扬州的抗倭斗争中,有一位殉难的官员叫朱衮,不能不提。朱衮是湖北郧西人,早在他担任武功知县时,就抑豪强,祛积弊,被关中父老呼为"铁汉"。后来他"迁扬州同知,吏无敢索民一钱。三十四年(1555),倭入犯,击败之沙河,歼其酋,还所掠牲畜甚众。未几,复大至,薄城东门。督兵奋击,兵溃,死焉"(《明史·忠义》)。这位外来的官员,清正廉洁,英勇克敌,为保扬城,以身殉国,

扬州城墙老照片

是值得扬州人永远纪念的。

明代构建的扬州新旧城，是一个整体的两个相连的部分，清代沿袭不改。旧城多官署，新城多市肆，旧城多文士，新城多商贾，旧城多平房，新城多深宅，此风一直延续到晚清。汤显祖的《牡丹亭》是万历二十六年（1598）年完成的，这时候距离扬州建筑新城才四十多年时间。所以，他所描写的"维扬新筑两城墙"，正是明代扬州抗倭斗争的反映。

现在的旧城，仍可寻找到当年的痕迹，例如有名的秦氏"旧城读书处"。从汶河南路中段向东上个斜坡，穿过门墙斑驳、摊贩喧嚣的南门老街，再一直东行，便逶迤寻到堂子巷。走上青石与泥土混合的古旧小道，伫立在秋天午后的残阳里，触目都是旧得上了年纪的木门、横卧在墙角草丛中沉睡的青石，以及当年用青砖悉心砌成的门楼。和许多老房子一样，这座乾隆时期的秦氏意园现为七十二家房客的栖息之所。当年一进一进整饬幽静的格局，已经被随意乱搭的小厨房、杂物间、玻璃钢瓦、铝合金窗割据。唯有在蓝天一角吵吵作响的两株伟岸的古银杏，直指云天，让人遥想到《芜城怀旧录》所描绘的"方亭数武，潴水筑岩，极曲折幽邃之致"的秦氏庭院。一位在过道做饭的住户告诉我们，这就是曾被称作意园或小盘谷的地方，它和康山街卢宅的"意园"、丁家湾周家的"小盘谷"同名，而且更早。它的出名，不仅在于曲径通幽的园亭，而在于乾隆皇帝曾经赐名"旧城读书处"。

秦家父子都读书有成。秦黉字序堂，号西岩，又号石翁。乾隆十七年（1752）进士，翰林院编修，历官山东等省乡试正考官，官至岳常澧道。其子秦恩复，字迎光，号敦夫，乾隆五十三年（1788）进士，授编修，后因病体弱，闭户养疴，以校勘古籍自娱。据董玉书《芜城怀旧录》记载，乾隆南巡扬州时，召见扬州文人。秦黉正好在家侍奉生病的母亲，也受到了接见。乾隆问他新城与旧城有何区别,他的回答是新城为盐商所居,旧城为读书人所居。乾隆点头称是,于是御赐"旧城读书处"五字,以示恩宠。秦黉将这五个字制成匾额,挂在旧城堂子巷家中。

明清扬州的旧城与新城,以小秦淮为界。西面为旧城,东面为新城。旧城多儒士,新城多商贾。两城在街巷格局、建筑风格、生活习惯、居民职业诸方面均有明显差异。秦家所在的堂子巷属于旧城,新城另有堂子巷。旧城房屋一般比较低矮朴素,与新城的大宅深院迥然不同。对于新旧二城的区别,清初何嘉埏有《扬州竹枝词》咏道:"半是新城半旧城,旧城寥落少人行。移来埂子中间住,北贾南商尽识名。"在明清两代,扬州的新旧二城几乎是两个世界。新城听到的是算盘声、歌吹声,旧城听到的只有读书声。

关于秦氏意园,秦家后人有图,图上有秦荣甲1921年所作之跋:"乾隆之末,先曾祖敦夫府君,就居室之旁,构小园曰意园。于园中累石为山,曰小盘谷,出名工戈裕良之手。面山厅事,曰五笥仙馆。旁为享帚精舍,右为厅雪廊。廊之南,北向屋五间,曰知足知不足轩。由廊而西,逶迤达石研斋、居竹轩。旧城读书处,则先高祖西岩府君藏书室也。一时名流咸集,文宴称盛。先祖玉笙府君,复与诸老辈觞咏其中。有《意园酬唱集》行世。洪杨之乱,屋毁于兵,所谓小盘谷者,亦倾圮。"图今藏于扬州博物馆。又据《江苏省志·风景园林志》载:"扬州意园小盘谷在堂子巷6号,清嘉庆间秦恩复所构。戈裕良为其掇叠假山。"如今我们站在枝繁叶茂的银杏树下,享受闹市深处的宁静与悠闲,在它北面的一箭之地,就是荟萃全市莘莘学子的树人学校初中部。这到底是偶然的巧合,还是冥冥之中隐藏有文化的密码?

秦家老宅除了叫意园、小盘谷、旧城读书处,又叫石研斋、五笥仙馆、享帚精舍。"石研斋"是秦黉的书斋名。秦黉工诗文,著有《石研斋主年谱》等书,便以"石研斋"取名。秦恩复后又筑室三楹,名曰"五笥仙馆",以为藏书治学之所,阮元为之题写匾额。秦恩复所著的《石研斋集》《石研斋书目》等,皆以其父亲的书斋为名。秦恩复是清代著名的校勘家和出版家,经他倾心校勘和精工雕刻的书,深得海内藏书家青睐,美其名曰"秦版"。"秦版"多以"享帚精舍"名义刊行。秦恩复所著的《享帚词》《享帚精舍词学丛书》等,都缘于享帚精舍。

嘉庆年间,伊秉绶守扬州,曾赠秦恩复一联:

>淮海著名门,在关中,在燕北,在江南,十八科翰苑清班,斯为世系;
>
>扶风传望族,有高士,有节母,有宿儒,二百年邗城老屋,所谓旧家。

"旧家"二字素为扬州人所重,多指书香门第,簪缨人家,传承有序,治家有方。扬州人有一句俗语叫"堂前无字画,不是旧人家"。旧家也可能衰败得家徒四壁,但其后人依然在社会上受到格外的尊重。不过在如今的旧城堂子巷,旧家也只剩一点若有若无的书香了。

新城是商人集聚的地方。以河下街为例,南河下可算是扬州新城的典型。因为老街在古运河大堤之下,故称"河下"。河下街原来分为南、中、北三段。李斗《扬州画舫录》卷九云:"钞关东沿内城脚至东关,为河下街。自钞关至徐宁门为南河下;徐宁门至阙口门为中河下;阙口门至东关为北河下。计四里。"今因历史变迁,城市改造,中河下、北河下均已残缺,只有南河下老街尚存旧貌。

南河下现在仍是用条石铺成的路,从西向东走去,还可以找到这样一些遗迹。

在南河下的西头,有湖北会馆遗址。走进去看,大厅仍在,气势非凡。地下到处可见石头柱础之类的古老构件,至今梁上雕刻的花纹还清晰可辨,而梁柱之粗令人咋舌。厅后的楼也在,叫作念佛楼,也许湖北商人喜欢念佛。现在,湖北会馆已经得到整修。

在湖北会馆东边,是盐商汪鲁门故宅,也是现今扬州盐商老宅中规模最大的一处。汪鲁门名咏沂,安徽歙县人。少年时读书,为歙县诸生,已小有名气。因其父亲游宦于江苏,汪鲁门也随着父亲来到江苏,并花钱捐了一个"南河同知"的官衔。当他北上来到清江浦时,正值漕运繁杂之际,而汪鲁门牛刀小试,游刃有余,深得历任漕运官员的赏识。此后,他曾经代理山阳县令,又调到海州、直隶等处,所到之地,均有政声。后从事盐业,蜚声一时。

跨过渡江路再向东,有盐商廖可亭故家。其门楼极其恢宏精美,水磨砖的平滑、细腻、方正令人感叹。整个廖宅分为三路,中路最为完整。屋内有巨柱,柱础为上等石料精工琢成,花纹清晰异常。屋内上方有天花板,据说是日本人占领扬州时所为。用梯子竖立着伸入洞口,可以看到梁上悬挂着两方巨匾:东面一方黑底金字,是"同规往哲"四字;北面一方金底黑字,是"乡国垂型"四字。廖宅的后面,另有一所别院,门上有石额,篆书"味腴"二字。是当年主人家的厨房？还是书房？

廖宅东面，是湖南会馆。南河下原来是会馆集中的地方，但是现在比较可看的，也就是湖南会馆了，而湖南会馆比较可看的，也就是它的门楼罢了。在清代，湖南会馆中的棣园曾是扬城园林之冠，两江总督曾国藩曾经驻节于此，并在会馆中观剧。近人王振世《扬州览胜录》云："棣园，在南河下湖南会馆内。扬城园林，清初为极盛时代，嘉道以后，渐渐荒芜，惟棣园最古，建造最精，至今完好如故……光绪初，湘省鹾商购为湖南会馆，湘乡曾文正公督两江时，阅兵扬州，驻节园内。园西故有歌台。一日，鹾商开樽演剧，为文正寿，台中悬有一联曰：'后舞前歌，此邦三至；出将入相，当代一人。'文正阅竟，掀髯一笑，盖江阴何太史莲舫手笔也，至今传为佳话。"

在湖南会馆的东面不远处，有一处门楼遗迹，一般人如果不注意根本看不出它是一处最有名的会馆所在——安徽会馆的遗址。扬州盐商中既然徽商最多，安徽会馆当然最有气派，然而让人意想不到的是，偏偏是堂堂的安徽会馆只剩下了这么一点点影子。

在安徽会馆对面，是江西会馆遗址。这里除了有点老房子的痕迹之外，再也找不到其他东西了。但在《扬州览胜录》里，有对这处会馆当年情形的描述："江西会馆，在南河下，赣省鹾商建，大门中、东、西共有三。东偏大门上石刻'云蒸'二字，西偏大门上石刻'霞蔚'二字，为仪征吴让之先生书。首进为戏台，中进大厅三楹，规模宏大，屋宇华丽，每岁春初，张灯作乐，任人游览。"

从南河下往东，跨过徐凝门路，就到了康山。这里有盐商卢氏旧宅，旧宅之东，有一个很大的门楼。门楼上有三个字，是"盐宗庙"三个字。此庙后来改为曾公祠，是纪念曾国藩的祠堂。门楼后面有大殿，也许应该称为飨堂更为适宜，飨堂中还有彩绘。据清人周庆云《盐法通志》记载，扬州盐宗庙建于同治十二年（1873），这里供奉的所谓"盐宗"，也即盐业的鼻祖，是夙沙、胶鬲、管仲三人。夙沙相传是煮海为盐的创始者，胶鬲是殷代从事鱼盐之业的贤臣，管仲是春秋时齐相，曾设官煮盐，首倡盐铁官营。因此，他们三人被扬州盐商视为"盐宗"。

几百年前，名噪天下的康山草堂就坐落在这条街上，它的主人就是号称"以布衣上交天子"的扬州盐商——江春。乾隆四十九年（1784）正月，高宗又一次南巡，当时的两淮盐政伊龄阿奏称："据淮南北商人江广达等呈称，恭逢翠华南幸六举时巡，商等情愿公捐银一百万两以备赏赉之用。"此疏上呈后，高宗硃批道:"不必复经伊龄阿,于山东泰安行在面奏。"这就是说,皇帝要亲自会见一个做盐业生意的商人了,这在当时真是一种"殊荣"!乾隆皇帝要接见的商人江广达,就是扬州盐商江春,时人誉之为"以布衣上交天子"。在两淮盐商同最高统治者的关系中,江春算是一个代表人物。

现在康山还有盐商卢绍绪家和魏仲蕃家。卢宅规模很大,清光绪年间江西盐商卢绍绪建。现有水磨砖刻门楼,大照壁,二进,皆面阔七间,有落地长窗。前厅为会客读书处,后厅为主人居住处,宅后有园。建筑物气势很大,屋宇高敞,装修精细。其中的园林,叫作意园。陈从周先生《梓室余墨》说:"扬州建筑,其木多取广木,今日所存最大住宅康山街卢宅建于清光绪年间,费银七万两,其大木皆湖南所产杉木,极坚挺。"魏仲蕃家在卢家之西,只有一巷之隔,遗憾的是现在只剩下了一座门楼,茕茕孑立,形影相吊。他家后面曾有一块不小的空地,当年说不定是歌舞厅之所在。

走在南河下老街,会想起《红楼梦》里的一句话:"陋室空堂,当年笏满床;衰草枯杨,曾为歌舞场"。扬州盐商的命运,大抵逃不出《红楼梦》所揭示的规律。

文化地标

宽简平山堂

扬州人对欧阳修有特殊的感情。在将近一千年间,欧阳修建造的平山堂,名声要比大明寺大得多。平山堂与其说是欧阳修在扬州留下的一座建筑,不如说是他从政思想的一个象征——他是以诗化和娱乐的方式,以宽简和优游的态度,来对待繁重的政务的。

欧阳修在扬州做太守的时间,不到一年。

欧阳修来扬州之前,在滁州做知州。庆历八年(1048)闰正月,欧阳修被授予起居舍人的官衔,同时徙知扬州。这一年他四十二岁。据宋仁宗的敕词说,因为欧阳修"智虑淹通,文藻敏丽,善谈当世之务,旋登近侍之班",所以命他治理扬州府。欧阳修是这一年二月份到扬州的。到了第二年的正月,他就移知颍州。因此他在扬州的时间,总共只有十一个月。

在这十一个月中,欧阳修在扬州做了些什么呢?许多人考证过。然而考证的结果是,重大的政务活动似乎一件也没有,其他可考的事情虽然具体,却与政绩看来没有多大关系。

然而按照当下的习惯,我们还得从欧阳修在扬州的政务谈起,尽管没有多少事情可说。值得一提的是欧阳修的公子欧阳发在记载他父亲生平的《先公事迹》里写的一段话。欧阳发说:

先公连典大郡,务以镇静为本,不求声誉。治存大体,而设施各有条理,纲目不乱,非盗贼大狱,不过终日,吏人不得留滞为奸。如扬州、南京(今河南商丘)、青州,皆大郡多事,公至数日,事十减五六。既久,官宇阒然。

他引用他父亲的话说:

以纵为宽,以略为简,则事弛废而民受弊。吾所谓宽者,不为苛急;简者,去其繁碎尔。

就是说,"宽"不是放纵,"简"不是粗略;"宽"是戒绝苛政,"简"是去除繁琐。所以欧阳发认为,在他父亲从政过的地方,人们是看不到任何治理的痕迹的,而这正是欧阳修所追求的结果。正因为欧阳修做到了无迹可寻的程度,当地百姓才能安居乐业,不受惊扰,在他去后还追思不已,以至于滁州、扬州都有欧阳修的生祠。

简而言之,欧阳修的施政纲领就是两个字:"宽简"。他每到一个地方,往往只用一两个月时间先把喧噪的官署治理得井然有序,犹如僧舍一般宁静,然后让黎民安居乐业,官员也自得其乐。

关于"宽简"的意思,欧阳修打过一个比方:治民就好像治病一样——那些富医生到病人家去,鲜衣怒马,进退有礼,为人诊脉,都是按照医书来讲解病症,口若悬河,听来可喜,但病人服了他的药却没有效果,还不如穷医生。穷医生没有

欧阳修像

奴仆马匹,为人诊脉,口才笨拙,难以应对,但病人服了他的药病就好了,这才是良医。欧阳修的结论是:"凡治人者,不问吏材能否,施设何如,但民称便,即是良吏。"在欧阳修看来,虚张声势,哗众取宠,于事无补。脚踏实地,对症下药,才能给黎民带来安乐。行医与当官的道理是一样的。

欧阳修在扬州任期内所做的具体可考的事情,按照他自己的说法,其实也有三件。他在给他的前任韩琦的书信里写道:

广陵尝得明公镇抚,民俗去思未远,幸遵遗矩,莫敢有逾。独平山堂占胜蜀冈,江南诸山一目千里,以至大明井、琼花二亭——此三者,拾公之遗,以继盛美尔。

这里欧阳修还写了一个注解,说他在扬州所建二亭,一个在大明寺井边,名曰"美泉亭",一个在琼花观里面,名曰"无双亭"。可见,欧阳修觉得他在扬州所做的超越前任的壮举,就是修建了平山堂、美泉亭和无双亭三件事。而这些功绩,他都归于他前任韩琦的流风余韵,并非自己的创新。

有人把建造平山堂、美泉亭和无双亭的意义,说成是为了昭示政通人和。还有人把欧阳修对韩琦的尊重,说成是他伟大的谦虚。我觉得都过于深文周纳,牵强附会。无论怎么说,平山堂、美泉亭和无双亭充其量都只是体现了一种风雅情怀而已,与政治关系不大。

美泉亭在大明寺里。所谓"美泉",就是被唐人评定为"天下第五泉"的大明寺泉水。欧阳修在《大明水记》中盛赞此泉为水之美者,同时对陆羽的《茶经》和张又新的《煎茶水记》提出异议。他认为水味尽管有美恶之分,但把天下之水一一排出次第,无疑是妄说。

无双亭在琼花观里。所谓"无双",就是指被韩琦誉为"维扬一株花,四海无同类"的琼花。扬州人历来相信,琼花唯有扬州才有,故民间流传"扬州琼花无二朵,教场旗杆独一根"之谚。在琼花观里建无双亭,一直是欧阳修很得意的事。

相比之下,平山堂要比美泉亭、无双亭更著名。平山堂的得名,并不是因为有一座山叫"平山",建在此山上的堂便叫"平山堂",而是因为"远山来与此堂平"的意思。平山堂的所在地原是大明寺的附属寮房,那里很可能有过储藏室一类的简陋房子。欧阳修大概不愿让这么好的地方为僧人独占,就在此建造了平山堂,作为消夏和宴客的别墅。一个地方最高长官,不避嫌疑,不怕非议,公然在当地最好的地方大建厅堂楼馆,招妓款客,这在今天是不可思议的。不过欧阳修所宴之客,也并非俗流。现在我们知道的是,他在扬州度过的唯一的中秋节,是在平山堂与许元、王琪、梅尧臣诸人共同度过的。这一天,平山堂上击鼓传花,赋诗赏月,脂浓粉香,风流空前。

  在这几个人中,许元是欧阳修的好友,也是一位理财能手。庆历中,江淮漕运不畅,京师粮食告急,许元作为江淮、两浙、荆湖的发运判官,协助督办东南漕运,很快扭转局面,备受仁宗赏识,特赐进士出身。但是诗词歌赋,非其所长。因而在宴会之前,欧阳修特意提醒他早做准备,这也是欧公的良善之处。王琪是一位诗坛老宿。他担任江都尉时,晏殊在大明寺与他邂逅相遇。当时晏殊说,自己有一句诗"无可奈何花落去",好久未能想出下句。不料王琪听了,脱口说道:"似曾相识燕归来!"晏殊深为赏识,立即荐授馆职,王琪跻身侍从。这次平山堂雅集,王琪出手最快,率先赋诗,欧阳修也回赠他一首《酬王君玉中秋席上待月值雨》。梅尧臣与欧阳修、苏舜钦齐名,并称"梅欧"或"苏梅"。他在仕途上不得意,在诗坛上却有盛名。他和欧阳修是好友,都是诗歌革新运动的推动者。他积极支持欧阳修的古文运动,他的诗作也为当时人所推崇。欧阳修曾自以为诗不及尧臣。陆游在《梅圣俞别集序》中,举欧阳修之文、蔡襄之书、梅尧臣之诗,以为"三者鼎立,各自名家"。

  自从欧阳修倡导平山堂雅集之后,平山堂就声名远播了。平山堂不再是一幢普通的厅堂建筑,而是与文章太守欧阳修密不可分的文化圣殿。沈括在《重修平山堂》里说,欧阳修在扬州平山堂上所宴之客,皆天下豪俊有名之士,后世人之所以慕名而来,不在于堂榭之间,只是因为它是欧阳公之所为也。

  我所喜欢的是如今平山堂上悬挂的"坐花载月"和"风流宛在"两块匾额,大气而不俗。堂前楹联很多,最好的有两副,一是:

扬州平山堂

> 衔远山，吞长江，其西南诸峰林壑尤美；
> 送夕阳，迎素月，当春夏之交草木际天。

一是：

> 过江诸山，到此堂下；
> 太守之宴，与众宾欢。

每每诵之再三，不能离去。

前人《避暑录话》说，欧阳文忠公在扬州作平山堂，壮丽为淮南第一。堂据蜀冈，下临江南数百里，真州、润州、金陵隐隐若可见。但是现在已经不易见到那种澄明的境界了，粉尘与高楼遮住了游人的视线。

欧阳修在扬州的文学活动，是写了不少与扬州风物有关的诗文，如《咏雪》《赠歌者》《大明水记》等。这位看似无为而治的文章太守，在扬州待了不到一年后，便迁任颍州，即今安徽阜阳。他在颍州写过一首《西湖戏作示同游者》："菡萏香清画舸浮，使君宁复忆扬州。都将二十四桥月，换得西湖十顷秋。"他还是记得扬州的。到嘉祐元年(1056)，欧阳修已离开扬州任上七年，他仍然牵挂着平山堂。当他得知好友刘敞（原甫）将出任扬州知府时，有《朝中措·送刘仲原甫出守维扬》一词赠送："平山阑槛倚晴空。山色有无中。手种堂前垂柳，别来几度春风。文章太守，挥毫万字，一饮千钟。行乐直须年少，尊前看取衰翁。"从此，便有了"扬州太守例能文"之说。

扬州人也没有忘记欧阳修。扬州有欧公祠，是纪念这位风雅教主而设。欧公祠又叫六一祠，因为欧阳修号"六一居士"。他在《六一居士传》中写道："客有问曰：'六一，何谓也？'居士曰：'吾家藏书一万卷，集录三代以来金石遗文一千卷，有琴一张，有棋一局，而常置酒一壶。'客曰：'是为五一尔，奈何？'居士曰：'以吾一翁，老于此五物之间，是岂不为六一乎？'"故后人又称欧公祠为六一祠。

欧阳修的学生苏轼任扬州太守时，为了纪念他的恩师特地建了谷林堂，堂名出自他自己写的"深谷下窈窕，高林合扶疏"诗句。苏轼与欧阳修同为唐宋八大家。元丰二年(1079)，苏轼由徐州移守湖州，经过扬州时，特地登平山堂追怀已仙逝多年的恩师。他的《西江月·平山堂》写道："三过平山堂下，半生弹指声中。十年不见老仙翁，壁上龙蛇飞动。欲吊文章太守，仍歌杨柳春风。休言万事转头空，未转头时是梦。"

想起来,平山堂也真配得"宽简"二字,既宽大,又简洁。每到平山堂,就使人想到欧阳修。但想不到的是,他留给后人的不是什么赫赫政绩,却是公余休闲的去处。

一个官员不孜孜以求显赫的政绩,不斤斤计算世俗的名声,有了如此散淡的胸襟,才能够赢得千载的美名。

在平山堂上流连,我感受到宽简之乐。

孤忠梅花岭

"数点梅花亡国泪,二分明月故臣心。"

"生有自来文信国,死而后已武乡侯。"

扬州梅花岭史公祠前两副大义凛然的楹联,高度概括了四百年前民族英雄史可法的悲壮而忠诚的一生。

史可法,字宪之,号道邻,祖籍顺天府大兴(今北京)。明万历十三年(1602)十一月四日,生于河南祥符(今开封)。先祖为明太祖近臣,封为锦衣百户。祖父史应元,举人,做过黄平知州,为政清廉。他曾对可法之父史从质说过:"我家必定兴旺。"传说可法母亲尹氏怀孕之时,梦见文天祥进屋,以后生下史可法,因而对他从小寄予厚望。虽然家境贫寒,可法苦读不缀,并以重孝闻名乡里。十九岁那年,赶往大兴应试,投宿于一所古寺。这日风雪交加,正巧顺天府学政左光斗因避风雪来到庙里,见一书生伏案而眠,案头放着一篇刚写好的文章。他拿来一看,十分赞赏,心生爱意,于是脱下貂毛大氅披在书生身上,掩门而出。后问寺僧,乃知书生名史可法,留下深刻印象。二十岁时,可法参加府试,当考官读到史可法的名字时,左光斗眼睛一亮,想起古寺苦读的那位书生,见他面貌果然

史可法像

不凡,又看过他的试卷,非常满意,于是点为顺天府秀才第一名。以后收他为弟子,留在府衙,可法愈加发愤苦学,受左光斗耳提面命。左公在公务之暇,常与可法谈古论今,亲如父子,并对他夫人说:"他日继吾志事,惟此生耳。"

天启五年(1625),左光斗受魏忠贤阉党诬陷下狱。史可法不顾株连的危险,来到监狱探望,天天在狱门口等候。苦于无法见到恩师,于是千方百计筹措到白银五十两,哭着与狱卒央求,才得以化妆进狱探视。被迫害得面目全非的左光斗见到史可法,十分难过,为保护弟子,他忍痛怒斥可法赶快离开,不可久留。可法于是挥泪与恩师诀别,暗暗立志为挽救危局而尽忠报国。

明崇祯元年(1625),二十七岁的史可法考中进士,初授西安府推官,历任户部主事及员外郎,户都都给事中,左参议以及安庆、庐州、池州、太平四府巡抚等职。其间,由于受统治阶级立场支配,也镇压过农民起义,但为官清廉,忠于职守,勤政爱民。在西安任上,他一方面赈济灾民,一方面又平息叛乱。开府六安时,他"不烦公帑,不括民资",并"捐俸筑城"。六安发生蝗灾时,他下令设粥厂九处,赈济灾民,并上表朝廷,免除田赋,深受六安人爱戴。清兵入关以后,史可法亲督两千官兵驰援京城,后又带兵驻守在黄河边,迫使清兵退去。

崇祯十六年(1643),史可法被提升为南京礼部尚书兼东阁大学士,与马士英共主朝政。他见朝中文恬武嬉,吃空饷的很多,于是上疏提出选练南兵等方略,受到崇祯皇帝的赞许,命他整顿军务。这就不免触犯了吃空额的将校官利益,对他产生怨恨。第二年,农民起义军李自成攻下北京,崇祯皇帝走投无路,吊死在北京煤山(今景山公园内)。不久,清兵在吴三桂勾结之下,打着"替明君雪耻"的幌子,击败李自成,向明朝属地长驱直入。史可法在此情况之下,变原先"联清灭寇"的主张为"御敌灭寇",毅然走上抗清复明的道路。

崇祯皇帝死后,在"立贤"和"立亲"问题上发生分歧。史可法等主张立潞王朱常涝为新皇帝,而对"不孝、虐下、干预有司、不读书、贪、淫、酗酒"七宗毛病的福王朱由崧不予认可。而这时拥有重兵的凤阳总督马士英心怀鬼胎,认为福王昏庸可控,借机护送福王到了南京,并以武力威逼群臣拥立福王,这就是南明小朝廷的弘光皇帝。谁知马士英把史可法论福王"七不可立"的信交给了福王,于是福王对史可法心怀不满。史可法在南明小朝廷中只做了半个月不到的首相,就遭到奸臣马士英等排挤,以督师为名,出镇淮扬,加太子太保、兵部尚书、武英殿大学士衔,开府扬州。而这时江北的形势已十分复杂。史可法奏准设江北四镇:总兵官刘泽清辖淮海,驻淮北;总兵官高杰辖徐泗,驻泗水;总兵官刘良佐辖凤、寿,驻临淮;总兵官黄得功辖滁、和,驻庐州。史可法以为有四镇把守,可御敌于门庭之外。谁知道江北四镇总兵同马士英早有勾结,且拥兵自重,飞扬跋扈,名为官兵,实如盗匪,各怀鬼胎,浑水摸鱼,总想伺机吞并别镇,勾心斗角,摩擦不断。对于繁华富庶的扬州,四镇总兵都垂涎三尺。高杰抢在黄得功之前赶到扬州城外,杀人放火,奸淫掳掠,企图屯驻扬州。巡抚黄家瑞等率民团拒守,对峙一个多月。就在这种情况下,史可法带刘肇基等将领,率本部三千人马进驻扬州城。

史可法一到扬州,就着手调节矛盾,使四镇间冲突缓和。随后,史可法又亲赴高杰兵营,以大义斥责,高杰十分蛮横,反要求严惩扬城官兵,遭史可法断然拒绝。高杰恼羞成怒,悍然扣留史可法,软禁于福缘庵中,派兵把守。史可法毫无惧色,天天以大义劝说高杰,感动了高杰之妻邢氏,她深明大义,劝说高杰,终于表示愿听命于史可法。江北四镇经过史可法的反复调停终见成效,加之总兵刘肇基指挥得法,迅速收复宿迁,迫使清兵撤去邳州之围,暂时收敛了南侵的锋芒。

然而由于朝廷奸臣当政,史可法驻守江北困难重重。不但战胜无奖,连粮饷也被扣发。马士英实际上已经篡夺朝中大权,史可法义愤填膺,陈言上奏,痛斥私党,但弘光皇帝不闻不问。

史可法苦苦支撑江北,后来由于四镇之一的总兵高杰被清兵谋害,使史可法失去了进攻河南的臂膀。其后镇守武昌的左良玉发兵南下,要"清君侧"、"除马阮",使马士英自身难保,于是发话史可法尽撤江防之兵力以对付左军,史可法据理力争也无济于事。接着清军豫王多铎亲率十万清兵南下,攻下淮安、泗州,迅速向扬州扑来。史可法于是急驰扬州,在请兵求援无望的情况下,唯有凭借着连部将刘肇基部四千兵力在内共一万余人固守扬州孤城,这就上演了中华历史上名垂史册的"扬州十日"惨案。

任何一部中国通史中,都会提到"扬州十日"惨案。"扬州十日"的真相究竟是怎样的呢?

"扬州十日"之说出于王秀楚的《扬州十日记》。1645年农历二十五日,清兵攻破扬州城,一个名叫王秀楚的扬州人幸而未死。他目睹清兵的所作所为,将自己从破城那一天起的十日内的亲见亲闻记录下来，题作《扬州十日记》，这就是"扬州十日"一说的由来。据作者所记，这十天中发生了这样的事情：

四月二十五日下午，"大兵入城"的消息在扬州城内迅速流传，但是所谓"大兵"究竟是指明朝靖南侯黄得功的援军，还是指清朝豫亲王多铎的北兵不得而知。王秀楚在街上亲眼看见几十个人骑马拥着史可法狼狈南去，这才确认是"敌兵入城无疑"。不久，王秀楚的大哥来告诉他，此时大街上已经血肉横飞。天快要晚时，清兵的大屠杀掀起了高潮，"大兵杀人声已彻门外"。同时，他们开始放火，"城中四周火起，近者十余处，远者不计其数"。

四月二十六日，大火烧了一夜后，势头稍减。王秀楚亲见清兵持刃到处追人屠杀，"追蹑如飞"；并且抢劫财物，"搜余兄弟金皆尽"；同时又掠夺妇女，"数十人如驱牛羊，稍不前，即加棰挞，或即杀之"。这时的扬州城已经是人间地狱，"堆尸贮积，手足相枕"，"屋宇深邃，处处皆有积尸"。到了晚上，清兵又到处放火，"外复四面火起，倍于昨夕"。显然，屠杀达到了高峰。

四月二十七日，作者躲藏在乱坟堆中，亲耳听见清兵的杀声、刀环的响声和百姓的哭声。"至午后，积尸如山，杀掠更甚"。屠城在继续进行。

四月二十八日，清兵越来越多，气势也越来越汹。有一清兵"掳一少妇、一小儿，儿呼母索食，卒怒，一击脑碎而死"。有一群妇女藏在草垛里，"户外有卒，一时手杀二人"。惨烈的屠城仍在延续中。

四月二十九日，"又纷纷传洗城之说，城中残喘冒死缒城逃去者大半"。清兵大肆放火，"烈火四起，何家坟前后多草房，燃则立刻成烬"。屋内居民为火所逼，无不外逃，"亦有闭户焚死者，由数口至百口，一室之中，正不知积骨多少"。王秀楚听到一个红衣人传言说："明日王爷下令封刀。"看来，屠城这时已经到了尾声。

五月初一，清兵虽说已经"封刀"，但杀人之事仍然不止，"势虽不甚烈，然未尝不杀掠"。

五月初二，有官吏安抚百姓，"毋得惊惧"。各寺院僧人开始焚化积尸，"查焚尸簿载数，共八十馀万"，还不包括落井、投河、焚死、自缢、被掳的人。

五月初三，官方"出示放赈"，作者到缺口关去领米，当时发生了抢米现象。

五月初四，扬州城里"烈日蒸熏，尸气薰人"。前后左右，到处焚尸，"烟结如雾，腥闻数十里"。

五月初五,躲藏的百姓开始出来走动,但仍有抢劫事件发生,"初不知为清兵,为镇兵,为乱民也"。作者一家"亲共八人,今仅存三人"。

王秀楚十天的日记就是如此。从中可以看出,清兵在攻破扬州城后,多铎的确下过屠城的命令。这一残暴的命令整整执行了五天,在第六天下令"封刀"。"封刀"之后的五天,虽然仍有杀人现象,但和前五天的公然杀掠、大肆焚烧相比毕竟有所收敛。因此,把"扬州十日"理解为"屠城十日"固然与不符合史实,而企图根本否认"扬州十日"的史实更是毫无道理。

有人说《扬州十日记》只是扬州大屠杀的孤证,实际上最有力的证据是清兵攻克南京后,在《谕南京等处文武官员人等》中的自供:"昨大兵至维扬,城内官员军民撄城固守,予痛惜民命,不忍加兵,先将祸福谆谆晓谕。迟延数日,官员终于抗命,然后攻城屠戮,妻子为俘。是岂予之本怀,盖不得已而行之。嗣后大兵到处,官员军民抗拒不降,维扬可鉴。"

关于"扬州十日"死亡人数,历来有不同的说法。据王秀楚《扬州十日记》记载,五月初二是各寺院僧人开始焚化积尸的日子,至于总共焚烧了多少尸体,按理说最后清点时才能得知。但王秀楚在五月初二这天紧接着写道:"查焚尸簿载数,共八十余万",这显然是事后补上去的数字。据考证,当时扬州的人口,《明史》记载万历年间扬州人口为"八十一万七千五十六",《扬州府志》记载成化、嘉靖年间扬州人口为"七八十万左右"。估计到"扬州十日"发生的1645年,扬州府人口不会超过一百万。考虑到各种因素,这时集中在扬州城里的人口至多不会超过二三十万,"八十馀万"的数字似有夸大失实之嫌。

《扬州十日记》虽是一本数千字的小书,在历史上却影响深远。在整个清代,《扬州十日记》都是一部禁书。后来太平天国曾利用它来反清,革命党人更是利用它作为反清的号角。在晚清,《扬州十日记》常与邹容的《革命军》一道刊行,彼此呼应,相互发明,激发民众的革命斗志。正如《剑桥中国晚清史》所说:"梁启超和他的同事们的政治激进主义,含有排满种族主义的鲜明色彩……他和同事们传印和散发了成千本王秀楚的《扬州十日记》,这是有关满人在扬州所犯暴行的惊人的、但禁止传播的记述。"

《扬州十日记》与《尚书》《左氏春秋》《山海经》《史记》《汉书》《水经》《大唐西域记》《资治通鉴》《百夷传》曾被评为中国的"史地十大奇书"。

关于《扬州十日记》的作者王秀楚,资料很少,只知道他是明末扬州秀才,一

扬州史公祠

说是史可法幕僚。南京大屠杀时,此书由扬州人毛如升翻译为英文,在林语堂主持的上海西风社出版。毛先生翻译《扬州十日记》的时间,正是在南京大屠杀之后,"扬州十日"和"南京大屠杀"都是人类历史上最不可忘却的悲剧。

为了纪念史可法,扬州人在广储门外梅花岭下建立了史公祠。明万历年间,扬州太守吴秀疏浚古城河,积土成阜,广植梅花,名为梅花岭。史可法殉难前,曾立遗嘱:"我死,当葬于太祖高皇帝陵侧,必不能,则葬于梅花岭。"其死后,副将义子史德威遍寻遗骸不得,遂依其愿,于清顺治三年(1646)四月六日葬其衣冠于梅花岭,树石立碑,碑上写着"明大司马史公之墓",隆武帝朱聿键在福州立政权时,赠史可法"太师",谥号"忠靖"。

鉴于史可法在扬州人民中间的巨大影响,清初统治者对史可法的家人特加优待。顺治二年(1645)五月十八日,清豫王多铎占领南京,二十二日就下令建史公祠,企图以此缓和汉人的反抗。康熙年间,扬州人民曾建史公祠于大东门姜家墩,后年久失修废弃。到乾隆时代,政局大定,乾隆帝开始褒扬明末死节忠臣,特意对史可法一再表彰。乾隆三十三年(1768)下令在扬州梅花岭衣冠冢前建"史可法祠",俗称史公祠。乾隆四十年(1775)十一月,乾隆在《赐谥诣旨》中称:"至若史可法之支撑残局,力矢孤忠,终蹈一死以殉,又如刘宗周、黄道周等立朝謇谔,抵触金壬,及遭时艰,临危授命,均足称一代完人。"乾隆四十一年(1776)正月,敕赐史可法谥号为"忠正",又亲题"褒慰忠魂"四字。乾隆帝南巡时,驻幸扬州,还派官员到祠中祭祀。

历代颂扬史可法的诗文极多,尤以全祖望的《梅花岭记》传播遐迩。楹联"我就是史督师,百世如闻狮子吼;更莫上梅花岭,千秋自有姓名香",让人对先贤景仰不已。梅花岭,成了爱国主义和英雄主义的象征。

御道龙衣庵

一些号称"皇家"的地方,其实与帝王毫无关系。一些自称"御园"的地方,其实也与皇室了无干系。这只是为了吸引顾客,制造的噱头而已。但在扬州却有一条真正的御道,御道旁有一座著名的皇帝落脚过的龙衣庵,至今仍在尘封中。

2016年5月,扬州历史地名保护名录通过专家评审,七百多条扬州老地名首批得到保护,其中"龙衣庵".赫然在目。我最近专程踏访龙衣庵,终于亲见何为御道,何为龙衣庵,以及它们与扬州历史文化有何关系。

从城南古运河西岸向南,行不数里,便见两株高大的古银杏。银杏的南面有两座历经沧桑的古建筑,这就是龙衣庵。

每座古城的格局,都是历史老人一锤一凿雕刻成的。扬州城的格局,民间流传这样的民谚:"东门水,西门鬼;南门神,北门人。"民谚中的"东门水"是指东关城外的古运河,"西门鬼"是指西门城外的墓葬群,"南门神"是指南门城外寺庙多,"北门人"是说北郊瘦西湖、平山堂一带游客多。

旧时的扬州城南,不但是水陆交通枢纽,而且是佛教文化胜地,同时也是康熙南巡的御道。据有关资料,从钞关向南,沿河一带共有大小庙宇数十座,有名的如定香庵、长生庵、地藏庵、龙衣庵、福缘寺、文峰寺、宝轮寺等,此外尚有大王庙、都天庙、天宝观、先农坛等。

城南的古运河分为三段。先是宝塔湾河段,称为城南运河;从宝塔湾至扬子桥河段,称为三湾,因是明万历年间知府郭光复开浚的新河,所以又称"新河湾";从扬子桥至瓜洲河段,古称伊娄河,亦称

《江都县续志》中的龙衣庵

瓜洲运河,为唐开元年间齐浣主持开凿。三段古运河,以三湾最为曲折,佛寺也最为集中。李斗《扬州画舫录》卷七云:"自塔湾河道至馆驿前,南岸有洋子桥、文峰塔、智珠寺、福缘庵,北岸有龙衣庵、五里茶庵,河道纡折。南巡多由塔湾船桥渡至北岸御道,至安江门,故是地陆路多胜迹。"当年康熙南巡临幸扬州时,驻跸于高旻寺行宫,进城都是由行宫乘船渡河到北岸的御道,然后骑马陆行至安江门进城。所以李斗说:"是地陆路多胜迹。"

扬州的康熙御道,南端就是高旻寺。因为康熙行宫选择在高旻寺,所以从高旻寺到安江门之间的河岸就成了御道,而这一历史机缘导致了龙衣庵的诞生。沿着御道北行,先到龙衣庵,再入安江门,直至平山堂。在御道南端的高旻寺登高远眺,可见诸河交汇,江山寥廓,天水苍茫。难怪康熙在此有高入云端之慨,故而赐名"高旻寺"。从高旻寺出发,必须摆渡到河北,才能踏上御道。相传上了御道,康熙不坐轿子,而是选择骑马的方式直抵安江门,即南门。现在从乾隆《江都县志》的版图中,还可以看到这段御道上有人骑马。

五十年前,我曾从城里沿着御道步行至高旻寺,一边是清凌凌的河水,一边是绿油油的庄稼,美不胜收。如今重访旧地,御道犹存,只是遍地泥泞,满目垃圾,唯有御道旁的龙衣庵还在,已成为民居和仓库。庵前的两株古银杏,除了一株主干病死之外,依旧生机盎然,陪伴着两座衰败的龙衣庵佛殿。

康熙皇帝到底和龙衣庵有什么关系呢?

民间相传,康熙皇帝从三汊河行宫进城,都是骑马陆行的。有一次,他走到半路,突然暴雨骤至,一时未备雨具,龙袍尽被淋湿。恰好路边有座草庵,康熙便匆匆进庵避雨。雨过天晴,庵中尼僧将龙袍晒干,交还康熙,龙颜大悦。据说这一天正好是农历六月六,所以扬州民间流行"六月六,晒龙袍"的风俗。康熙避雨晒衣的寺庙,后来就改名为"龙衣庵"。

龙衣庵的传说由来已久,究竟有无依据呢?据考,嘉庆《重修扬州府志》卷二十八是这样记载的:"龙衣庵,石马桥,旧本草庵。国初康熙中建。乾隆三十二年(1767)重修,有淡然和尚碑一统。"这里没有提到康熙晒龙袍之事。

又查民国《江都县续志》卷十二,记载得较为详细:"龙衣庵,在南门外新河湾石马桥。李斗《扬州画舫录》云,自塔湾河道至馆驿前,北岸有龙衣庵,即此。据乾隆四年(1739)《龙衣庵碑记》云,旧本草庵,康熙中圣祖幸扬州,徘徊南郊,遇雨,衣襟沾湿,暂憩庵中晾衣。谕令改建,赏田八百亩,并于两淮盐运行商每盐一包,抽大钱三文,以备岁时修葺之费,勒石垂久。庵之得名以此。乾隆三十二年(1767)重修,有淡然和尚碑。咸丰兵火,庵圮。今重建,屋宇无复旧观。"这里明白提到康熙遇雨晾衣一事,可见龙衣庵确与康熙有直接关系。

另据《扬州市级文保单位龙衣庵简介》说:"龙衣庵,位于市区南门外新河湾。相传因清康熙帝遇雨于此晾衣而得名。乾隆三十二年(1767)重修。咸丰圮,后重建。现存建筑前后二进,坐北朝南,占地面积约四百平方米,后进殿房硬山造,面阔五间,进深七檩。殿前两侧为廊房。北有古银杏两株。为古运河南线上的文物景点。"上述资料都提到龙衣庵的得名始于康熙皇帝,毁于咸丰年间太平军战火。

最详细的介绍见扬州市政协《扬州宗教》一书:"龙衣庵,坐落在西南郊裴庄村南部,古运河向南弯的新河湾西岸,隔古运河与文峰塔遥遥相望。始建于清初,本为尼姑修行的草庵。清康熙皇帝南巡时,途中遇雨,淋湿龙袍,靠此停船进庵晾晒湿衣,从此得名'龙衣庵'。后来逐步扩建,特别是乾隆年间,更着力修缮,使其庵房具有一定规模。但到咸丰年间,庵房毁于兵火。后经同治、光绪年间重建,又使其恢复一定规模,计有山门殿、大殿及配房等十六间庵房,占地三亩多。庵门朝北,山门殿前有两棵银杏树,运河边有石驳岸停船码头。到扬州解放时,此庵尚有尼姑七人,住持福宽。1951年,在龙衣庵内办起新河湾小学。到1988年,庵尚保留两座殿房和四间厢房,计十间庵房。1988年后,新河湾小学迁出,庵房为公安部门所用。殿房、两棵约四百年树龄的银杏树及运河边石驳岸仍存。"龙衣庵的前世今生,大概如此。

值得注意的是,《重修扬州府志》记载龙衣庵中有乾隆三十二年(1767)重修时的"淡然和尚碑",《江都县续志》记载龙衣庵中有乾隆四年(1739)的《龙衣庵碑记》。这两件重要文物,现在均下落不明。

因为康熙在龙衣庵晒龙袍的缘故,所以扬州人素有"六月六,晒龙袍"的风俗,每到六月六,家家把衣物、被褥拿出来曝晒。那么,康熙总共六次南巡,究竟是哪一次南巡在扬州龙衣庵晾晒龙袍的呢?

回顾一下康熙六次南巡的年份分别是:康熙二十三年(1684)、二十八年(1689)、三十八年(1699)、四十一年(1702)、四十四年(1705)和四十六年(1707)。康熙每次离开北京、驻跸扬州和返回北京的时间如下:

第一次南巡是九月出发,十月到扬州,月底回京。

扬州龙衣庵近照

第二次南巡是正月出发,三月到扬州,当月回京。

第三次南巡是正月出发,三月到扬州,四月回銮又经扬州,五月回京。

第四次南巡是九月出发,因太子生病返京,次年正月再次出发,二月到扬州,三月回京。

第五次南巡是二月出发,三月到扬州,闰四月回京途中再经扬州并住在三汊河,当月回京。

第六次南巡是正月出发,四月到扬州,五月返京。

可见康熙六次南巡,竟然没有一次是在农历六月经过扬州的。看来"六月六,晒龙袍"的真实性,值得推敲。但是,尽管康熙并未在农历六月初六到过扬州,扬州确有"六月六,晒龙袍"之谚。类似的民谚,扬州还有"六月六,家家晒红绿""六月六,百索子摺上屋"等等,据说这都与康熙在龙衣庵晾衣有关。同时,江南读书人又把六月六说成"晒书节",传说学者朱彝尊曾在这天袒胸露乳晒太阳,谓之"晒书"。出家人则把六月六叫做"翻经节",传说唐三藏从西天取经归来,不慎将经书掉落水中,在这天晒经书。还有一些地方在六月六这天为家畜洗澡,谚称"六月六,猫儿狗儿同洗浴"。

"六月六"只是一种民间风俗而已,不必拘泥于考据。在民俗层面上,凡是"二月二""三月三""五月五""六月六""七月七""九月九",民间总有各种说法,扬州人可能是把六月六故意和晒龙袍的故事嫁接在一起了。有一点毋庸置疑,康熙对龙衣庵所在的宝塔湾显然很熟,他在《高旻寺碑记》中说:"茱萸湾者,乃维扬俗称宝塔湾也。"

康熙在扬州的生活到底是怎样的呢?现以第五次南巡为例。这一年三月十一日,康熙前往江南,经过扬州,十二日晚住进塔湾行宫。他当天和次日接见了诸位大臣,合议治河方略,于十四日离开扬州。在江南转了一圈后,于闰四月初一由江南回程,又住进扬州塔湾行宫。因为随从们都想在扬州买些土产回去,所以康熙"赏赉官兵银两,俱欲在此置买土物",康熙此次在扬州一共呆了六天。扬州官商每天都以筵席和戏曲供奉,正如《红楼梦》中赵嬷嬷说的那样:"把银子都花的淌海水似的!"诗人张符骧讽刺道:"三汊河干作帝家,金钱滥用比泥沙。"对扬州地方的豪奢招待,康熙不是不知道,他曾写道:"至于茱萸湾之行宫,乃系盐商百姓感恩之诚而建起,虽不与地方官吏,但工价不下数千。"他意识到了扬州官商的巨大付出。

龙衣庵虽然不大,但是扬州人对它耳熟能详,而且持续关注的程度令人吃惊。以庵前两棵古银杏而言,多年来牵动了许多扬州老百姓和扬州媒体人的心。

龙衣庵前的两株古银杏,距今已有四百馀年树龄。2011年7月4日《扬州晚报》以《四百岁老银杏盼呵护》为题,报道了扬州市民关心龙衣庵古银杏的呼声。报道说,市民赵先生致电本报反映,他家住开发区裴庄村,每次上班他都要经过杉湾大桥北侧一条小路。路边有两棵老银杏树,他爷爷小时候经常在树下玩耍,最近发现其中一棵银杏树可能生病了。后来记者找到那两棵高大的银杏树,树高达二十多米,经过测量树围有四米左右,树冠巨大,果实累累,但其中一棵大半树叶已经枯萎。树根处布满砖头瓦砾,离大树不到两米处便是一家工厂的围墙。经请教专家,得知这两棵银杏属于扬州市古树名木,在2007年编制的《扬州市古树名木汇编》中,载明新河湾的两棵银杏树属于古树名木第16号。园林专家告诉记者,银杏树的枯萎与周围环境恶劣有关,如果要救治就必须做大手术,周围的道路、房屋都必须改造。

2013年7月9日《扬州晚报》又报道说,古运河畔两棵百年银杏树,其中一棵有枯死的迹象,请有关部门能及时救治。园林局答复,两株百年银杏应该是原龙衣庵内的两株古银杏,据群众举报,少数市民在其中一株古树自然产生的树穴内焚香祈福,使得该古树树穴内被严重烧伤,表面明显碳化。园林局当即采取相关措施,一是对周边市民进行宣传教育,普及绿化法规;二是联系开发区城管局拆除了压迫古树根部的违章建设;三是更换古树根部的土壤;四是在古树周边安装了防护栏杆。目前受伤的那株古树处于恢复阶段,另一株长势良好。

2014年5月29日《扬州晚报》再次刊登市民提问:"古运河边的龙衣庵那

边,两棵百年古银杏树中的一棵是不是已经枯死了,为什么要把主干锯掉?"园林局回答:"经了解,该古银杏的树冠上部是因自然原因枯死,为了确保周边行人和建筑的安全,绿化处才安排专业人员和机械对已枯死部分进行了修剪。该处还将对古树的剩余枝干进行支撑保护,并对该树进行松土、施肥等救护措施,希望保障古树的健康生长。"

不厌其烦的报道,只为了一棵树。这不能不教人深切感到,扬州老百姓和扬州媒体人爱护古城、爱护古树、爱护古刹的古道热肠。有了这种热心,古银杏有了生机,龙衣庵也有了希望。

福宽是龙衣庵最后一任住持,圆寂将近六十年了,她的虔诚、正直和俭朴至今为人缅怀。她生前持修的龙衣庵是扬州古运河畔一粒熠熠生辉的明珠,凝聚着历史、风俗、信仰和乡情。我们祈祷龙衣庵早日荡涤尘垢,重放辉光,以见证运河文化和佛教文化的博大精深。

澄净曾公祠

曾公祠有一种特别澄净的气氛。为了感受这份难得的澄净,我一次又一次来到曾公祠。曾公祠是需要反复踏访的,正如曾国藩这个人需要反复揣摩。

曾公祠在扬州康山街,但门额上刻的却是"盐宗庙"三个厚重的颜体字。这也没错,这里本是盐宗庙。曾国藩死后,扬州盐商请求把它改为曾公祠,得到朝廷恩准。这是同治十三年(1874)的事。

曾公祠现存门楼、大厅、照厅。它不大,然而幽深而肃穆,这也是我喜欢来的原因。

走进曾公祠,其实是为了走近曾国藩。曾国藩,号涤生,湘乡人,清末湘军首领,中国近代洋务运动倡导者。曾任两江总督等职,著有《曾文正公全集》。我所了解的曾国藩,最初是从他的家书中得来的印象。好多年前看过他的家书。他对家人要求很严,有八个字一直铭刻在我脑子里,那是"早扫考宝""书蔬鱼猪"。这八个字看起来怪怪的。掩卷细想,才明白其作为清朝重臣的一片苦心。为了保持清廉节俭的家风,曾国藩一再要求家人要做到起早、扫屋、敬祖、睦邻、读书、种菜、养鱼、养猪八件事。一个朝廷重臣,为什么要管这么多琐碎的事?这是我不大理解的。

有人说,曾国藩是十九世纪中国最忙的人,也许是的。看看他往来扬州的情形,便知道此言不虚。

在曾国藩担任两江总督的漫长生涯中,他多次到扬州,似乎总是为了公务。

如同治四年(1865)三月廿九日,曾国藩第一次到扬州。当时因为河道淤塞,想在瓜洲新建盐栈,曾国藩便与两淮盐运使李雨亭一起步行查勘地形。次日上午,他在扬州城里专题讨论开河事宜。在他的力主下,瓜洲盐栈很快建成,商民称便。

同治七年(1868)三月廿七日下午,曾国藩又一次到扬州。他出东门往返三十余里,为的是去看万福桥是否坚固。万福桥建于道光二十九年(1849),跨越廖家沟,长一百五十丈,是连接扬州与东乡的主要通道。桥毁于太平天国战火,于同治六年(1867)重修,所以曾国藩亲往视察。

同治九年(1870)闰十月十七日,曾国藩第五次到扬州。这一次好像他的公务不大繁忙。他中午到老学生何廉舫家赴宴,下午一点开席,晚上七点方散,回到官船已是夜深。曾国藩写了两封信,想辞掉扬州绅士明日的宴请。第二天上午,他出门拜客,旋至魏荫亭家赴宴,约定不唱戏,但结果照演。傍晚到湖南会馆赴宴,扬州盐商为曾国藩补祝六十大寿而演出大戏。戏台边悬有一联:"后舞前歌,此邦三至;出将入相,当代一人。"据说曾国藩看后,莞尔一笑。

同治十年(1871)八月十三日,曾国藩登舟出省阅兵,于十八日再次来到扬州,数日后才离开。短短几天的行程,安排得非常紧张。十八日下午到扬州后,原计划是前往教场。因教场在西门外十多里,连日阴雨,道路泥泞,无法行走,所以原定十九日进行的阅操计划只得推迟,改为清点盐运司银库。清点完毕,曾国藩拜见了耆宿何绍基。何氏乃道光进士,书法号称当代第一,晚年主持扬州书局,校刊《十三经注》。对这位前辈,曾国藩十分敬重,陪他一起吃

扬州曾公祠

饭看戏,道古论今,相谈甚欢。二十日天空放晴,曾国藩出城检阅。扬州盐捕两营、扬州营洋枪队、扬州五营炮队分别出操。稍事休息后,曾国藩又检阅了步箭项目。中午在教场吃便饭,下午回城接见乡绅好友。第二天继续到教场看操,直到中午过后才结束。然后就在教场参加招待,到下午三点多钟散席。接着,曾国藩犒赏官兵,发完赏后返城,到东圈门何廉舫家赴宴,晚上八点多钟回到自己的官船。当晚,阮元家派人给他送来了一本《许周生集》。次日,曾国藩为防人纷纷致送,天不亮就下令开船北上,结束他的扬州阅兵之行。这下可急坏了扬州地方官,他们发现这一情况后,立马出城,从岸上一直追到城北瓦窑铺,才见到了总督的官船。这时曾国藩只得停船,与地方官们相互道别。

  曾国藩处理过不少涉及扬州的重大案件,从中可见他的老练与精明。这里略举一二。

  同治七年(1868),候补直隶州知州方长久、游击毛可法,联名控告住在扬州的徐州镇总兵詹启纶侵占"公捐庙宇田产",要求上级查处。这两个原告都是从太平军反水的将领,后来加入清军詹启纶部。他们控告的正是他们的上司詹启纶。说起来,詹启纶对两个原告倒是有恩的。詹启纶晋升为徐州镇总兵后,多次保荐方长久与毛可法,以致方长久升任候补直隶州知州,毛可法升任从三品武官"游击"。詹启纶对方、毛二人十分信任,把账目、房产都交给他们操办。不料詹启纶因病去职后,方、毛觉得他权势不再,竟趁机向他索借银两,遭到了拒绝。两人见敲诈不成,恼羞成怒,索性一不做、二不休,不顾当初举荐之恩,联名诬告詹启纶。案子到了曾国藩手中,当即提原告到南京审讯。经仔细查询,才得知所谓"公田",是指詹启纶在扬州的火星庙房产,地点在今蒋家桥一带。然而查核建庙日期,是在同治元年(1862)后,而所控田契则有咸丰十一年(1861)所置之产,显系诬陷。曾国藩大怒,亲拟奏稿,请旨将方长久、毛可法"一并革职,严刑审讯,以儆官邪而惩败类"。不久圣旨下达:"方长久、毛可法均着革职严讯,勿令狡展。钦此。"曾国藩自然奉旨办事,再次亲审方长久、毛可法,下令将二人责打一百军棍,枷号两个月,押回原籍,交当地官府严加管束。对于詹启纶,曾国藩认为他身为高级武官,在驻地广置田产,又任用刁滑之徒,也难辞其咎。考虑到已命他捐银一万两修理仪征学宫,便再令其捐地一千亩创立扬州育婴堂,以示"薄罚而服众心"。此事办理的结果,从朝廷到百姓都认为合法而且合情。

还有一件事是处理扬州教案。也是同治七年(1868),扬州发生了一起重大的教案。法国天主教传教士金缄三在扬州三义阁开办育婴堂,半年间死亡婴孩二十四名,于是民间风传洋人私藏小孩,暗地烹而食之。后来英国内地会传教士戴德生等一行来到扬州,租赁皮市街一幢房屋,创建基督教堂。这事又引起扬州民众的反感,以至于应考生员张榜揭帖,要求驱逐洋教。这一天傍晚时分,扬州内地会被近万民众包围,愤怒的人群挥舞刀棒,投掷砖块。戴德生等传教士在众人追打之下,不得已逃往知府衙门要求保护。这时人群闯进屋内,毁坏财物,殴打神父,有人趁机纵火抢掠。传教士眷属被迫跳楼逃生,戴德生怀孕的妻子玛莉亚跳楼时摔伤了腿。所幸邻居及时灭火,教堂没有烧毁。此事被英国驻上海领事麦华陀得知,立即赶往扬州,向知府交涉,但没有得到答复。麦华陀继而率军舰瑞那尔多号进逼南京,与两江总督曾国藩交涉。英国驻华公使阿礼国也照会大清总理衙门,并要求英国派出海军,迫使南京当局接受赔偿要求。在英国的炮舰政策和清廷的暧昧态度下,曾国藩接受了麦华陀的要求。扬州教案最终以罢免地方官、惩罚肇事者、赔偿传教士,并在教堂门前立碑保护教堂了结。曾国藩对此案的权宜行事,有着复杂的政治背景与国际背景,他有不得不这样做的理由。

也许很少有人像曾国藩那样,每天都不厌其详地记录自己的生活起居。下面是同治十年(1871)八月曾国藩日记中与扬州有关的一些内容:

十八日,早饭后清理文件。开船,行三十余里,至三汊河。旋又行二十余里,至扬州。自巳刻在船上见客起,及到扬后,直至夜间,凡见客二十八次,无片刻少停,中唯吃饭二次时谢客耳。辰刻,在船阅《通鉴》百六十一卷,旋又阅一遍。夜核科房批稿簿。

十九日,早饭后清理文件。坐见之客三次。旋出门拜客,见者八家……未初,至方子箴都转处一谈。旋坐大堂,盘查运库。盘毕,拜何子贞太史,渠住运司署内,与之一谈。旋即登席,唱戏入筵。先吃一顿,申初二刻即毕。又至子贞前辈室内一谈,因约渠同出,登席听戏。吃第二顿,未毕。戌正二刻

曾国藩像

归船。

二十日，早饭后见客二次，旋即出门，约十二里许，至扬州西门外校场看操。初看扬州盐捕两营操大队，约六百四十余人。旋看扬州营操洋枪队，约百五十人，演十一阵。旋阅骑兵、泰州、泰兴、三江、兴化等五营炮队，仅百六十余人。阅毕，余少歇息……余未初二刻阅毕，即在教场小宴。申初三刻回船，见客二次……戌正三刻归船，略一清理公事，三更睡。

二十一日，早饭后见客二次，魏荫亭、杨子春坐稍久。旋出门至校场看操，辰正二刻始升座……酒次，一面料理发赏事件。赏毕，进城至何廉舫家赴宴……。

二十二日，未黎明即开船，恐人纷纷致送也。行十里许，方子箴都转及各道员已赶来叩送。停船少候，坐见之客四次。旋又行数里，风逆而烈，水逆而溜，虽有轮船拖带，而仍不能速行。至湾头地方，吴家榜落水，良久乃起。又走数里，至观音堂地方泊宿。是日仅行二十里，盖余舟虽有轮船拖带，而随从各舟则难动也。在船阅《通鉴》百六十二卷，旋又阅一遍……二更五点睡。

二十三日，早饭后，因等候发一札，巳刻开船行走。逆风逆水，仍与昨日相同，行数里即行停泊。至未刻乃再开。行二十余里，至邵伯镇泊宿。是日亦仅行二十里，而幕友、书办各船尚未赶到。上半日，阅《通鉴》百六十三卷，旋又阅一遍。下半日疲甚，似有感冒之象。

二十四日，是日风仍逆，因随从之船未到，在邵伯久候，候至申刻始行。开船，用小轮船拖带，行三十三里，一更四点始至露筋祠泊宿。上半日阅《通鉴》百六十四卷，旋又阅一遍。坐见之客三次。又阅百六十五卷，未毕……

二十五日，五更开船，行十九里至车逻坝，余甫起。早饭后，登东岸看车逻耳闸，刘受亭、程敬之两观察随同阅看，余官伺应者颇多……

这时候太平天国战争已经平息，清廷在遭受内外重创之后，一方面气数将尽，一方面又力图中兴。而曾国藩、李鸿章等胸怀经纬的汉人，遂成为清朝举足轻重的大臣。此时的曾国藩，年已六十一岁，仍任两任总督之职。这一年的八、九两个月，曾国藩所做的大事主要是：八月份，与李鸿章联衔会奏《拟选子弟出洋学艺折》，经朝廷批准，派遣容闳等人带领留学生出国，学习军事、船政、步算、制造等科学技术。八九月之间，曾国藩在各地视察营防的防务、运河的河务。

曾国藩在扬州运河段航行时，总是用小轮船拖带，这表明他对于近代西方科技的运用身体力行。而当时古运河中的绝大多数船只，还是依靠风帆、水流、篙桨、纤夫等最原始的动力。

从曾国藩日记中可以得到许多真实的历史信息：

首先，他是一个非常敬业的人。他在船上批阅文件，接见客人，闲来就看《通鉴》，而且每每要复看一遍。他上岸的工作，包括拜访官员、盘查运库、检阅营操、视察河堤，都安排得非常紧凑。每天晚上曾国藩必然回船休息，不打扰地方。

其次，他和地方官员有密切交往。日记中提到的方子箴是当时的两淮盐运使，曾和何廉舫等人共同倡导创办琼花观粥厂，由盐商与乡绅出资，救济贫民。方子箴名浚颐，字子箴，号梦园，安徽定远人。道光进士，官至四川按察使。同治八年(1869)任两淮盐运使，以岁课开设淮南书局，延四方知名士校刊群籍。他又增扬州梅花、安定两书院课额。晚年主讲安定书院，以诗古文辞训士，卒于任上。何廉舫名栻，江阴人，也是道光进士，曾任江西吉安太守。因吉安为太平军所陷，他以失守城池而被革职。由于曾国藩、李鸿章的支持，成为扬州盐商，东圈门壶园即其家园。曾国藩曾为何廉舫题写对联云："两袖清风廉太守；二分明月古扬州。"可见赏识之深。

最后，当时扬州运河的航行状况也可见一斑。曾国藩在日记里一再说："风逆而烈，水逆而溜，虽有轮船拖带，而仍不能速行。""逆风逆水，仍与昨日相同，行数里即行停泊。"可见即使像曾国藩这样的高官，他乘坐船舶的质量、性能、速度无疑为一时上乘，尚且如此缓慢，就不必说一般的船只了。

曾国藩生前多次到扬州，在他最后一次踏上扬州土地的第二年，即同治十一年(1872)，他在二月里还领衔上奏，促请对派遣留学生一事尽快落实，提出在美国设立"中国留学生事务所"，在上海设立"幼童出洋肄业局"。三月里在官邸散步时，突发脚麻，扶回书房后端坐三刻，便溘然逝世。

在曾公祠前，我常常揣想曾国藩究竟是个怎样的人。他的地位已经贵极人臣，他的内心世界却非常澄净。他的澄净犹如曾公祠一般，墙外面尽管是红尘百丈，墙里面却没有一点噪音。他的非凡，就出自这种超人的定力与操守。

津梁人烟

七河八岛

在广陵与江都之间,给人们留下最深印象的似乎就是"归江十坝"和"七河八岛"。2013年12月,这里成立了扬州第一个生态科技新城。这片似乎久被遗忘的地方,好像只是一片充满原始风情的湿地。其实这里不仅有完好的生态——河道、植被、飞禽、动物等都是它宝贵的天然财富;同时这里也有深厚的人文资源——堤坝、村落、寺庙、遗址等人类活动的痕迹同样是它宝贵的资源。

重要的是,旅游并不是保护利用它们的唯一目的,我们要给后人留下一片难得的净土。

生态科技新城西邻茱萸湾。茱萸湾处于扬州城东,这一带的人文历史应该追溯到西汉时吴王刘濞从湾头向东开凿运盐河。刘濞开凿运盐河,着眼于发展地方经济。在古代,盐关系到国计民生,因此大都官营。吴国东临大海,盛产食盐,要把海盐运到扬州再转售各地,需要开辟水上通道,刘濞因此开凿了自茱萸湾到海陵仓的运盐河。这是扬州城东最早的人文遗迹。运盐河西起广陵,东达海陵,既有舟楫之便,又有泄水之利,茱萸湾或茱萸村的地位由此奠定。汉人《氾胜之书》云:"吴王濞开茱萸沟,通运至海陵仓,北有茱萸村,以村立名。"宋人《方舆胜览》云:"茱萸湾在江阳县东北九里,隋仁寿四年(604)开以通漕运,其侧有茱萸村,故名。"明

七河八岛秋色

人《天下郡国利病书》云:"汉吴王濞开邗沟,自茱萸湾通海陵仓,及如皋磻溪。"小小茱萸湾,竟然在历史上赫赫有名。

刘濞一直被扬州人尊为财神,茱萸湾对面的财神庙专供夫差和刘濞。庙名除了邗沟大王庙之外,还有吴王庙、邗沟庙、古邗沟庙、邗沟神庙等,民间则直接称作财神庙。王振世《扬州览胜录》说:"邗沟大王庙,俗称'邗沟财神庙',在便益门北官河旁,中为吴王夫差像,配以汉吴王濞。"扬州学者汪中和扬州盐商马曰琯、马曰璐兄弟都写过诗歌咏这座庙。扬州人对刘濞的纪念由来已久。嘉庆《重修扬州府志》说"相传吴王夫差筑城邗沟,后人祀之",没有写具体年代。清人《邗沟大王庙记》说是康熙年间修庙,嘉庆年间重建。据曾燠《邗沟大王庙记》:"自康熙中修庙以来,百有余岁,榱题既古,金碧无色,行道同慨,居民未安。乃以嘉庆六年(1801),重庀梓材,式崇堂宇,松柏映日,鼓钟鸣雷。"那么邗沟大王庙的历史,至迟可以从康熙时代算起。

茱萸湾在吴王刘濞之后,到隋炀帝杨广时又火了一把。炀帝在江都大建宫阙,有归雁宫、回流宫、九里宫、松林宫、枫林宫、大雷宫、小雷宫、春草宫、九华宫、光汾宫,其中北宫即后来有名的山光寺。一般认为,现在湾头福慧禅寺就是隋代山光寺旧址。因炀帝信佛,舍宫为寺,赐名山火寺,后来更名为山光寺,一时香火旺盛。但到唐代,山光寺已经湮没于荒草乱坟之中。唐人张祜的《纵游淮南》几乎无人不知:"人生只合扬州死,禅智山光好墓田。"表明山光寺在唐代已经成墓田。刘长卿也有《茱萸湾北答崔载华问》诗云:"荒凉野店绝,迢递人烟远。苍苍古木中,多是隋家苑。"应是他目击隋亡之后茱萸湾的荒凉景象。

宋人眼中的山光寺格外荒凉,如宋人梅尧臣《山光寺》诗云:"古桥经废寺,苍藓旧离宫。柏殿秋阴冷,莲堂暮色空。鸟啼山蔼里,僧语竹林中。寂寞芜城近,萧萧牧笛风。"苏东坡居扬州时,有一次与晁补之等人同舟去山光寺为朋友送行。客人去后,东坡醉卧舟中,他的《山光寺送客回次芝上人韵》倒是写得轻松:"闹里清游借隙光,醉时真境发天藏。梦回拾得吹来句,十里南风草木香。"米芾的《山光寺》也不无清趣:"竹围杉径晚风清,又入山光寺里行。一一过僧谈旧事,迟迟绕壁认题名。"

实际上,隋炀帝的山光寺并没有给茱萸湾带来多少实际的益处。茱萸湾因运河而生,首先面对的是水。早在唐元和年间,淮南节度使李吉甫鉴于扬州运河经常淤塞,在江淮之间大建堰埭,茱萸堰就是其中之一。宋绍兴年间,为阻挡金兵而填塞茱萸湾船港,直至乾道年间才重开茱萸湾码头,运河恢复通航。明清时代的茱萸湾虽是运河上的黄金码头,但每逢夏季汛期就集中泄洪,湍急的河水往往如脱缰之马奔腾咆哮,造成巨大灾害。为了约束河水,时人根据水位落差、地质构造等构建"归江十坝",体现了人类治水的智慧。同时,沿河设置的"九牛二虎一只鸡"镇水图腾,也形成了特殊的治水文化。

如今在茱萸湾,仍可见学者阮元亲题的"古茱萸湾"四字,镌刻着古运河的千年沧桑。

扬州城东的自然风光,得到历代画家的青睐。

清初扬州画坛领袖石涛和尚曾提出"师法自然"的主张,茱萸湾也是他写生的地方。他的《淮扬洁秋图》和《茱萸湾山水扇面》等作品,画的都是扬州城东北一带的景色,近处城垣绵延,中部烟波浩渺,远处冈峦隐约。《淮扬洁秋图》中河岸蜿蜒曲折,一直延伸至天际。岸边杨柳低垂,房屋参差,芦荻丛生,杂树生花。运河平静如练,一叶扁舟上有老翁悠然自得。从郊外眺望扬州城,只见城中市廛繁华,城外野趣盎然。《题淮扬洁秋图》抒发了石涛行经隋故宫的心情:"我行隋地试难明,战图黄海笔难停。精靡亦有荒唐日,桑田亦变沧海形。"

高翔《螗导河图轴》

石涛另有《广陵竹枝词》咏道:

茱萸湾里打秋风,水上行人问故宫。
秋草茫茫满天雁,盐烟新涨海陵东。

邗沟呜咽走金堤,禅智松风接竹西。
城里歌声如鼎沸,月明桥畔有乌啼。

三山顶上望红尘,无数衣冠总未真。
大业风流难写出,繁弦急管为谁春?

历史的兴亡,现实的风光,激起了诗人的胸中波澜,为茱萸湾留下了诗画交融的长卷。

扬州八怪黄慎、李鱓、边寿民等人，曾相约雇舟游览七河八岛。时值新秋，他们在船上带了新鲜水果、新酿酒水和新刊诗文，荡舟水上，好不惬意。边寿民随手从船边摘来艾草，夹在书中，吟道："影随桐帽棕鞋瘦，气染书签药裹香。"据说艾草可以当药，能够驱蠹。黄慎和道："画君携去兴何远，新到邗江酒正清。"离城已远，红尘已淡，然而新酿这时候却饮到好处。然后，他们便合作了一幅图。八怪之一的高凤翰也到茱萸湾来送友人，他有《湾上送别图》云："文心饱沁三年后，别味浓添九月中。记取茱萸湾上路，雁声无际蓼花红。"

广陵与江都之间有一条河，名叫芒稻河，又叫蟒导河。此河的来历，一说嘉靖年间疏浚张纲沟形成，从湾头入运盐河，北通邵伯湖，是泄洪通道；一说开凿于清康熙年间，是引淮入江的水利工程。今扬州生态科技新城所属的芒稻岛，为"七河八岛"之一。芒稻河和芒稻岛共同构成了独特的芒稻风光，是扬州古代水利文化的重要见证。扬州八怪之一高翔曾作的《蟒导河图轴》，是古代画家留下的唯一关于芒稻河的绘画作品。

高翔、汪士慎的朋友祝应瑞是镇江人，时任蟒导河船闸官。乾隆五年（1740）农历三月三日，祝应瑞邀请友人厉鹗、陈章、高翔、汪士慎等来芒稻河小聚，高翔、汪士慎等从城里大东门乘舟出北水关进入运河，前往芒稻河。祝应瑞特别请来歌伎作伴，一路笙箫歌舞，好不快活。厉鹗作《虹桥春游曲》云："客愁当春乱如丝，挂在虹桥新柳枝。"高翔则在欢乐之余，偶从河水倒影中看见早生华发，不禁作歌自怜："照水自怜身如玉，情寒谁与鬓沾霜。"这次欢聚后不久，祝应瑞夫人在闸衙病逝，高翔和汪士慎接到讣告后，又前往蟒导河吊唁。《蟒导河图轴》就是高翔在归途中所作。

在高翔笔下，河边的长堤、水面的风帆、岸边的古树、天上的寒鸦再现了芒稻河苍茫的景色。图中可见官衙森严、银杏耸立、闸坝雄伟、河水奔腾，足见芒稻河闸衙虽是小小衙门，也很有威风。值得注意的是芒稻河两岸，左岸有一根旗杆直指天空，下面行人来往，闸下停船待航；右岸有一座牌坊巍峨高大，看起来庄严肃穆。高翔亲题"蟒导河官衙即事"在图轴右上方，表明此图乃是画家写生之作。

《蟒导河图轴》有高翔自题诗云："西风晓发片帆轻，入望烟波送水程。今日官衙太岑寂，为怜潘令最多情。""白龙川上停孤棹，仙女祠前认断碑。衰柳一行鸦数点，茱萸湾上夕阳时。"汪士慎也为之题诗云："聒耳惊湍蟒导河，河边古庙祀仙娥。离城卅里忽来到，有慰闲官赋挽歌。""茱萸湾里寒潮长，扬子江头落日斜。白鸟烟沙归画轴,萧萧篱落是官衙。"朋友的诗歌唱和,在野趣之外更平添了朋友之情。数年后,高翔与汪士慎打算再去芒稻河访友,不料老友祝应瑞已在芒稻河闸衙任上病逝。芒稻河雅集,从此成广陵散。

茱萸湾是丝绸之路的重要节点。

自唐代开始,扬州、广州、泉州、明州(宁波)就成为中国对外交往的重要港口,外国商贾与舶来商品在扬州集散,茱萸湾也成为丝路明珠。在鉴真大师东渡之后,日本僧人圆仁来华留学,起初住扬州开元寺。他后来在《入唐求法巡礼行记》中说,他乘坐的船从海陵沿运盐河东行,抵扬州时见"江中充满大舫船、积芦舡、小船等不可胜计",所见正是茱萸湾的运河景象。

唐末来华的新罗人崔致远曾提到"东塘",也是指茱萸湾和七河八岛一带。公元881年5月,崔致远入幕淮南第二年,扬州发生了一件震惊朝野的大事,即高骈起兵讨伐黄巢起义军。当时在扬州城东的东塘集结了八万大军,两千战船,蓄势待发。古代征战有发檄文的传统,征讨黄巢檄文的任务落到了崔致远身上。崔致远被高骈任命为馆驿巡官,随高骈出师东塘,准备勤王。崔致远后来回忆说,在东塘的一百多天里,高骈在军中对崔致远"忽赐招呼,猥加驱荣""诸郎官同力荐扬,和之如响",此情此景让崔致远受宠若惊。所谓"东塘",就在今广陵与江都之间。

宋代的普哈丁、元代的马可·波罗、明代的崔溥等外国人,在南下北上时都经过茱萸湾。以崔溥为例,明弘治元年(1488),这位朝鲜中层官员因事奉差出海,不料遭到暴风袭击,船从朝鲜济州岛漂至中国浙江台州临海。他最初被疑为倭寇,后经审查,排除嫌疑,受到友好接待,便由浙东经陆路至杭州,再由杭州沿运河至扬州,到北京后再从陆路返国。崔溥把在中国的经历写成《漂海录》一书,书中记载了他从扬州城外沿运河经过茱萸湾到邵伯的经历:"臣等由舟而过,不得观望,所可见者,镇淮楼而已。楼即城南门,有三层。沿河而东而北,过夏国公神道庙、观音堂、怀远将军兰公之茔、晏公庙、黄金坝、北来寺、竹西亭铺、收钉厅、扬子湾巡检司、湾头关王庙、凤凰桥墩、淮子河铺、河泊八塔铺、第伍浅铺、税课局、四里铺、邵伯宝公寺、迎恩门"。日记中的"湾头"即茱萸湾。

在清代,除乾隆间马戛尔尼率领的英国船队驶经茱萸湾,同治间参加太平天国的英国人呤唎也曾穿越七河八岛。呤唎在1857年加入英国海军,1859年远赴香港服役,次年辞职来到太平天国控制地区经商。1861年年初,呤唎加入太平军,担任训练、作战、采购武器和粮食等任务。1863年,呤唎参战受伤,伤愈后率人潜入上海,夺取了一艘"飞而复来号"轮船献给太平军。1864年太平天国失败,呤唎回国。他在1866年出版的回忆录中说,他曾为太平天国前往扬州采购大米,具体地点是仙女庙。因为战争的缘故,呤唎的船只能从偏僻的河道潜行,也即七河八岛。虽然是在清军和太平军的交战时期,扬州城与仙女庙之间却给他留下了田园诗般的印象。呤唎写道:

> 我们的目的地是仙女庙。仙女庙是此处一带的大市场。两岸的乡间全都是肥饶的耕地。农民的耕种方式和农民的房舍风貌较中国其他地方更接近英国的样式。大麦、小麦、裸麦、燕麦一一映入眼帘,不像中国其他乡间,大多尽是一望无际的稻田。田间有一堆堆的干草堆,房舍宽大宽敞。林木稀少,斑鸠甚多。我和我的朋友曾用双筒枪猎获了许多斑鸠。这些斑鸠和我在别处所见到的完全不同,颜色像鸽子,而胸和翅则像金色鹧,颈上有一圈美丽的彩纹,和英国斑鸠一样,尾大而黑,羽毛彩色鲜艳。这种鸟的美味是我从未尝过的,可是中国人却并不注意它,既不捕捉、食用,也不驯养。

七河八岛除了有田园诗式的乡村风光,也有梦魇般的压迫。呤唎说:

> 这里的乡间极为完美,可是居住在这里的人民是有缺点的,或者毋宁说他们的统治者是邪恶的。因为我相信,中国人本身是具有改进自己的力量的。我在前去仙女庙的沿途,特别注意到清政府的可恶的勒索行为。从河口到这个大市场,不满三十英里,而我所见到的厘卡竟不下十五处之多。

而按照清朝的法律,这段水程也只有两处厘卡。出人意料的是,在那生死攸关的时刻,呤唎还关注到扬州是出美女的地方。芒稻河,应该就是英国人呤唎经过的地方。

红桥修禊

前些年,我和美国梅尔清博士闲谈时,曾无意中提到扬州红桥。这位对扬州文化充满兴趣的金发女郎,引用清代一位到过扬州的文人的话说:"山川得名,多因人杰。"明显的例子是黄州的赤壁。那位文人说,未有东坡之前,赤壁只是一片顽石;既有东坡之后,赤壁赫然成为名山。

红桥也是如此。桥的名声往往并非因为它的景致,而是因为它蕴含的人文内容。许多桥在建筑上并无特别之处,但却享有文化上的美名。如果说圯桥是因为孺子可教,断桥是因为人蛇之爱,灞桥是因为折柳离别,枫桥是因为渔火钟声,那么红桥则因为诗人雅集。

乾隆进士张九镡有一首《晚秋广陵泛舟》吟道:"红桥修禊冶春诗,载酒江湖似牧之。谁信一官烟月地,欧苏鼎立见丛祠。"诗中所说的红桥,原是建于明末的一座红栏木桥,清中叶改为拱形石桥,又名虹桥。虽然《扬州梦香词》说"扬州好,第一是虹桥",但红桥其实只是一座普通的桥。它的盛名来自诗人的雅集。而这种雅集有一个别致的名字,叫作"修禊"。修禊本是古人春日在水边沐浴除垢的风俗。诗人把饮酒赋诗称为修禊,原是一种借指,但自从有了兰亭修禊和红桥修禊之后,修禊便总与诗人有关了。

最早在红桥修禊的是清初的扬州推官王士禛。

王士禛字贻上,号阮亭,又号渔洋山人,山东新城人。他在顺治十五年(1658)中进士后,出任扬州推官。王士禛论诗,以神韵为宗,追求清幽、淡雅、风韵、含蓄。他的诗与其说是描写客观世界,不如说是抒发主观感受。就是这样一位诗人,在扬州任官期间,却以"昼了公事,夜接词人"闻名,每天与名士相游,几乎一日不空。扬州人自欧阳修之后,对这类文章太守尤为推崇,所以把他和欧阳修、苏轼并列,建了一座三贤祠以资纪念。

康熙元年(1662)春日,王士禛与扬州诸名士集于红桥,众人击钵赋诗,游宴不息。王士禛作《浣溪沙》三首,其中有名句云:"北郭清溪一带流,红桥风物眼中秋,绿杨城郭是扬州。"众人纷纷唱和,一时传为佳话。著名词人纳兰性德和道:"无恙年年汴水流,一声水调短亭秋,旧时明月照扬州。曾是长堤牵锦缆,绿杨清瘦至今愁,玉钩斜路近迷楼。"这次雅集的规模并不大,与会者有杜濬、陈维崧、张养重、丘象随、陈允衡等骚坛实力派。尤其是陈维崧,人称"江左凤凰",为阳羡词派领袖。

两年之后,王士禛再次修禊于红桥。这一回王士禛一口气写了《冶春绝句》二十首,最脍炙人口的一首是:

红桥飞跨水当中,一字栏杆九曲红。

日午画船桥下过,衣香人影太匆匆。

王士禛觉得自己的作派与当年王羲之兰亭修禊可以一比，不无自得地说："红桥即席赓唱，兴到成篇，各采其一，以志一时盛事，当使红桥与兰亭并传耳。"雅集的诗作，后来编成《红桥唱和集》三卷。

清初实行严酷的文字狱，禁止文人集会，但红桥修禊看起来是一个例外。这和红桥修禊的主旨远离政治有关。而恰恰在那时候，清廷为安抚江南、收拾人心正在调整政策。红桥修禊让江南士子呼吸到了久违的自由空气，也为新朝装点了太平。可以说，红桥修禊正是在不谈政治的标识之下，投合了朝廷的政治意图。

在王士禛之后二十余年，在扬州治水的孔尚任又一次发起红桥修禊。

孔尚任字聘之，又字季重，号东塘，山东曲阜人。他因作过《桃花扇》，时人将他与《长生殿》作者洪升并论，称"南洪北孔"。

康熙二十七年（1688）三月三日，孔尚任在扬州红桥举行修禊。这次参加雅集的名士数十人，来自八省，所以孔尚任称这次聚会为"八省之会"。

孔尚任无疑是王士禛的忠实粉丝。他有一首七律《扬州》写道："阮亭合向扬州住，杜牧风流属后生。"这正是他发起红桥修禊的重要原因，想仿效阮亭（王士禛）。孔尚任在《三月三日泛舟红桥修禊》中宣泄了自己愉快的心情："杨柳江城日未曛，兰亭禊事共诸君。酒家只傍桥红处，诗舫偏迎袖翠群。久客消磨春冉冉，佳辰引豆泪纷纷。扑衣十里浓花气，不借笙歌也易曛。"治水工作的辛劳与挫折，在这里全然不见，只有诗酒带来的快意。

后来他在《红桥修禊序》中记下了这段雅事：

康熙戊辰春，扬州多雪雨，游人罕出。至三月三日，天始明媚，士女祓禊者，咸泛舟红桥，桥下之水若不胜载焉。予时赴诸君之招，往来逐队。看两陌之芳草桃柳，新鲜弄色，禽鱼蜂蝶，亦有畅遂自得之意。乃知天气之晴雨，百物之舒郁系焉。

红桥的明媚春色，使他暂时忘却了人间的霜寒。

孔尚任其实是一个清醒的诗人。他在扬州写过《清明红桥竹枝词》。因为他在淮扬一带参与疏浚黄河海口的工程，所以对扬州风物谙熟于心。孔尚任在诗中提及清明时节扬州红桥一带的踏青、祭扫、进香、市酒等风情，然而作者的本意并不在欣赏民俗。他写道："一曲红桥三里水，清明消尽满城魂""桥西桥北冢为邻,祭扫何曾泪掩巾"——他分明在冷笑:看,刚刚经历过十日之屠的扬州,如此迅捷便又恢复了醉生梦死的故态。

修禊原是春天的风俗,但文人不必拘于此例。雅集一般由官员发起,但诗人也可以自行其是。布衣诗人厉鹗就曾倡导过一次秋天进行的的红桥修禊。

厉鹗字太鸿,号樊榭,浙江钱塘人。他虽然多才,但运气不济,毕生以设馆授徒为业。乾隆年间,厉鹗寄住在扬州东关街马家。他曾遍览马氏藏书,编纂成《宋诗纪事》百卷。他是浙西词派的领袖,但这是一个虚衔,并没有薪水。

乾隆三年(1738)金秋十月,厉鹗在东关街书斋长时间苦读之后,想必心情烦闷,就想到大自然中放纵一下心灵。他想到了红桥。尽管秋意已浓,但红桥景色依旧怡人。厉鹗就和扬州诗友闵华、江昱、陈章等人,畅游了秋日的瘦西湖。他们也因此留下了一组《念奴娇》词,后人则把这次雅集称为红桥秋禊。

厉鹗为《念奴娇》作了一篇很有意思的序言。意思是,扬州的胜处唯红桥为最,但在春秋佳日,游人喧闹,难得清静。俗人喜欢用大舟载酒,上搭凉棚,下竖立柱,两边设有雕栏,与亭榭无异。而且又喜欢几条船并排行驶,或者几条船首尾衔集,则烟水之趣荡然不存。"戊午十月十七日,风日清美,煦然如春。廉风、萸亭、宾谷、蒔田招予与授衣、于湘,唤舟出镇淮门,历诸家园馆,小泊红桥,延缘至法海寺,极芦湾尽处而止。萧寥无人,谈饮间作,亦一时之乐也。悬灯归棹,吟兴各不能已。"于是他们相约赋《念奴娇》,而命厉鹗为序。诗人汪沆因此写下有名的《红桥秋禊词》:"垂杨不断接残芜,雁齿红桥俨画图。也是销金一锅子,故应唤作瘦西湖。"扬州人认为,这就是瘦西湖名字的由来。

这次秋禊虽然人数不多,但具有别样的意义。这是由一批布衣诗人自发组织的诗歌活动。诗人吴士英曾题道:"渔洋游记归觞咏,樊榭歌词入管弦。"他认为王士禛的《红桥游记》与厉鹗《红桥词序》前后相映,两次雅集一样重要。

就规模而言,要数两淮盐运使卢见曾主持的红桥修禊人数最多。

卢见曾字抱孙,号雅雨,山东德州人。他于乾隆二年(1737)来扬州任两淮盐运使,因为人所陷,第二年被免职流放。乾隆十八年(1753)复任两淮盐运使,直至二十八年(1763)致仕还乡。

卢见曾仿效王士禛、孔尚任红桥修禊旧事,数次雅集红桥。当时名士如袁枚、厉鹗、金农、郑燮等,均曾参与盛会。其中最有名的是乾隆二十二年(1757)三月三日那次。这一天,卢见曾邀请诸名士聚会扬州倚虹园。他自己作七律四首,其中有名句"十里画图新闻苑,二分明月旧扬州",各地依韵相和者达七千人。最后编成诗集三百余卷,并绘《虹桥览胜图》以记其胜。

扬州八怪之一的郑燮与卢见曾交往甚密,也作有《和雅雨山人红桥修禊诗四首》《再和卢雅雨四首》等。《和雅雨山人红桥修禊》吟道:"一线莎堤一叶舟,柳浓莺脆恣淹留。雨晴芍药弥江县,水长秦淮似蒋州。薄幸春光容易老,还延诗债几时酬?使君高唱凌颜谢,独立昊山顶上头。""年来修禊让今年,太液昆池在眼前。回起楼台回水曲,直铺金翠到山巅。花因露重留蝴蝶,笛怕春归恋画船。多谢西南新月挂,一钩清影暗中圆。"诗人极写红桥诗会的美好与繁盛,认为有此一举,就可以"十二红楼都倚醉"了。

据说卢见曾还在红桥雅集上独创"牙牌二十四景",把瘦西湖二十四景刻在牙牌上,与会者依次取牌,根据牌上风景当场吟诗,诗思不敏者罚酒。

红桥修禊的尾声,由两淮盐运使曾燠画上句号。

曾燠字庶蕃,一字宾谷,江西南城人。乾隆五十七年(1792),朝廷考核政绩,曾燠评为一等,被委以为钦差出使江南,后升任两淮盐运使。道光二年(1822),曾燠在还乡奉侍母亲五年后,又以巡抚身份巡视两淮盐政。曾燠的官运不佳,曾遭到道光皇帝的呵斥,但这并不妨碍他在扬州倡导风雅。他在扬州建题襟馆,周围遍植花木,招揽名流,主宾唱和。当时很多名士都被招至幕下,以至于有"自宾谷出为两淮盐运使,而天下称诗之士皆至于扬州"之说。这个曾被皇帝呵斥的人,在扬州人心目中享有极高的声誉。

对于红桥修禊这一特殊的文学现象而言,在王士禛、孔尚任、卢见曾之后,曾宾谷可算是最后的绝唱。有人说过,到了曾燠的时代,红桥修禊已经成为诗人登舟、饮酒、吟诗、作画、高歌、狂舞的湖上狂欢节。从另一面看,这种文学活动实际上也是沟通官僚与平民之间关系的纽带。

曾燠从乾隆五十八年(1793)任两淮盐运使,直至嘉庆十二年(1807)升湖南按察使,在扬州任上十余年。他在扬州的诗酒生涯,诗人王文治有一首《宾谷来扬州,一时名流倡和成帙,择其尤者锓版以行,题曰〈邗上题襟集〉;兹复于衙斋西北隅,筑题襟馆以实之。为赋二首》写道:

邗上题襟事,骚坛喜再闻。

古今虽异地,贤哲自为群。

邗水秋风渡,平山日暮云。
长空飞雁影,聊复点斜曛。

隙地分官署,新营高馆成。
梅心知爱客,莺友各求声。
石瘦静尤碧,窗虚寒更明。
公余惟把卷,合着短灯檠。

当年王士祯"日了公事,夜接词人",如今曾燠"旦接宾客,昼理简牍,夜诵文史",两者何其相似。曾燠显然太爱扬州,他的《扬州柳枝词》咏道:"扬子江头绿涨天,芜城一片是春烟。春来何处无杨柳,不思扬州最可怜!"

红桥,正如梅尔清理解的那样,在桥上演出的诗歌活动可以解读为一份宣言书,它"是一种共享价值与文化行动的表演"。表演者都属于当时的精英人物,而红桥因此成为清代文化繁盛的胜地。

街衢摭拾

一、东关古渡。

东关在扬州城之东,古运河之西。东关则是从运河进入扬州的东方门户。

东关是扬州历史的缩影。站在东关渡头,波光云影是发轫于春秋的邗沟。不远的琼花观,感受到的是汉代后土祠的肃穆。东门遗址公园的城墙上,叠印着唐代的月色。双忠祠的大照壁,扑面吹来宋代爱国将军李庭芝、姜才的雄风。马可·波罗纪念馆,讲述着元代的开放风气。山陕会馆和武

扬州东关街

当行宫,见证着明代的风情。个园和壶园,为清代盐商生活方式作出生动的注脚。熊成基、曹起潜的故居,是革命者的生动课堂。因高丽商人安岐得名的安家巷,和因旅法画家张玉良故居闻名的广储门街,则是扬州连接世界的纽带。

如果说古运河是历史馈赠给扬州的礼物,东关街则是这份礼物中璀璨的明珠。东门遗址是唐代扬州罗城的见证。有一种说法是,罗城可能在隋炀帝时就有了轮廓。考古发现罗城东西均有三个门洞,属于帝都规格,可以设想为隋代所建。如今站在东关码头,北望茱萸湾,南眺扬子津,那里都有隋宫的遗址。

这里发现过一片唐瓦,瓦上有模印铭文,细辨之下,可识出"城东窑王监制"数字。唐城对于很多扬州人来说,是既熟悉又陌生的。说熟悉,是因为新闻媒介经常提起它;说陌生,是因为一般市民说不清它到底在哪儿。当我们沿着瘦西湖的水道往北游览,快到尽头时,可以遥遥看到山冈上的仿唐城阙。它就是扬州唐城。唐代扬州有两重城,子城在蜀冈上,为衙门所在地,罗城在蜀冈下,为居民生活区和商业贸易区。东门遗址,就是罗城最东边的门户。

东关成为真正的津渡和关卡,是在唐敬宗年间。当时城内官河淤塞,阻滞漕运,盐铁转运使王播开七里港河,绕扬州城东南而过,东关遂成为出入城池的通道。考古证明,扬州罗城的东界就在东关渡头。唐代扬州的繁华,除了东西两京,号称天下第一。自那时以来,东关街一直是贯通扬州城的东西主干道,而东门的位置在东关街头,始终未变。

东关作为城门的历史,在元明之交曾经中断。它的重新屹立于扬州城东,是在明代嘉靖间。当时为抵御倭寇,保护商民,扬州府在旧城以东建筑新城,东关城门名曰"利津门"。一时间,南北船舶、东西客商要到扬州,多从利津门进出。这种商旅云集、货物集散的繁华景象,一直延续到清朝。

走进了东关城楼,就走进了扬州的历史。想当年,伫立在东关城头,东面是汤汤河水,西面是鳞鳞车马。运河的潮汐,就通过东关这个枢纽,掌控着古城的兴衰和荣辱。

二、彩衣街。

扬州有一条彩衣街,古代是裁缝聚集的地方。《清宫扬州御档》有几篇关于两淮盐务为皇室进贡衣服和衣料的档案,联想到民间历来相传的"扬帮裁缝",才知道不无史实依据。

康熙三十三年(1694),苏州织造兼两淮巡盐御史李煦上奏:"恭进端午龙袍,特请皇上万安。"康熙的御批是:"知道了。"李煦所进龙袍,有可能是在苏州所织,但不排除是在扬州所制。当时扬州两淮运司北侧彩衣街上,有"制衣局"之设,其擅长者就是制作绣货、戏服。

同治八年(1869),两淮盐务奉旨为皇室大婚准备衣物。江南织造广顺在奏章中说,他写这篇奏章的缘由,是因为"遵旨接办两淮大婚活计、估计工价银两,并缂绣限期"。两淮接办的活计,有"红单二件,画样三十六张,上交女领袖绣装一份","估计约需工价银四万两";奏章并说:"惟工程繁细,则缂绣需时,约在开年三月内,可期工竣起解。"缂绣即缂丝,指用缂丝法织成的衣料或衣物。

同治十一年(1872),两淮运司为皇家织成用于赏赐的缎绸等件,请江南织造代为解京。这篇由江南织造庆林呈上的奏章说,内务府本是命令两淮运司为皇家织造"赏用缎绸"的,后来这项使命转交江南织造办理。但在转交之前,两淮已经织成部分缎绸。所以庆林在奏章中说:"运司交到先行织得缎绸、纱绸二千五百六十四疋件,奴才于接收后,敬谨装箱封固,代为解京交纳。其余运司已办未得活计,俟工竣交到后,奴才再为解京。"同治皇帝的御批是:"知道了,钦此。"

以上御档证明,清代皇家所需衣服和衣料,不仅由苏州、江南织造办理,两淮盐务也负有部分责任。

中国的裁缝,素来以宁波帮为第一。中国传统的裁缝中,扬州帮裁缝其实也是很有名的。扬州人身居闹市,穿戴历来趋时。唐代扬州制造的帽子就曾流行于西安,有唐人著述为证。李廓《长安少年行》十首,其中有云:"划戴扬州帽,重熏异国香。"极言当年长安少年的风流意气,时尚倜傥,可知唐代扬州以盛产毡帽闻名天下,并且在京城名重一时。《太平广记》记载唐代名宦裴度因为头戴"扬州帽"而幸免于死。唐代以后,"扬州帽"虽然盛名不再,但是明清时代扬州名铺"伍少西家"却也是以出产毡帽闻名于世的。扬州八怪之一的杨法曾经为"伍少西家"题写招牌,郑板桥则书写过"伍少西家绒袜贵"的竹枝词。据《画魂潘玉良》一书描写,女画家张玉良就出生于扬州的一个毡帽之家。

扬州人自古以来考究穿戴,当然十分重视衣料和裁剪。清代扬州有缎子街,今名甘泉路,曾为绸缎布庄聚集之地。据李斗《扬州画舫录》载:"多子街即缎子街,两畔皆缎铺。扬郡着衣,尚为新样。"又云:"彩衣街为运司后一层,旧设有制衣局,其后绣货、戏服、估衣铺麇集街内,故名。"制衣局当是官设的高级成衣铺。曹聚仁在《上海春秋》中说："上海衣式,可分为苏帮、扬帮、宁帮、本帮,各有各的主顾的。"彩衣街可谓扬帮裁缝的发祥地。

三、田家巷。

扬州东关街口有一条消失不久的古巷,叫田家巷。吴梅村《永和宫词》歌咏的"扬州明月杜陵花",就绽放于此巷之中。这一朵名花不是别人,却是大明崇祯皇帝的贵妃——田秀英。

田贵妃是陕西人,后家扬州。她生而纤妍,性寡言,多才艺,于崇祯元年(1628)封为礼妃,进而册封皇贵妃。田贵妃多才多艺,从琴棋书画到刺绣烹饪,无不巧妙。尤善骑射,上马挽弓,发必中的,确是个神仙俦侣,士女班头,因此受到崇祯宠幸。田贵妃天生丽质,唯有一双小脚出自人工。在明清两代,扬州小脚是天下闻名的,田贵妃自然也裹小脚。崇祯的周皇后曾在宫中缝制一种弓鞋,名叫"一瓣莲",宫人竞相模仿。而田贵妃的小脚,才真是所谓三寸金莲,只有袁贵妃脚的一半大。难怪崇祯在周后前赞美田妃的纤足,嗤笑袁妃的大脚,叫周后、袁妃难堪不已。田贵妃的多才多艺,是自幼受到其母教诲的结果。她的母亲出身倡优,像当时扬州许多艺伎女教师一样,精音律,善丹青,女儿尽得其传。贵妃入宫后,住在承乾宫,亲手绘制《群芳图》二十四种,进呈崇祯御览。崇祯大为欣赏,命付装潢,每页都亲笔题诗,并钤上"承乾宫印""南薰秘玩"的印鉴。崇祯虽是亡国之君,也有一点风流天子的样子。据说他在精通音律这一点上,不让唐玄宗。他喜爱拨弄乐器,也喜欢谱写曲子,曾经编过"访道五曲",即《崆峒引》、《敲爻歌》、《梧桐吟》、《参同契》、《烂柯游》,并让田贵妃演奏。田贵妃的演奏,深得其中三昧,也正因为这个缘故,崇祯与田妃引为知音。

田贵妃在制造设计方面,也有过人处。她居住的承乾宫,由于是万仞宫墙,看不到后宫风景。她就按照扬州园林风格,重新规划并改建。她将高大的宫墙拆掉,改成透空的低栏,又在院子里建造平台,堆砌假山。假山有洞可以穿行,四周栽植花草,称为"玩月台"。宫中有一处夹道,是皇帝的必经之道。每逢盛夏,烈日当头,崇祯经过时,虽有御盖,还是酷热难当。田贵妃便在夹道上用苇席搭成凉棚,既能遮挡阳光,又为侍从们提供了小憩之处。崇祯对田妃的聪明十分赏识,对她也更加宠幸。田贵妃常改变宫中冠服旧制,无论什么东西,被她改过便更加美丽悦目。如皇帝的珠冠,本来用珍珠与鸦青石连缀而成。田贵妃把珍珠易去,缀上珠胎,再嵌上鸦青石,戴在头上,更觉光彩灿烂。宫中的灯本用缕金匠所制,望去虽然美观,光线却不能映照到外面来。田贵妃在灯的四周各镂去一块桃形,绷上细纱,灯光就四面通明了。宫中的月洞门小径,只能两人并行。一到秋夏之交,草木茂盛,蔓延开来,路径被草掩没,清晨经过,草上的露珠沾人衣履,殊感不快。宫监将长草刈去,不到几天,又是原样了。田贵妃设计出一种木栏,高约尺余,护在两旁,从此小径上十分清洁,再也没有残叶乱草。

田贵妃于崇祯十五年(1642)七月与世长辞,葬于昌平,也即今十三陵之思陵。后来崇祯与周后都合葬于此。诗云:"荒村寂寂无车来,古柏深深左右排。谁记昌平山坳里,长眠田氏美人胎。"田贵妃在扬州的遗址,唯有田家巷。

四、安家巷。

扬州安家巷得名于韩国商人安岐。在中韩交往史上,有两位与扬州关系非常密切的人物。一位是唐代的崔致远,另一位是清代的安麓村。安麓村因生活的时代较崔致远更近,而且现在扬州东关街还能找到他居住过的确凿遗址——安家巷,所以,我们实在不该忘记了他。

安麓村,名岐,字仪周,亦号绿村,别号松泉老人,生活于康乾年间,因随高丽贡使入京而常住中国。他和他的父亲安尚义曾经是权相明珠的家臣,后在天津、扬州两地业盐,遂成为最富有的盐商。安氏与同在扬州经营盐业的山西巨富亢氏齐名,并称为"北安西亢"。安麓村的生平,美国学者 A·W·恒慕义在他主编的《清代名人传略》叙述甚详。书中说,安岐的父亲安尚义,或称安尚仁、安三,字易之,曾为大学士明珠以金义、钱仁的名义在天津长芦贩盐,后将经营地盘扩大到河南。安麓村是在天津开始帮助父亲经营盐业的。此后,安家因企图将经营地盘扩大至京城西南引发官司,受到惩处,安家父子便仍在天津业盐,并为天津筑城出过巨资。但这里有两点忽略,一是没有提到安麓村发现明珠家窖藏金银的传奇故事,二是没有提到安麓村在扬州经营盐业的历史事实。如果说,安麓村发现明珠家窖藏金银的故事只是民间传奇,不说也无妨的话,那么,忽视了安麓村在扬州经营盐业的重要史实,应当说是个严重失误。

《红楼梦》索引派认为,贾宝玉原型是康熙年间权倾一时的相国明珠之子纳兰性德,而明珠生前藏匿的巨额财富,是由来自朝鲜半岛的安麓村通过破译密码发现的。关于安麓村这段富于传奇色彩的经历,有传闻说他随贡使来到北京,因而得到了已故相国明珠关于窖藏金银的手绘秘籍。书中全系隐语,但被安麓村一一破译。于是安麓村求见明珠子孙,告以窖藏所在,尽数挖出。他就用分得的那部分财宝做资本,往天津与扬州经营盐业,结果富甲天下。

关于安麓村在扬州经营盐业的情形,前人津津乐道。据说他在扬州购置的巨宅,豪华奢侈,不可言状,事过百馀年后,扬州人还知道"安二鞑子"之名。扬州的安家巷、芦刮刮巷都因安家得名,至今未改。

安麓村之所以在天津、扬州两地业盐,主要因为两地盐务较其他盐区更为发达的缘故。除此之外,也许与明珠在扬州的影响有关。明珠曾经奉命至扬州,扬州官员自督抚以下,无不待命舟侧,等候接见,而此时明珠之仆安三正在六安州做官。正是因为明珠与扬州的特殊人事关系,才致使安三后来弃官到扬州从商的。安三,即安麓村的父亲安尚义。我曾在安家巷住过十年,有诗云:"晨昏十载安家巷,换得书生两鬓霜。谁料故宫镇馆宝,当年曾在此间藏。"

五、浴堂巷。

漫步在东关街,不经意间会发现浴堂巷,北起东关街,南至水仓巷、礼拜寺巷。寻访周围的老人,得知因巷内昔有浴堂,巷以浴室得名。从北端进去,青砖的墙面,几根生长在墙缝里的小树,倒也充满生趣,却没有一点曾经热气滚滚、人影绰绰的遗迹。上了年纪的扬州人,对浴堂有着非同一般的感情。"早上皮包水,晚上水包皮"或许是老扬州最喜欢的生活方式。山珍海味可以不吃,叠加别墅可以不住,但一天不到浴室泡澡那可真无法忍受。数十年前,扬州曾有叫浴堂巷或堂子巷的多处,男人们吃过午饭到浴室泡个热澡、睡个小觉算得上最悠闲的时尚。

扬州的浴堂,最早出现在汉代。汉广陵王的墓室里,就有专门的浴间。清代笔记中多有记载,小蓬莱、白玉池、小山园、清缨泉、广陵涛等,都是叫得响的浴堂。清人《扬州竹枝词》有云:"北风吹冷不晴天,穷汉长街望午烟。齐上混堂花酒店,里添棉与外添棉。"看来,冬天的午后,在浴堂里呆上两三个钟点,不失为解劳去乏、避冷驱寒的好办法。

弟子朱韫慧回忆,她很小的时候常随外公到他工作的浴室,现在还留有印象。掀开门帘,是里外两大间。外间有衣柜,依墙而立。内间是浴池,用水磨石砌成丈馀见方,又分为几格,按老人和孩子的需要,设置各不相同的温度。大堂内的跑堂穿梭不停,有端茶的,有修脚的,有敲背按摩的,还有递热毛巾的。扬州人爱泡澡堂,不仅仅为了洁身,更多是为了享受。试想想,在泡了舒服的热水澡后,再半闭着眼卧在池边,任擦背者按摩自己的每一寸肌肤,高兴时还可以侃一些野史旧闻,是多么惬意啊!别小瞧这些擦背工,他们可不是简单的体力劳动者,他们就像东关街上的三轮车夫一样,能迎合顾客的兴趣,从小吃谈到两会召开,从房价侃到国际局势,口若悬河,令人惊诧。在清末民初的上海和武汉,有许多扬州的擦背工、厨师和理发师。他们在谋生的同时,也打响了"扬州三把刀"的品牌。

有浴堂的城市很多,有浴堂巷的城市却不多。

六、斗鸡场。

扬州的斗鸡场,位于东关街和东圈门之间。谈起扬州的斗鸡场,忽然想到杜牧有两句诗:"秋风放萤苑,春草斗鸡台。"这是唐人写扬州的名句。不过,杜牧说的斗鸡台,并不在今天扬州城里,而在城外。扬州最早的斗鸡台,称为"鸡台"或者"吴公台"。它的历史很早,早到几乎和扬州建城史一般长。所谓吴公台,是指吴王夫差的宴游之处,或说原为南朝沈之所筑的弩台,后陈将吴明彻重修,地点是在扬州城西北。

在夫差的时代,中国盛行斗鸡之戏。《庄子》里记载了一个故事,说驯鸡能手纪渻子为周宣王驯练斗鸡。过了十天,周宣王问:"鸡驯好了吗?"纪渻子回答:"没有,鸡正闹着虚骄和意气呢。"过了十日又问,回答还是:"没有,鸡还在乎别的鸡的影子呢。"过了十日再问,还是回答说:"没有,它还怒目而视和盛气凌人呢。"又过了十日,周宣王第四次问纪渻子,这一次纪渻子的回答是:"差不多了。鸡虽然还偶尔鸣叫,但脾气已不再浮躁,看上去呆若木鸡,这就具备了斗鸡之德了。"在一些辞典中,对"鸡台"这个词的释意只有一项:"台名。在扬州。相传隋炀帝常游于此。"因此,提到扬州的斗鸡台不能不谈到隋炀帝。

晚唐罗隐诗云:"梁王兔苑荆榛里,炀帝鸡台梦想中。"是把炀帝与鸡台联系在一起的。小说里写隋炀帝自到广陵,沉湎逸乐,荒淫无度,曾游吴公宅鸡台,恍惚之间与后主陈叔宝相遇。炀帝与后主是幼年时代的好朋友,后主于是起身欢迎炀帝,炀帝竟然忘记后主早已死了。只见后主戴着青纱皂帻,宽袍大袖,绿锦方履,身旁围着舞女数十,其中有一个女子尤为殊色,炀帝便屡屡用眼看她。后主说:"殿下不认识她啦?她就是我的贵妃张丽华啊!每想起当年在桃叶山前乘战舰与贵妃北渡之事,她心中还恨恨不已呢。那时正倚临春阁,手握紫毫,在红绡上小试诗才,可是连江总的'璧月'一句还没写完,就见韩擒虎骑着青骢马,领着万甲兵,横冲直撞,全无礼节,以至有今日!"说罢,就用绿纹测海酒杯,斟满红粱新酿,献给炀帝。炀帝痛饮,开心无比,请张丽华舞一曲《玉树后庭花》。

斗鸡台的名字,在明代的扬州尚流传,但具体方位已不知所在。至于扬州城里的斗鸡场,大约在清初已经有了。康乾间人王锦云《扬州忆》云:"落花飞絮斗鸡场。"同时代董耻夫《扬州竹枝词》云:"弥陀寺巷斗鸡场。"这里的斗鸡场都是指东关街和东圈门之间的那块地方。当年斗鸡场的鸡鸣与市声,竞争与喧闹,斗勇与智取,欢乐与沮丧,只有靠我们去想象了。

七、广储门。

广储门原是扬州的一座城门,位于扬州城北。李斗《扬州画舫录》载:"广储门在新城北,亦曰镇淮门。其城外市河,上通便益门,下通天宁门。游船所集,与便益门等,左岸有梅花书院、史阁部墓诸古迹。"广储之名,源于广储仓,但如今仓房与城门均早已不存,只留下了一条广储门街,位于东关街西端北侧。

晚清时期,广储门街上有一家张姓毡帽铺,以经营绣花毡帽为生。男人制帽,女人绣花,自食其力,安然度日,倒也称得上是小康人家。但是一件意外的事情,改变了这家人的命运。扬州知府的舅爷借做生意为名,骗走张家大量毡帽而分文不给,张家因此破产,男人一气而亡,留下一个孤孀、两个孤女。后来大女儿早夭,惟有小女儿存活下来与母亲相依为命,她就是1899年出生的张玉良。张玉良在十四岁时,被亲舅舅卖给安徽芜湖妓院。幸而张玉良在这里遇到海关监督潘赞化,为她赎身并娶她为妾,还送她到上海读书。从此,张玉良又叫潘玉良或潘张玉良,并以一幅惊世骇俗的《裸女速写》轰动画坛。

1921年,张玉良从上海乘坐加拿大皇后号邮轮离开祖国,先后在巴黎和罗马等地的的国立美术学院学习。留学期间,她才华初露,获得意大利国际美术展览会金奖。1928年,张玉良回国,担任上海美术专门学校西画系主任,兼南京中央大学艺术系教授。她协助蔡元培组织中国美术学会,参加支援绥远抗日义展,五次举办个人画展,多次前往黄山、庐山写生,一时声誉鹊起。不过,艺术的成功没有改变国人的偏见,妓女、小妾的阴影始终摆脱不掉。张玉良想了很久,觉得只有重返法国,因为巴黎人不在乎她的身世,卢浮宫有她心爱的艺术。1937年,张玉良再度去国,这一去就没有回来。她在国外获得了许多荣誉,包括法兰西金奖、比利时金奖等。更重要的是,她实现了自己的梦想:让自己的作品被西方最高艺术殿堂收藏。1977年7月22日,这个扬州女子病逝于巴黎。墓碑上用中文镌刻着:"潘玉良艺术家之墓"。

张玉良是女人,又以表现女人体见长。她旅法四十馀载,画过六千馀幅作品,获得数十次国际大奖。她在很多画作上留下了"玉良"的中文签名,有时还用印章点缀,如"总是玉关情"。凡是思念家乡之作,她便用"总是玉关情"之印,因为广储门深藏在她的心中。

八、东圈门。

东圈门街是一条贯通东西的街道,系明代为拱卫两淮都转盐运使司衙署而建。圈门以西为东圈门内,圈门以东为东圈门外,通称东圈门街。据说原先街长约六百二十步,街宽只有六步。街心以麻石板铺路,后改为水泥砂浆路面。2000年整修街道时,重建了东圈门城楼,重铺了石板路。

东圈门街上两侧的住宅,皆为青砖、黛瓦、杉木结构的传统建筑。表面上看大同小异,其实学问不少,着重表现在大门的结构。大户人家的宅门构造为门堂、门庭、门楼建筑模式,名人宅第均为有水泥结构的门面。一般市民的宅门,大都为砖库门面,也就是苏锡常一带俗说的石库门面。跨进大门槛,即已步入堂屋。所谓堂屋,即一进三间住房的中间一架屋,又可称做客厅。也就是说,平民没有专属的门堂,更没有门楼构筑了。当然,作为一条商业老街,东圈门街从东到西有不少门面房,即商铺。它的东头,与三祝庵街、地官第街相连,西头与运司街相接。

从国庆路进入修整一新的门楼内,满眼是黄底红字、迎风飘扬的店招。再向里走,经过停车场,就是一处处名人故居和历史遗迹。东圈门2号虽为一座普通的民居,对面却是赫赫有名的双忠祠大照壁。南宋末年,抗元名将李庭芝、姜才死守扬州,双双殉难。扬州人民将他们安葬在广储门外梅花岭,并建双忠祠纪念。后墓祠因年久失修,逐

扬州东圈门

渐败没。清康熙年间及乾隆年间曾两次重建双忠祠,咸丰年间再次毁于太平天国战火,同治年间由李庭芝后裔重建于此,并以双忠祠巷作巷名。

东圈门街14号,是清代扬州学派领军人物之一刘文淇的住宅——青溪旧屋。在刘家旧屋之西,隔罗总门巷口,即东圈门16号,是江泽民祖父江石溪的旧居。18号尹氏老屋,是古典园林建筑高级工程师尹氏住所。20号大院,相传为清朝礼部尚书祁隽藻之孙、湖北知府祁友蒙的故址,俗称祁家大院。再往西,即是东圈门街22号的壶园。它原为一户大盐商住宅,同治年间由江西知府何廉舫购买,最盛时向东扩至今天的东圈门16号,向西达今天的东圈门26号,现仅存壶园一处。壶园是住宅与私家园林结合得极好的建筑,南北纵深有大小三个园子,分东西两部分,中间隔着一条狭窄火巷。相传曾国藩出任两江总督期间,凡来扬州,必至何家诗酒流连,竟日而罢。何氏有子,名彦升者,曾经出使俄国,官至新疆巡抚之职。何氏父子,一个定居扬州,诗情画意,一个镇守边陲,风尘万里,传为街坊佳话。

再向东,就是地官第了。地官第10号原为马氏住宅,为民国初年江苏省代理省长马世杰三子马叔昂购得,后几经转手为原民国名人洪兰友所得。马氏住宅前后七进,为明三暗五建筑格局。第七进后有花园花厅、庭院、住宅,前后合计实为九进,马氏住宅为汪氏、丁氏、马氏三大住宅中占地面积最大的老宅子。12号为盐商丁氏住宅。丁氏住宅为三横七纵,前后以串楼相连。水磨砖门楼朝南屹立,上面雕刻着琴、棋、书、画、梅、荷、菊、鹿等吉祥图案。丁氏住宅由东、中、西三路组群并列,中路保存最为完整。地官第14号是清末盐商汪竹铭的豪宅,人称汪氏小苑。园内古朴雅致而不失富贵之气,被阮仪三誉为不可多得的古建筑精品。

祠庙鳞爪

一、大王庙。

扬州城北有一座邗沟大王庙,祭祀的是夫差和刘濞。在越女西施的美人计面前一败涂地的吴王夫差,对于扬州人来说,却是一位流芳千古的英雄。周敬王三十四年(前486),吴王夫差为北上伐齐,争霸中原,在蜀冈古邗邑之地修筑

扬州大王庙

邗城，是为扬州建城之始；又在长江和淮河之间开凿邗沟，是为中国运河之始。自此以后，扬州便成了人文荟萃之地，邗沟也成了流金淌银之河。扬州人为纪念夫差，就在古邗沟畔建了大王庙。

复建的大王庙，也即民间所称的财神庙，具体位置在黄金坝桥东北。一座青砖青瓦的巍峨大殿刚刚落成，庙门朝北，石额上镌刻着"邗沟大王庙"五个隶字。庙里虽然还空空如也，碎砖乱瓦铺了一地，但是既然有了庙，就不愁没有香火。大王庙的后面，就是淌了两千五百年的古邗沟，只见流水汤汤、波光粼粼，说不尽多少春秋故事、汉唐文章。

旧时扬州的财神庙，其实有两座，一座在运司街，一座在黄金坝。据说当初因城市建设需要，决定拆除运司街的财神庙，结果执行的人不分青红皂白，连邗沟旁的财神庙也一并拆了，村民现在还感到可惜。不过财神庙在平时是被人们遗忘的，一年之中惟有正月初五才被人记得，并且大出风头。据老扬州人回忆，通常在大年初四下午，扬州人开始涌向财神庙烧香，以初五上午人最多，有人不等天亮就去"抢头香"，以祈求财运临门。

扬州城不见财神庙已有半个多世纪了。在历经风雨之后，今天终于又迎来了财神。不过，大王庙虽然已经重现，但它的名称、沿革，特别是它在民俗文化心理上的种种流变，都还有许多有趣的谜。例如庙的名称，除了大王庙之外，它还叫吴王庙、邗沟庙、古邗沟庙、邗沟神庙、邗沟大王庙等，民间则直接称作财神庙、大王庙。在并不遥远的民国年间，它的名字常被叫做"邗沟财神庙"。又如建庙的时间，文献几乎没有明确的记载。嘉庆《重修扬州府志》说"相传吴王夫差筑城邗沟，后人祀之"，没有写具体的年代。清人《邗沟大王庙记》说是康熙年间修庙，嘉庆年间重建，至于康熙是否为始建时间则不得而知。据清人曾燠在《邗沟大王庙记》中说："自康熙中修庙以来，百有余岁，榱题既古，金碧无色，行道同慨，居民未安。乃以嘉庆六年（1801），重庀梓材，式崇堂宇，松柏映日，鼓钟鸣雷。"那么,大王庙的历史,确凿可考的似乎只能从康熙时代算起。

到了乾隆时代,庙里除了祭祀夫差,又加上了祭祀刘濞,而以夫差为正,刘濞为副。李斗《扬州画舫录》云:"邗沟大王庙在官河旁,正位为吴王夫差像,副位为汉吴王濞像。"夫差和刘濞都对古代扬州的交通经济作出了贡献,以一庙而祭祀二王自有道理。然而自从供奉了春秋和西汉的两位吴王之后,他们便不再被视为尊贵的国君,而被看成是世俗的财神。乾嘉诗人詹肇堂《邗沟庙》咏道:"开拓东吴财赋地,君王终竟是雄才。"夫差开河,刘濞铸钱,都为扬州带来了滚滚财源。所以,从前到大王庙烧香的扬州人,总要在庙前捡些碎砖片瓦带回家,想沾上财神爷的财气。

二、盐宗庙。

盐的重要性是不必说了,奇怪的是中国的盐神很不出名,甚至远不如门神、灶神、厕神知名。个中原因,难以详究。也许因为门、灶、厕家家都有,人人有求于他们,因此人们只得敬重他们。而食盐虽然人人需要,但制盐却与大多数人无关,人们觉得盐神和自己关系不大,所以对它敬而远之。实际上,"盐神"也好,"盐宗"也罢,都只不过是一种行业神。中国的三百六十行都有自己的行业神或祖师爷,扬州盐商当然也有自己的盐宗庙。

扬州盐宗庙在康山街。关于盐宗庙的历史,大家已经说得不少,但扬州虽是一座因盐而兴的城市,盐宗庙的建立并不很早。清同治元年(1862),时任两淮盐运使的乔松年在泰州以六百缗钱购买画家顾坚之别墅,易名"小香岩",后来又在其西侧将原明珠禅院改为"盐宗庙",再把两者合并一处,建大门三楹、左右翼墙各一门。次年落成,乔松年亲撰《新建盐宗庙记》一文,镌碑嵌于庙内壁间。这就是中国南方,也是两淮盐区的第一座盐宗庙。

扬州城里的盐宗庙,建立时间在泰州之后。据光绪《江都县续志》卷十二载:"盐宗庙,在南河下康山旁,祀夙沙氏、胶

扬州盐宗庙

鬲、管仲。同治十二年(1873)，两淮商人捐建。"民国《江都县续志》因之。关于盐神庙或者盐宗庙，曾仰丰先生的《中国盐政史》一书里并无记载，郭正忠先生的《中国盐业史》也只简单地提到，早在赵宋以前河东解州建过盐宗庙，然后就是清代泰州建过盐宗庙，并未提到扬州。

所谓"盐宗"，其实也就是"盐神"。扬州盐宗庙供奉的神共有三位，即夙沙、胶鬲、管仲。夙沙氏就是解州盐宗庙里的宿沙氏。据说古人第一次煮海水为盐的，就是夙沙氏，所以他应该是人工盐的首创者。据记载，夙沙氏或宿沙氏，原是一个古老的东夷部落。胶鬲是殷商时代的一个鱼盐商贩，起初隐居在商地，周文王将他推荐给殷纣王做大臣。后来纣王暴虐无道，周武王兴兵讨伐，纣王得到了消息，便派胶鬲到鲔水地方等候周武王，打探实情。至于管仲，他是春秋初期著名的政治家，名夷吾，字仲，齐桓公重臣。管仲大力进行改革，使齐国的政治、经济发生重大变化，国力大振，在诸侯中威望日高，从而使齐桓公成为春秋第一号霸主，他本人也被世人称为名相。管仲著有《管子》一书，有相当篇幅谈到经济。管仲在他的经济理论中多次谈到"利"，盐利即为其一。《管子·海王篇》多涉及盐策，这也是中国最早的盐政理论。

盐神和盐宗都显示了一种行业内部的信仰。当然，在行业之外，还包容着历史文化的内容。例如在泰州盐宗庙里，除了正殿供奉夙沙、胶鬲、管仲之外，偏殿还以木塑彩身供奉范仲淹、文天祥，因为这两位先贤都与泰州历史文化有一定关系。扬州盐宗庙后来改为曾公祠，也同曾国藩复兴扬州盐业的作用有关。

三、双忠祠。

扬州双忠祠祭祀南宋李庭芝与姜才，现已只留下一个大照壁，在东圈门三祝庵附近。

李庭芝，湖北随州人。据说李庭芝出生时，李家屋梁上忽然生出一朵灵芝，乡人聚观，以为是吉兆，于是给他起名庭芝。由于李庭芝才干出众，朝廷命他移镇两淮。两淮是南宋防御前线，李庭芝为加强防务，在清河五河口设置栅栏，在淮南增设烽火台百馀处。接着，李庭芝出任亳州知州，在荆山筑城以保卫淮南。开庆初年，贾似道任京湖宣抚使，留李庭芝管理扬州。不久，蒙古军队进攻四川，李庭芝上奏朝廷请求但任峡州(今湖北宜昌)知州，以扼守蜀东江口。后因母亲去世，李庭芝回家守孝。朝廷重选扬州官员时，理宗说："无人能比李庭芝。"于是命李庭芝停止守丧,赶赴两淮。

　　李庭芝初到扬州时,扬州刚遭兵燹,烽火连天,哀鸿遍地。扬州以盐业出名,由于战争不断,盐商逃到城外,市面逐渐萧条。为了恢复经济,李庭芝下令免除百姓所欠赋税,同时借钱给百姓重建家园。一年之后,扬州百姓都能安居乐业。李庭芝在扬州时重视人才,招徕志士。当听说盐城进士陆秀夫很有才华,就把他招为幕僚,主管机要文件。扬州城外的平山堂,地势高峻,可以俯瞰全城,一览无馀。李庭芝派人筑城守护平山堂,同时两万流民守卫扬州城,号为"武锐军"。咸淳年间,战争形势发生变化,忽必烈大举进攻襄阳和樊城。宋军骄奢轻敌,派李庭芝增援襄阳。李庭芝尽力而为,在襄阳西北清泥河修寨造船,并出重赏招募勇士。可惜后来因宋军内部配合不当,致使襄樊失陷,李庭芝被罢官。

　　蒙古军队攻破襄阳后,乘胜追击,势如破竹,朝廷又起用李庭芝制置两淮。李庭芝所辖将领多能坚守城垣,然而蒙军势不可挡,扬州形势日紧。蒙军派人持榜劝降,被李庭芝杀死。不久,南宋谢太后以恭帝名义投降元朝,临安沦陷,南宋名存实亡。谢太后送来诏谕,劝李庭芝投降,李庭芝大义凛然地对来使说:"从来只有奉诏守城,没听说过有诏谕投降的。"拒绝降元。

　　姜才是安徽濠州(今凤阳)人。忽必烈南侵时,姜才率部迎战,因寡不敌众,退守扬州。元军尾随而至,姜才以攻为守,先战三里沟,打败元军,再战扬子桥,又获胜利。姜才落入元军之手后,阿术喝问李庭芝为何不投降?姜才抢先回答:"不降者,我也!"怒骂不止。

　　阿术对李庭芝、姜才的忠贞非常感佩,但降将朱焕担心李庭芝与姜才降后于己不利,竟劝元军杀害他们。李庭芝、姜才死后,扬州百姓悲痛不已,对天长哭。

　　为了纪念李庭芝与姜才,扬州人建了双忠祠。后来为建造商场,又拆了双忠祠。有诗叹道:"只见三祝庵,不见双忠祠。超市嚣尘上,英魂何处栖?"

　　四、二郎庙。

　　二郎庙是一座被人们遗忘了的隋文化遗迹。它曾经香火鼎盛,络绎不绝的人们祭祀的神,并不是那位神话故事中好与孙悟空打斗的二郎神,而是隋代嘉州太守赵昱。据《江都县志》记载,二郎庙在东关马草街,祀隋嘉州守赵昱。太守赵昱斩蛟定患,又显灵平定水灾,人民感其德,奉为二郎神,亦称灌口二郎。

现在所说的二郎庙,更准确地说,叫二郎庙巷。而且不只是一条巷子,是由几条纵横交错的巷子组成,因它们地处于建国后被拆除的二郎庙的东南西北,分别被称为二郎庙南巷、二郎庙东巷、二郎庙西巷、二郎庙北巷和二郎庙前巷。扬州人经常提到二郎庙,是因为扬州的小儿学话,往往将地名从一数到十,如一人巷、二郎庙、三祝庵、四望亭、五亭桥等。这样一传十,十传百,连来扬州观光的外地客人也知道有这么个地方,慕名而前往。

学者阮元有一篇《二郎庙蔬圃获石记》,记述了二郎庙与准提寺的一段渊源。嘉庆某年,浙江巡抚阮元在刚刚刻成卷帙浩繁的《十三经校勘记》后,又与扬州太守伊秉绶商议编撰《扬州图经》《扬州文粹》等事宜。他对家乡文化充满浓厚兴趣,足迹几乎踏遍扬城内外。只要他留心,似乎在扬州这座古城随时都可能有新的发现:在城外的甘泉山,他发现了西汉厉王宫殿的础石;在城里的二郎庙,他又发现了这块宋代的三公石残碑。阮元是在前去准提庵访问,路经东关街北二郎庙菜园时,无意发现宋代残石的。他走进菜园,先看到一片绿油油的蔬菜,然后蓦然发现菜地中间有一块废弃已久的古井石栏,上面似乎隐隐有字痕。阮元觉得此石不寻常,于是立刻取水洗石,用纸拓字。经过仔细辨认,石头上刻的竟是"□熙十□三公石□"数字。"熙"字上面的一个字残缺不全,像是"淳"字。阮元想到以"熙"字为年号而时间超过十年的,只有宋代的淳熙,便断定这是宋代残碑。于是,一块从不为人注意的残石,在学者眼中却成了至宝。一年之后,阮元写了一篇《二郎庙蔬圃获石记》,写道:"嘉庆丙寅(1806),予过扬州新城准提庵僧舍。经二郎庙蔬圃,见有破古石井栏,似有字痕,洗拓之,乃'□熙十□三公石□'数字。'熙'字之上字不完,似是'淳'字。盖以'熙'为年号逾十年者,在扬惟淳熙耳。'十'字下似是'年'字。爰移置准提庵东厢内,并记之。丁卯(1807)秋日。"后来的《江都县续志》,再次讲述了阮元和准提庵中三公石的风雅轶事。

五、双子庙。

湾头古镇有两座小庙,一座叫大王庙,一座叫将军庙。两庙各只一进,面阔三间,相距数武,人们称之为双子庙。庙在湾头老街对面,扬州市社会福利中心里。这里旧称扬州社会福利院,隶属于扬州市民政局,是一所集生活、医疗、护理、康复、休闲为一体的综合型社会福利机构。就历史渊源而言,社会福利中心实际上是延续了旧时婴儿院、贫儿院、贞洁堂、老人堂、栖留所、收容所等民间慈善机构的社会职能。

社会福利中心与湾头老街只有一河之隔,氛围宁静,环境优美。其所在之地,相传就是历史上著名的山光寺遗址。前些年基建时,地下曾出土两块残石,高约二尺,宽约一尺,上面分别镌刻着"戊宫""辛宫"字样,很可能是隋代山光寺的遗物。根据史料记载,隋大业元年(605),炀帝开凿通济渠,从洛阳直通江都,同时在江都大建行宫。其中临江宫在扬子津,北宫在茱萸湾(即湾头)。后来隋炀帝舍北宫为寺,初名山火寺,后改山光寺。"戊宫"、"辛宫"残石应该就是隋代北宫的标志物。唐诗云:"人生只合扬州死,禅智山光好墓田。""山光"即是指山光寺。

历史上的湾头是扬州城北大门,俗语说"上扬州,拢湾头",意为湾头是进入扬州城的必经之地。湾头虽小,但帆樯林立、商贾云集,同时水患频仍、火灾不断,人们历来有求神保佑的愿望,所以大小寺庙很多。仅有记载的湾头寺庙,就有东岳寺、东岳庙、张王庙、南宫庙、广寿庵、九华庵、普善宫、浮佑宫等。其中供奉的神像,既有佛教菩萨,又有道教神仙,也有民间圣贤。"大王"与"将军"具体所指何人,年久无考。历来庙中所供的神像,既有如来、观音,也有关公、财神,还有其他受到民间尊崇的先贤。多年来,两座庙宇在湾头民间产生了深远影响。每逢农历或宗教节日,居民自发前来朝拜,香火不绝,信众成群,成为古镇上一道特殊的文化景观。

探究这一现象的深层次心理,无非是人们为了祈求幸福,避免灾难,追求美好的生活而已。所以,与其把这种香会看成是宗教信仰,不如把它看成是民俗现象。严格意义上的宗教信仰,不是佛教就是道教,而大王庙、将军庙将各种信仰集中在一起,形成了一种具有地方特点和民间色彩的宗教文化、风俗文化,乃至于慈善文化。湾头民众因双子庙而自发形成的香火活动,体现了人们追求幸福和平安的善良愿望,属于美德良俗范畴,有助于古风的赓续和社会的安定。

六、礼拜寺。

礼拜寺在东关街马监巷东侧。李斗《扬州画舫录》里有一句不大为人注意的话:"马监,通三祝庵,街西为礼拜寺巷。"就是说的它。礼拜寺的历史,一说建于明代,一说建于清代,原有牌坊、门厅、照厅、礼拜殿等。现存的建筑大约还剩两间大殿,但早已经湮没于破败的民居之中,原来的大殿也住了寻常百姓人家。只有两株苍老而矫健的银杏,高高矗立在逼仄的缝隙之间,顽强地生存着。寺内原有一口怀清井,俗称七姑奶奶井,民间尚流传着七女殉节的故事。

扬州作为伊斯兰教传入中国的早期重要城市,出过两种《古兰经》汉译本,一种是非穆斯林学者姬觉弥的《汉译古兰经》,一种是穆斯林学者刘彬如与花汝舟的《汉译古兰经(附阿里提要)》。姬觉弥原姓潘,本是徐州人,后来成为上海滩有名的哈同花园的总管,他在离开徐州前往上海的途中曾暂栖扬州。有人写诗道:"潘氏有翥云,少年出乡关。随船下扬州,流落上海滩。但凭一笔字,哈同有慧眼。易名姬觉弥,大学当学监。"即谓其人。姬觉弥的《汉译古兰经》是否与马监巷的礼拜寺有关,不得而知。现在我们知道的是,民国二十一年(1932),中国回教学会成员、扬州人刘彬如与花汝舟曾在马监巷礼拜寺成立"中国回教经书编译所",专事伊斯兰教典籍《古兰经》的翻译。三年后的民国二十四年(1935),他们果真出版了九卷本《古兰经》的第一卷。"中国回教经书编译所"的所在地,就是扬州东关街马监巷的礼拜寺。

《古兰经》第一卷出版后,为了广泛宣传伊斯兰文化,刘彬如与花汝舟决定向热爱伊斯兰文化的人们免费赠送《古兰经》译本。为此,他们在《人道》月刊刊登广告,并注明"索经处:扬州东关街八一号中国回教经书编译所"。同时又在上海《伊斯兰学生杂志》发布信息:"扬州东关街八一号中国回教经书编译所近出版《古兰经》第一册,为推广吾教起见,赠送各处教友一千部。"但在第一册问世之后,因为译本中错误较多,当时的江都回教礼拜寺联合会建议"暂缓发行,重再整理"。所以原拟出九卷本的《古兰经》汉译本并没有出齐,现在能够看到的只是第一卷。然而马监巷的礼拜寺,却因此在伊斯兰文化传播史上获得了特殊的地位。这座藏在深巷的礼拜寺还建立过"回民文化传习所",译者花汝舟就在传习所担任英语教员。

"中国回教经书编译所"发起人刘彬如(1882—1970),原籍六合,生于扬州,自幼在家随父学习伊斯兰经典,后至镇江山巷大寺求学,继而负笈河南清化。宣统末年,刘彬如成为阿訇。民国初年前往上海,在穿心街清真寺担任阿拉伯文教员,后又从事实业。民国十四年(1925)刘彬如等人发起成立中国回教学会,担任干事,终身以翻译经典、宣传教义为职责。花汝舟(1900—1982)也是扬州人,曾在《回光》、《人道》杂志发表文章。他在翻译《古兰经》时,主要负责穆罕默德·阿里英文本注释的翻译。

东关街是运河文化的集散地,也是各种宗教的大观园。佛教的准提寺、道教的琼花观、基督教的神在堂,都在东关街有一席之地。我希望礼拜寺早日成为展示伊斯兰文化的胜地。

七、神在堂。

盐阜东路南面的有一幢小洋楼——神在堂,现在已经修葺开放。

神在堂在原来的扬州商学院内。整个建筑为尖顶、阳台、百叶窗,明显的西洋风格。小楼总共两层,正面朝东,有三个青砖方柱,四级水泥台阶。当年由于年久失修,到处现出破裂、剥落、颓败的景象,不变的只是西洋风味。从正面看去,楼上下各为三间。透过窗户,可见一楼南屋里的壁炉和木地板,想当年住在里面的人,生活应是非常温馨的。北面的一间,已被隔成三小间,似乎是当教室用的,但早已蛛网密布,人迹罕至。中间一块地方,被隔成一个小门厅和两间东西向的办公室。一楼北侧有水泥楼梯,可以登楼,但因大门紧锁,无法进入,估计二楼结构与一楼相同。

这就是神在堂。我们去时,周围杳无人迹。只有楼下葱绿的草地上,有两只不知名的美丽的鸟在互相追逐嬉戏,好像是一雌一雄。

在风雨飘摇的晚清,西方文化像潮水一样不可阻挡地涌入古城扬州,带给古城阵阵清凉的风。作为基督教堂的神在堂,是清光绪三十四年(1908)由美国传教士韩忏明在美籍会长沈克礼的协助下创建的,属于圣公会教派。1924年,此处改建成新教堂。1934年,由鹿威陵继任会长,傅国德任副会长。1935年,由过良先任会长。1946年,漫长的抗日战争结束之后,扬州缺医少药,联合国救济总署苏宁分署、美国援华会赠给神在堂病床、药品、奶粉、毛毯、衣服等物品。1948年,马道元在此任会长。新中国建立后,教堂逐渐成为民居。

这幢洋楼也是扬州近代教育史上著名的教会学校——美汉中学的所在地。也是在光绪三十四年(1908),韩忏明在扬州左卫街(今广陵路)租赁民房,办校招生。宣统二年(1910),迁至现址。在学校筹办过程中,美国海军大将美翰曾捐巨款,故取名美翰中学。民国建立后,为了表示中美友好,改称美汉中学。美汉中学是上海圣约翰大学的附中,所以它的毕业生可以直升大学。美汉中学设国文、英文两科,正式将现代英语教育引进古城。当时有一首《扬州竹枝词》咏道:"混沌初开教字母,已通西学习挨皮。"所谓"挨皮",就是英文字母"AB"。1949年,美汉中学与信成中学合并为群力中学。美汉中学出过不少名人,其中有上海新丰洋行创始人之一的俞开龄、中国医学科学院副院长吴征鉴、森林生态学家与林木遗传育种学家彭镇华等。

　　神在堂见证了扬州的百年沧桑。它随着晚清"欧风东渐"的大势而建立,就建筑而言,可与南京圣保罗教堂、无锡中心教堂相媲美。它曾被军阀孙传芳霸占为军营,又沦陷为日寇的外侨集中营,如今终于又有了诵经声。

　　八、武当行宫。

　　武当行宫原名真武庙,明宣德三年(1428)由知府陈贞建。嘉靖四十三年(1564),含山(今属安徽)人耿氏在该庙立"武当行宫"石碣,用以祈雨,因此这一道观至少有五百年以上的历史。清咸丰三年(1853),武当行宫除大殿外,其余皆遭兵火圮废,后由光绪年间海州分司徐绍恒重修。光绪二十八年(1902),在武当行宫办起了仪董学堂。新中国成立后,在仪董学堂旧址先后兴办东关小学、东关第二小学和艺蕾小学。武当行宫占地三千馀平方米,现存主房前后三进,古银杏三株。

　　相比佛教寺庙的大门,它显得极不起眼,唯有门额上石刻的"武当行宫"及"光绪六年(1880)中秋月"几个字赫然在目。一进门,迎面是慈眉善目的财神爷。穿过山门殿,院落中放着镌有"武当行宫"字样的焚香炉。早先,真武殿里供奉的是真武大帝铜像,因毁于战火,现为重修后的泥胎塑像,正如《道经》上言,真武大帝披长发、穿黑衣、挂金甲,腰缠玉带,仗剑怒目,足踏龟蛇,顶罩圆光,形象武猛。两侧为金童、玉女,民间俗称二人为周公和桃花女。周公善卜卦,桃花女善化解,所以民间命相业常奉周公为算命祖师,拜桃花女为厌胜祖师。据道长介绍,真武大帝又称为玄天上帝,原为净乐国太子,但其不愿继承王位,誓愿除尽天下妖魔。长大后,遂入武当修道,得真人传授无极上道。功成德满,镇守北方,统摄真武之位。

　　真武殿后又是一进庭院,大殿为明代楠木架构,单层歇山顶,脊覆琉璃瓦及吻兽,屋脊中央设宝顶。主殿内供奉玉清元始天尊、上清灵宝天尊和太清道德天尊神像。

　　真武庙之所以易名为武当行宫,源于真武大帝的道场在湖北武当山。传说武当山金顶原归无量佛占据,真武大帝修仙得道后,云游到此相中这块宝地,便提出借八步作道场。谁知,他一步就是百里,八步便跨越整个武当山。人世间不知是否真有真武大帝,但武当山的自然风光、道教音乐和道家武术,成为居住在闹市中的人所向往和追求的。或许正因为此,扬州将这真武庙改名为武当行宫,为这位法力无边的仙人准备好随时小住的地方。

光绪二十八年(1902),欧风东渐的气息感染了扬州。在武当行宫办起了一座仪董学堂,也就是扬州中学的前身。仪董学堂是近代扬州第一座官办中学,经费出自盐务,总办由两淮盐运史担任,首任总办为程仪洛。因为两淮盐运司署内原有仪董轩,系纪念西汉江都相董仲舒而建,所以学堂亦以"仪董"命名。近代以来,仪董学堂真的开风气之先,以"正直向上,热于求知"的校风熏染,走出了数十名院士和各行业的领军人才,或许是得了真武大帝的庇佑。

都里印迹

扬州的河流

　　扬州的河多,河边的景致也多。清人有两句诗:"两堤花柳全依水,一路楼台直到山。"就是写的扬州河岸景色之美。扬州的河是一幅流动的画,一卷芬芳的书。凡是到过扬州的人,水里倒映的树、桥、亭、塔,常常会悄然进入梦乡。

　　但是扬州有哪些重要的河呢?

　　第一要数瘦西湖,它是一串闪光的珍珠。瘦西湖是一条长长的、弯弯的河。它的好处是两岸布满了各种名胜古迹。"扬州好,第一是虹桥。"这是清人的一句诗。扬州名胜荟萃,风物繁多,为什么说虹桥第一呢?乍一看,似乎不通。

　　虹桥实乃瘦西湖的开端,它最先是明人架的一座木桥。因为桥栏漆成红色,故名"红桥"。清中叶,木桥改建为单拱石桥,如同虹卧于波,便称"虹桥"。现在我们所看到的虹桥,

扬州古运河

扬州瘦西湖

是经过改造了的三拱石桥,栏杆既不是红色,桥顶上也没有亭子。桥形的巨变,再加上环境的巨变,难怪我们不知道为什么前人要说"扬州好,第一是虹桥"了。当年站在虹桥上的感觉,应该是这样的:南面杨柳依依,波光粼粼,称为"柳湖春泛";北面荷叶田田,暖风阵阵,称为"荷浦薰风";东面花木扶疏,衣香人影,称为"红桥修禊";西面茅舍几间,诗人数个,称为"冶春诗社"。湖光山色与人文意蕴如此完美结合,难怪前人赞为"第一"。

走进瘦西湖大门,一条林荫道通向徐园。徐园的景色,易君左曾在《闲话扬州》中赞美道:"园林的设计真不错!除开留园——江南第一园林以外,徐园的花木楼台,假山奇石,大可以流连。"从徐园向湖东遥望,看到葱茏的树木间有座座楼宇。其中一座古典式的楼,叫四桥烟雨楼。为什么叫"四桥烟雨"呢?因为在那里登楼远眺,能够在烟雨朦胧之中,隐隐约约看到四座桥:大虹桥、长春桥、春波桥、莲花桥。

小金山四面环水,本是瘦西湖中的一个小岛。现在的小金山,因有小虹桥和玉版桥与对岸相连,几乎叫人产生不出"岛"的感觉。小金山南有琴室,东有月观,西有吹台。此外,小金山上又有一座风亭。风亭、月观、吹台、琴室的名字都肇始于南朝太守徐湛之,令人发思古之幽情。

有趣的是法海寺,历史上以红烧猪头出名。朱自清先生说过,法海寺最著名的是白塔,但还有一样东西,一般人猜不着,那就是红烧猪头。他说,夏天吃红烧猪头,在理论上也许不甚相宜,可是在实际上,挥汗吃着,倒也不坏。

从寺前的曲桥,可登上凫庄。在水榭里随意坐一坐,向曲廊中信步走一走,心情特别舒畅。要说什么地方距离瘦西湖最近,那一定是凫庄。在凫庄,可以闻到瘦西湖水的味道,听到瘦西湖水的声音。

在瘦西湖,要数白塔的故事最多。"白塔真是盐堆的吗?"游人常问。但白塔的故事其实是经常变化的。白塔建于清乾隆间,系模仿京城北海的喇嘛塔而建,故又叫"小喇嘛塔"。在乾隆皇帝下江南的时候,白塔已经是湖中一景,叫作"白塔晴云"。

当然,瘦西湖最出名的是莲花桥。莲花桥的得名,是古人形容它的五个亭子犹如浮出湖面的五朵莲花,故名。但一般老百姓没有这样的风雅,因为桥有五亭,就干脆叫它五亭桥。以前的瘦西湖可以游玩的地方大概就到五亭桥为止。五亭桥以西,芦苇丛生,河荡荒芜,游人很少涉足。但自从建了熙春台后,五亭桥西部也成了游览胜区。

从五亭桥一直往西,会看到二十四桥。桥是新建的,它的位置在原先的廿四桥之东,蜿蜒在瘦西湖之上。桥虽新建,但因它的玲珑、优美,尤其是它的名字,总算给游人提供了一个怀古的地方。

在瘦西湖的亭台楼阁之中,有一处名字最特别,叫"小李将军画本"。初来的游客常对这个名字困惑不解,其实何止是游客,即使是本地人,也未必清楚。唐代的青绿山水画成就突出,代表人物是李思训、李昭道父子。李思训是唐朝宗室,曾任左羽林卫大将军,人称"大李将军";其子李昭道继承父业,同样以山水画享有盛名,人称"小李将军"。

从二十四桥折向北去,有烟树迷茫之感。这一带,大约一二百年来,都曾经荒凉和寂寞。但当你穿过树的屏障,花的栅栏,不由地眼睛一亮!这是石壁流淙。如今在石壁流淙之北,又恢复了锦泉花屿。石壁流淙与锦泉花屿,又合称万花园。扬州古来以花事胜,如今花事都钟灵于此了。

第二要数古运河,它是流淌千年的史诗。在东关街东端有一座新建牌楼,上镌"东关古渡"四字。由此登船,在古运河上南北游弋,可以看到两岸留下的太多的历史名胜遗迹。

首先看到的是著名的普哈丁墓园。普哈丁是伊斯兰教创始人穆罕默德第十六世裔孙,南宋时来扬州传教。墓园西南有清真寺,园内有轩、亭、古银杏等。站在普哈丁墓园之中,会感受到浓郁的伊斯兰文化风格。

在普哈丁墓园对岸,有一处晚清的建筑群,那是吴道台宅第。吴宅系光绪间吴引孙、吴筠孙兄弟所建,原有九十九间半,现存东西两部分有朱雀厅、金鱼池、测海楼等。吴宅高大宽敞,整饬精美,在深受徽派风格影响的扬州建筑海洋中,它以浙派建筑风格独树一帜。

继续南行,能在河边看到长生寺阁,原名弥勒阁。阁呈八角形,上下三层,阁顶原为铜质葫芦,是传统的佛教建筑。

与长生寺阁成为对比的,是对岸的天主教耶稣圣心堂。教堂建于清同治间,看上去是典型的中国风格。但一进门,一座西方哥特式的教堂却迎面而立,屋尖竖立着铜制的十字架,两侧则是西式钟楼。伫立于此,可以倾听古运河的涛声,悬想传教士们的故事。

这时应该弃舟登岸,去康山街和南河下找寻历史的风貌。

康山,因为一个治水专家而诞生,因为一个明代状元而得名,因为一个盐商领袖而华美,因为一个清代皇帝而高贵,因为一个三朝阁老而显赫,又因为一个时代错误而消失。它吸引过中国第一流的诗人、第一流的富商、第一流的戏班、第一流的画家,以及第一流的天子。"山不在高,有仙则名;水不在深,有龙则灵。"用这两句话形容扬州的康山和运河,再恰当不过。

南河下有棣园旧址,曾经是扬州第一美园,光绪间为湖南会馆所有。其中的亭台楼阁诸景,在前人笔下留下了无数华美诗章。如今湖南会馆的砖刻门楼犹存,向游人默默诉说着历史的沧桑。

继续登舟南下,不远处即福缘禅寺旧址。朱自清先生《看花》一文曾提到"F寺",说他在扬州上学时,曾和同学一起到城外的"F寺"去吃桃子,并说"F寺"一向以桃花出名。"F寺"究竟何在?朱先生的另一篇文章里有答案,原来即福缘禅寺。

再向前行,抬头望见一座直插云霄的宝塔,那是文峰塔。宝塔湾就是因它而得名的。塔建于明万历间,清康熙时因地震毁了塔尖,咸丰时又遭兵火之劫,民国初年修复。二十世纪八十年代,为迎鉴真像回乡探亲,整修开放,最近又重新修葺。塔高七层,气势磅礴,登临塔上,可将古运河风光尽收眼底。

在文峰塔不远处,有一处龙衣庵遗迹可供凭吊。相传当年康熙皇帝南巡至此,天忽下雨,衣襟沾湿,曾经暂栖此地晾衣,故名龙衣庵。

继续前行,就到了禅宗四大丛林之一的高旻寺。高旻寺始建于隋代,屡废屡兴,至清代曾作为清帝南巡的行宫。今寺庙山门所嵌汉白玉石额上的"敕建高旻寺"字,为康熙皇帝御书。它和镇江金山寺、常州天宁寺、宁波天童寺曾经并称为禅宗四大丛林。《红楼梦》作者曹雪芹的祖父曹寅,就是在这里大建行宫,接待康熙,把银子用得像淌海水似的,以至导致了一个大家族的破落。

离开高旻寺后,映入眼帘的是闻名遐迩的瓜洲古渡。一千二百多年前,唐代高僧鉴真东渡扶桑,即由此入江,而后渡海。宋人的"京口瓜洲一水间"佳句,明人的"杜十娘怒沉百宝箱"传奇,使得瓜洲充满了古典而浪漫的情调。

如由东关码头登舟北上,首先是到黄金坝。黄金坝有一座大王庙,祭祀与扬州有关的两位吴王——一是春秋时的吴王夫差,一是西汉时的吴王刘濞。附近有古禅智寺遗址。唐人云:"人生只合扬州死,禅智山光好墓田。"谓此。

再向北行,就到京杭大运河由北至南进入扬州的第一个大码头——茱萸湾了。遥想隋唐时代,此处舟船如织,商贾如云,一片繁闹。后来逐渐冷落,由喧闹市肆而逐渐变为田园风光,恰与扬州城里的繁华相映成趣。

第三要数小秦淮,它是万种风情的画卷。扬州有一条美丽的城中之河——小秦淮。河的南端是著名的钞关遗址,现在已经设立了一个标志物。显赫了数百年之久的扬州钞关到底有什么故事呢?原来明初在全国建立了七座钞关,扬州钞关便是其中之一。因为扬州钞关的重要,其长官的身份和地位相当高。清道光间,林则徐曾以兵部侍郎和江苏巡抚的身份,兼管扬州钞关。

从钞关遗址沿河北行,可见小东门桥。小东门旧称谯楼,如今谯楼不存,但它依然是历史警钟长鸣之地。《明史》赫然记道:"(史)可法自刎不殊,一参将拥可法出小东门,遂被执。"大明督师兵部尚书史可法就是在扬州小东门为他的故国献身的。这里是连接明清新旧两城的隘口,民间有"小东门,人挤人"之谚。在清代,小东门一带是商业闹市,尤以美食出名。《扬州画舫录》云:"小东门街多食肆。"《扬州竹枝词》云:"小东门接大东门,旧县西街早肆喧。"记录了它的历史风情。

从小东门北行,有大东门。大东门又称先春门,今大东门桥流水依然。河边民居鳞次栉比,虽非两百年前旧屋,当年情景可以想见。《浮生六记》说,沈复接芸娘来扬州,"乃赁屋于邗江先春门外,临河两椽"。其故居遗址,当在河东。有意思的是,清初名僧石涛的故居,也在这一带。《大涤子传》说,石涛晚年"栖息于扬之大东门外,

扬州小秦淮河

临水结屋数椽"。石涛的"临水数椽"和芸娘的"临河两椽",都在扬州大东门外,也算是奇缘。

小秦淮河的北端与北护城河相连,古人有时也把北护城河唤作小秦淮。在北护城河两岸,名胜尤其多。

首先是北岸的梅花岭,埋葬着史可法的衣冠冢。梅花岭西侧是天宁寺,曹寅在此刻过《全唐诗》。天宁寺门外的御码头,则是乾隆皇帝登舟游湖的地方。

御码头西边是冶春。冶春的包子做得很好,皮子松软,馅心甜咸适中。干丝切得很细,烫得正到火候。蒸饺里面的汁很鲜,带有一种虾仁或蟹黄的味道。旧时游湖客人到了冶春,只消吩咐一声,跑堂就会吆喝着长长的声调,一阵风也似的端出几笼热气腾腾的点心来,让客人在船上品尝。等到游船从小金山、五亭桥转一大圈之后回来,再归还蒸笼,算清点心钱。

从冶春再向西,是绿杨村。从前绿杨村也是茶馆,现在成了花鸟市场。每逢双休日,要松弛一下紧张的神经,调整一下郁闷的情绪,不妨到绿杨村来逛一逛,看看这里的花红叶绿,听听这里的莺鸣鹂啭。

在绿杨村的对岸,另有个美丽的去处,叫小苎萝村,曾以出美人闻名。《扬州览胜录》记道:"小苎萝村故址,在香影廊茶肆对岸。闻诸故老云:清乾隆间,其地生长美人,姿容绝世,时人比之西施,故称其地为小苎萝村。"小苎萝村原是瘦西湖游船停靠之所,村民多以弄船为业,而撑篙摇橹者多为年轻女子,人称船娘。这些年轻女子犹如出水芙蓉,素面朝天,粗头乱发,不施脂粉,不加修饰,与城里每日对镜画眉的女孩儿相比,别具天然之美。所以,昔日扬州人常把她们比成浣纱的西施,她们所住的村子也就成了小苎萝村。

相传小苎萝村每二十年中出一美人,这是个浪漫而神奇的童话。可惜小苎萝村的美女,生于草根,没于蒿莱,纵有国色天香,也只能自生自灭。曾有好事者戏仿红楼故事,搜罗民间逸闻,列出"小苎萝村十二钗"或者"小苎萝村十六钗",倒是一段有趣而珍贵的谈资。关于她们的姓名,现在略知有媛华、小翠、恬岚、芜龄、吹箫、绿么、鸣琴、榕筠、荏芹、咏鹃、蔓蒨、雨蕾、啸芸、耘晖、爱钰、君如。

从小苎萝村向西,北岸有卷石洞天和西园曲水,南岸有绿杨城郭和城闉清梵,假山楼台,花木盆景,均甚可观。再向西行,就望见瘦西湖了。

城 史

扬州的地名

一个离开家乡的旅人，即使他飞得再远、再高、再久，他的心底也不会忘记家乡的地名。哪怕这个地名再平凡、再土气，但那是他出生的地方，提起这个地名他会潸然泪下。

地名，看起来不过是一个村庄、一条街道、一道河流、一座桥梁的名字。但它承载着历史，刻录着时光，凝集着乡情，传承着文脉。

一、地名是城市的通史。

地名是一种文化，一种需要全社会珍惜和呵护的文化。不同时期产生的地名，必然会留下时代的痕迹。把这些痕迹联缀起来，就是一部用地名构成的城市通史。我们如果在古城扬州走一走，会发现各个时代的历史在地名上留下的丰富信息。

"邗沟"这个名字，可以说是扬州城历史的序章。没有邗沟，就没有扬州，邗沟是从春秋时代保留至今的扬州境内最古老的地名。

与此相关的地名"夫差桥"，是前几年刚命名的。那次对于数十处无名的路、桥、河做了慎重的命名。在新地名中，有夫差桥、观潮路和揽月河。夫差桥因地处古邗沟附近，而且夫差又是邗沟的开凿者，故得此名。这尽管是今人对古人的纪念，但也构成了城市通史的一个环节。

到了秦朝末年，当西楚霸王项羽失意地站在乌江边上，听着四面楚歌，颓唐地唱起"力拔山兮气盖世，时不利兮骓不逝"的时候，他憧憬中的"临江之都"——江都，一定是他当时挥之不去的一个心结。今天，无论是"江都区"，还是"江都路"，当我们走在这里，都可以对世人说，这里曾是一代枭

扬州邗沟

雄梦想称霸的地方。

反映汉代扬州历史的地名，有"大儒坊""贤良街""正谊巷"等，连同"董子祠"和"董井"，它们都是为了纪念西汉江都相董仲舒的。董仲舒是汉代著名的思想家、哲学家、政治家、教育家，他首议的"罢黜百家，独尊儒术"成为两千年来中国的正统文化和主流思想，他提倡的"正其谊不谋其利，明其道不计其功"也为世人所恪守。汉代扬州有那么多王侯，却没有一个反映在地名上，唯有董仲舒名耀坊里，垂于古今，这还不是显示了历史的公正选择吗？

东汉末年，广陵太守张纲重水利、开沟渠，使得农业丰收、百业兴旺。老百姓为了纪念这位贤明太守，把他开挖的沟渠称为"张纲沟"，将他到过的集镇命名为"张纲镇"。如今在江都区，"张纲"地名仍然沿用着，追诉着那一段动人的历史。

"宵市桥"则是唐代扬州二十四桥的仅存硕果。《梦溪笔谈》中有二十四桥的名字，其中的"小市桥"即宵市桥。所谓"宵市"，即是夜市，相传隋炀帝时于此开设夜市，后来夜市边的桥成为著名的二十四桥之一。清两淮盐运使卢见曾题《虹桥修禊》中有"竹楼小市卖花声"之句，可见宵市桥到清代仍以卖花闻名，玉兰花、栀子花和茉莉花香气扑鼻。今天的宵市桥，地处玉带河中段。当我们从狭窄的桥上匆匆走过时，不再看见卖花人的背影，但那绵长醇厚的花香却隐隐从远处袭来，慰藉着我们思古的幽情。

宋代扬州的历史跌宕多姿，"三元巷"让我们忆起当年文化的昌盛，"宋夹城"使我们听到当年战争的鼙鼓。这些都是宋代扬州峥嵘岁月的真实遗存。

明代扬州地名留下来的要更多一点，无论是"教场""东营""西营"，还是"辕门桥""左卫街""卸甲桥"，都形象地记录了明代扬州在军事上的设置。"南城根""北城根""大东门""小东门"等地名，则标记着明代扬州城的规模与走向。特别是大运河龙头关一带的"钞关"之名，记载了宣德年间明朝政府在全国各大水运中心设关征收"船钞"（即"船只通行税"）的重要事件，这是扬州有"海关"之始。

清代是扬州历史上最繁华的时期之一，而扬州十日也是最令人垂泪的一段痛史。在清代遗留下的众多地名中，以与扬州十日有关的最明显，如"洪水汪"、"螺丝结顶"等等。据说史可法宁死不屈，多尔衮恼羞成怒，造成清兵屠城惨案，其时扬州城血流成河，尸积如山，故时人将流血之地命名为"洪水汪"，将垒尸之地命名为"螺丝结顶",以警示后人。

二、地名是乡情的凝结。

小小地名,凝结着浓得化不开的乡情。无论是可敬的乡贤,还是可爱的风物,都在扬州地名中留下了深深的印记。

走到"曹李巷""叶公桥""安家巷""史可法路"这些地方,细想一下它们的来历,就会油然记起一个个青史留名的人物。曹李是开创"文选学"的隋唐学者曹宪和李善,叶公是明代的四朝元老叶相,安家巷是来自朝鲜半岛的巨商安岐的故居,史可法路因民族英雄史可法而得名

小小地名,把扬州人对先贤的崇敬埋藏在其中,同时也把历代的迁徙史、移民史记录在其中。

扬州有许多叫做某总门的地方,如马总门、巴总门、杨总门、罗总门、谢总门等,那都是历史上某一显赫家族在此留下的记录。其中,"巴总门"是清初从徽州歙县鱼梁街移居扬州经营盐业的望族巴家的聚居地。巴家出了个文化名人巴慰祖,字予藉,一作隽堂,有《四香堂摹印》《百寿图印谱》传世。李斗《扬州画舫录》有其小传:"巴慰祖,字禹籍,徽州人,居扬州。工八分书,收藏金石最富。"写得比较简略。巴慰祖的事略另见扬州学者汪中的《巴予藉别传》。汪中的巴慰祖传中有一段异常传神的文字:"禹籍好棋,及驰马、度曲,遇名山胜地、佳时令节、可喜可愕之事,未尝不身在其间。"巴慰祖显然属于明末清初张岱那样具有广泛艺术嗜好的一流文人。这样的人物只能出在扬州,而扬州现在还有他家的聚居地——巴总门,成为扬州和徽州文化血缘关系的纽带。

扬州人的性情与爱好,也广泛地反映在地名中。

"崇德巷""务本桥",是扬州人自古以来崇文尚德、求实务本的心灵写照。不管在外地人看来,"扬州美女""扬州虚子"或者"早上水包皮、晚上皮包水"显得多么妖艳与慵懒,但

扬州教场

是"崇德""务本"四个字说明了扬州人的内心追求。

"斗鸡场"里,竹子围成的斗鸡台场面火爆,有的助威,有的下注,呐喊鼓噪,不绝于耳。"雀笼巷"中,专卖雀笼的店铺一字排开,或挂檐口,或悬树下,笼中的鸟儿叽叽喳喳,吸引着爱鸟的人们驻足品评。"荷花池"畔,清香四溢,平静的池水和隔岸的危塔,使人联想为一砚浓墨与一杆妙笔,于是"砚池染翰"的传说和"砚池"的地名同时流传了下来。"芍药巷"边,那株引得古今艳羡的金带围虽已不见踪影,但是"四相簪花"的故事仍在寻常巷陌中传为佳话,金带围的芬芳并没有被风吹散。"紫藤园"里的紫藤,"茱萸湾"里的茱萸,"琼花台"上的琼花,"梅花岭"上的梅花……说不尽是风情、人情,还是乡情。

扬州人的率真与正直,也在地名中有所体现。

清人汪启淑《水曹清暇录》载:"江都县四望亭北有螃蟹巷,巷之居民某尝得一蟹,不忍置诸汤镬。"过了一个多月,其妻与奸夫谋杀此人,并将尸体埋于床下。案发,县官升堂听讼,忽见蟹缘阶而上,因令衙役随蟹至其家。蟹直入床下,发地得尸,恶妻与奸夫均被绳之于法。"居人异其事,以砖镌蟹嵌巷壁,巷缘此得名。"这只知恩图报、仗义报信的螃蟹,被扬州人永久地记录下来,用来命名"螃蟹巷"。尽管事件的传奇程度,超出了它的真实性,但那只可爱的螃蟹已经化作一种正义的精神,成为扬州人除恶扬善的道德写照和理想追求。明乎此理,凡来到螃蟹巷的人,即使见不到螃蟹,心中也会有一只不死的蟹。

三、地名是百业的名册。

古代城市的经济,很大程度上取决于三百六十行是否发达。行业也许会不断产生、不断消失,但是根据行业而生的地名往往长久流传,给后人留下追寻的线索。

走在天宁寺门前,如今一边是古刹,一边是城河,谁也想不到这里曾经百货云集,市声喧阗。但是寺前的路名——"丰乐上街"、"丰乐下街"告诉我们,这里曾经是商业繁盛之地。

在扬州,遗留着一大批与行当、店铺、作坊有关的地名。"皮市街"是买卖皮货的市场,"皮坊街"是制作皮货的作坊,"翠花街"满眼是妇女簪戴的珠翠和绒花,"彩衣街"上一家家衣铺林立。当今人走在这样的古街巷中,脚踏的似乎不是水泥或石板的地面,而是一段段活色生香的百姓生活场景。"饺肉巷"飘来的是肉味,"麻油巷"嗅到的是油香,"打铜巷"传来敲打铜器的清脆叮铃声,"铁货巷"中有被炭火烧红的铁器放入水中发出的嗤嗤的响。这些味道和声音,早已将我们穿越到某一年某一天的午后。那一刻,你我应是这个或那个朝代中的某个小民,去"吃吃看巷"买一碗狮子头,去"醉仙居巷"酌一盏琼花露,去"碧螺春巷"品一壶绿杨春。在布满青苔的石板路边,我们安坐在露天餐台的角落里,看时光悠悠,看过客匆匆。眼前是午后暖阳,清风徐来;手中是小菜一碟,顾影自斟。后窗下有点着红烛的莲花灯从绕城的小河上缓缓漂过,荡起浅浅的涟漪。这样的时光,虚幻中写着真实,平凡中蕴着永恒。

扬州老百姓的生活,就镌刻在寻常巷陌的名字里。光是"浴堂巷",扬州就有两条,一条在旧城南城根,一条在东关街东头,都因为巷内有浴室而命名。"石灰巷"应是以买卖石灰而得名的,当年流行的装潢材料,主要就是石灰。"灯草行""炭箕作",顾名思义,就是因聚集了许多灯草店铺和炭箕作坊而得名的。有一条"灯笼巷",应是因有制作灯笼的作坊而得名。遥想当年,在这幽深的小巷中,各种形态的灯笼挂满了店铺的檐下,大的、小的、圆的、方的,家用照明的、夜路提携的、小孩玩耍的、豪门悬挂的,应该颇有"大红灯笼高高挂"的味道吧?站在巷口,看哪位官家的女仆穿着素色的罗裙,踏着碎步款款而行,一家家挑选着中意的灯笼,跟店主微笑着讨价。在黄昏的背景下,那是再灵巧的丹青妙手也勾勒不出的温馨图画。今天,当"灯笼巷"里的灯笼不再闪烁的时候,我们轻轻念它的名字,它依然会在我们心里升腾起往昔的某一盏灯光,慰藉游子的乡愁,照亮回家的路径。

四、地名是怀旧的风景。

清代学者阮元说,他生于"扬州西门白瓦巷旧第南宅,即今所建之海岱庵也"。但是,如今的扬州既无"白瓦巷",亦无"海岱庵"。许多值得纪念的地方,因为地名的湮没,成了永远无解的谜。

据了解,扬州老城区现有老地名约五百个。近年来因城市改造,一些老地名不断在消失。尽管一些旧地名得到了部分恢复,如康山北街还原为曾公祠巷,新华东巷还原为福寿庭巷,崇俭巷还原为多宝巷,新风巷还原为马神庙巷,新民巷还原为真君寺巷,保安巷还原为报恩寺巷等;然而一些古老的地名,已经离我们越来越远——

现在的渡江路,谁还知道就是从前的"砖街"?

现在的广陵路,谁还知道就是从前的"左卫街"?

今天的大学路两边,谁还记得就是昨天的"扫垢山"?

今天的维扬路北端,谁还记得就是昨天的"金匮山"?

作为百年来扬州中心地标的"辕门桥",已经淡出了人们的记忆。

曾经是扬州新城重要地名的"蒋家桥",如今只是饺面店的牌子。

凝聚着扬州人骄傲的"三元巷""琼花观街",湮没在文昌路的喧闹声中。

刻写着扬州城历史的"县学街""张回回巷",不知何时被高楼大厦取代。

地名,竟然是这般的脆弱!不要说清朝的阁老阮元回来,再也找不到他的出生之地"白瓦巷",即使是为共和献身的熊成基烈士还乡,也找不到因他而兴建的名胜"熊园"了。"西门街""缺口街""描金巷""田家巷"……这些曾经熟在人口的扬州地名,曾几何时,灰飞烟灭,永远成了老扬州人记忆中怀旧的风景。

街道、桥梁、寺庙、衙府、书院、商行、店铺、集市、作坊等等,作为地名,既是城市变迁的历史印记,也是乡土文化的组成部分,既是经济信息的重要载体,也是文脉传承的珍贵资源。

在文博名城和世界名城的建设中,老地名具有极高的人文价值和见证作用。

有时候,凭借一个老地名,就能唤起我们对于家乡的认同感与归属感。

老地名,让大家都来珍惜和爱护你!

扬州的会馆

扬州究竟有没有会馆?会馆是乡情的纽带,是行业的公所,是商旅的驿站。在这个意义上,传统的扬州会馆是没有了。现在,没有一个湖南老乡到湖南会馆叙旧,没有一个银楼业人到银楼会馆议事。但是我踏遍扬州城,居然发现明清会馆的遗存。它们向我们无声地讲述着这座城市的经济史。

一是湖南会馆,地址:南河下68号。

现为市级文物保护单位。始建于明代,清初名"小方壶",后改名"驻春园",乾隆时易名"小盘洲"。道光二十四年(1844),盐商包松溪改建为棣园。棣园石额系太傅阮元手书。两江总督曾国藩来扬时驻节此园,并观剧于此,故会馆内戏台上曾悬楹联云:"后舞前歌,此邦三至;出将入相,当代一人"。晚清扬州画家王素曾绘《棣园十六景图册》。光绪初年,湘籍盐商仿《红楼梦》大观园将之改建为湖南会馆。内曾设豫太祥、豫太隆等盐号。王振世《扬州览胜录》记载:"棣园,在南河下湖南会馆内。扬城园林,清初为极盛时代,嘉道以后,渐渐荒芜,惟棣园最古,建造最精,至今完好如故。……光绪初,湘省鹾商购为湖南会馆,湘乡曾文正公督两江时,阅兵扬州,驻节园内。园西故有歌台。一日,鹾商开樽演剧,为文正寿,台中悬有一联曰:'后舞前歌,此邦三至;出将入相,当代一人。'文正阅竟,掀髯一笑,盖江阴何太史莲舫手笔也,至今传为佳话。"

湖南会馆原占地十余亩,分为东、中、西三路,有房屋一百余间。现存砖雕大门楼,是扬州保存的最完整、最雄伟的会馆门楼。门楼呈四砖柱、五幅面、"八"字形、屏风状、牌楼式,称为"五凤楼"造型。会馆内原有老屋,今仅存门楼后的楼房上下八间,其余无迹可寻。会馆对面有"八"字形大照壁。照壁后原有湘园及附属建筑,今亦无存。

湖南会馆内现为饭店。

二是湖北会馆,地址:南河下174号。

现为市级文物保护单位。系清同治年间湖北籍盐商捐资购建,又名"佛道人同乡会"。湖北会馆建筑原占地千余平方米,分为东、西两路,房屋数十间。东轴线原有房屋前后五进,有门厅、照厅、正厅、厢廊、后宅、楼屋等;西轴线原有院落前后三进。民国二十三年(1934),会馆曾一度遭盗卖,后由杨国卿通知仪征二十圩及镇江同乡进行诉讼,于1935年部分修缮,改由湖北籍商人吴云三负责管理会馆日常事宜。

建国后,湖北会馆尚剩老屋二十三间四厢,建筑面积约六百七十平方米。后来拉丝元钉厂在此生产,将原建筑拆除、改建,今仅存东路主房楠木构架正厅和串楼(又名念佛楼)。正厅前两旁厢廊和前照厅,均已不存。今梁上雕刻的花纹仍清晰可辨,而梁柱之粗十分罕见。

近年来,湖北会馆已经重新修缮。

扬州湖南会馆

三是岭南会馆,地址:新仓巷4号至16号。

现为市级文物保护单位。始建于清同治八年(1869),光绪九年(1883)增建。会馆门楼高大,砖雕精细。房屋分为东、中、西三路,今中路前后五进基本保存。会馆原为粤人梁启堂在此地购买民房二十余间住用,后由粤籍盐商以吴焕记、梁聚泰、卢大昌等十七户场运各商捐银四千四百零九两三钱五

扬州岭南会馆

分作购买房屋各项款项,就地改作粤籍盐商会馆,称为岭南会馆。光绪九年(1883)正月,又以白银九千余两在原地扩建增修,于当年末落成。岭南会馆原占地七亩余,有房屋近百间,另有花园、戏台、照壁等。会馆砖雕门楼体量宏大,纹饰精美。正厅为楠木构架,木雕镂空,纹技法娴熟。

岭南会馆正厅前侧廊墙壁间镶嵌石碑数通,为《建立会馆碑记》《扬州岭南会馆章程》《运场各商捐款》和《江都县为岭南会馆置买民房兴建会馆给示存案碑》,是研究会馆不可多得的史料。

今岭南会馆为培智学校所用。

四是旌德会馆(彩衣街),地址:彩衣街90号至94号,弥陀巷3号至7号。

现为市级文物保护单位。由安徽旌德盐商于清康熙五十九年(1720)购民屋兴建,是扬州会馆中有房契史料佐证的最早会馆。原有老屋东、西两路,各路均为前后七进,中有火巷相隔。东路住宅为明三暗四格局,西路住宅为三间二厢格局。前首正厅上原悬有匾额"文昌厅"。民国时在此兴办小学。另外,彩衣街75号、国庆路360号与339号、埂子街146号,亦为旌德会馆产业。今火巷中青石板铺成的路面犹存,小院里仍见白石板铺成的地面,侧面还雕刻着花纹。从石材的雕花、方正和平整,可以想象当年徽商的富有、考究与奢华。

旌德在汉代系泾县地界,唐代置旌德县,清代属于安徽宁国府,民国时归安徽芜湖管辖。在历史上,安徽旌德一向多商人,清代在扬州经商的尤多。因为

旌德来扬者多,所以扬州有两处旌德会馆。

旌德会馆(彩衣街)今为民用。

五是旌德会馆(埂子街),地址:埂子街146号。

今埂子街的愿生寺,原为旌德会馆。始建年代不详。据《扬州宗教·愿生寺》记载:"愿生寺位于埂子街146号。此处原是一爿朱长林当铺和一家旌德会馆。扬州首富盐商萧玉峰之妻(系在家修行的居士),于民国十九年(1930)出资在此兴建了愿生寺,作为长生寺的下院。"另外,易君左《闲话扬州》说:"这个庙虽是新修不过几年,但他的巍峨壮丽,气魄堂皇,屋宇整洁,在扬州各寺中实不多见。"

愿生寺现存楠木厅、大门楼都是原来的遗存,其余建筑为近年重修。

六是淮南公局,地址:广陵路290号。

淮南公局系清光绪十二年(1886)花费纹银一万二千两购买自陈蓉珍、陈云珊的祖遗房产,经修整后作为淮南盐务办公场所,后又成为盐业场运食商事务所。原占地面积约五亩五分有余,老屋大小合计一百六十余间,分为东、西两路。南北主房前后共有九进,东路正宅与西路副宅之间有火巷相连,上置瓦卷篷七道,按需要能分能合。现楼厅尚存"寿"字雕栏及柏木船篷轩。

建国后,淮南公局房屋先后为卫生防疫站、一〇〇无线电二厂、电讯仪器厂、中百公司占用,今为民居。

七是四岸公所,地址:丁家湾118号及广陵路小学内。

现为市级文物保护单位。其建筑始建于明,清末民初改建后,为湘(湖南)、鄂(湖北)、赣(江西)、皖(安徽)四省盐务通商口岸联合办公之所,称为"四岸公所"。四岸公所是四省盐商代表核定、平衡盐价,商讨食盐产、供、销、运事宜的决策之地。原占地面积四千六百七十余平方米,有各类房屋大小九十余间,由东、中、西三纵轴线组成。原东路、西路主房前后各五进,中路主房前后共七进。清二甲进士、原两淮盐运使唐仓崧曾任四岸公所总文案。据徐谦芳《扬州风土记略》记载:"中国盐政以两淮为大宗。盐运使署在扬,直隶盐务署,副之者运副,驻淮北。佐之者稽核分所,辖支所三四。两淮政务殷繁,商人未便朝夕入署,于是有商办官立之机关,如仪栈、分栈、场运局是也。有完全商立之机关,如四岸公所、场盐分会、食岸公会是也。……运分湘、鄂、西、皖四岸,轮票运盐,挨次销售。俗以湘、鄂、西为大票,皖为小票,则以皖岸一百二十引为一票,湘、鄂、西以五百引为一票也。"按规定,湖南、湖北、江西、安徽四省的食盐均须从两淮盐区运出,故四省盐商大量聚集于扬州,四岸公所应运而生。公所有专职人员,经办盐运诸般事宜,特别是为商人代办盐税。

四岸公所的门楼,今仍耸立在丁家湾北侧。门楼呈"八"字形,有菱形方砖贴壁,平滑美观,整洁庄严。另在广陵小学内,还存一座厅房。而公所内部,已成杂乱的民居。

八是安徽会馆,地址:南河下26号,大树巷1号。

安徽会馆系安徽盐商集资购建。据说李鸿章来扬时曾驻节于此,故其中部分称为"李公馆"。关于安徽会馆的建造时间,据刘声木《苌楚斋续笔》记载系重建于太平军战争之后,"粤捻初平,扬州设立安徽会馆。皖南商人欲供朱子,皖北商人欲供包孝肃。相争不已,无可解结,乃于正中供历代先贤位"。光绪三十二年(1906)徽商在此创办安徽旅扬公学,光绪三十三年(1907)改称安徽公学,民国后期改为花园巷小学。据1953年相关资料记载,时剩老屋三十九间,其中楼宅八间,平房三十一间,后因中学扩建遭毁。

安徽会馆建筑今基本不存,唯在南河下湖南会馆东面不远处,略有门楼等遗迹。

九是盐务会馆,地址:东关街400号。

盐务会馆建于清末民初,后称盐务办公室,先后隶属清代运司衙署、民国淮南盐务局。建国初属于扬州盐务局。盐务会馆原有建筑二十九间,现存主房三进,面积约三百平方米。第一进为门厅,前有"蔼园"砖雕门额。第二进原名"观乐堂",一说名"同乐堂",面阔五间,上有卷棚,下有走廊,青砖地坪、木雕隔扇等保存完好。第三进原名"庆远堂",明三暗五,有屏门可通向后花园。花园尚有古井及湖石假山少许。首进门额上的行书"蔼园"二字,右刻"甲申仲春",左刻"张允和书"。据董玉书《芜城怀旧录》记载:"张允和,字甘亭,仪征邑庠生,午桥先生之从侄,居东关街。素工四体书,尤擅丹青,山水规仿宋元,精细工秀,悉有规矩。"

盐务会馆今为民居。

十是运司公廨,地址:文昌中路运司公廨。

运司公廨系清代两淮盐运使司官吏下榻之处,今为地名。传说运司公廨47号至51号为两淮巡盐御史曹寅寓居之地。该宅明三暗四,六面板壁,今尚存。

另据董玉书《芜城怀旧录》云："瓢隐园在运司公廨内,许幼樵之别业。幼樵乃月樵之子,徐乃秋观察内弟。工书画,尤擅指头画。小园结构,别具匠心,花木极多,盆景尤佳。"

运司公廨除了少量旧屋之外,遗迹几乎不存。

十一是浙绍会馆,地址:达士巷54号。

现为市级文物保护单位。浙绍会馆是扬州现存会馆中有碑刻记载的最早会馆。乾隆四十六年(1781),浙东商人张履丰将旧城原浙绍会馆迁至新城达士巷今址,作为绍兴商贾来扬聚会之所。会馆占地面积七百余平方米,有杉木大厅,据传原有乾隆时的匾额。道光十八年(1838),绍兴商人魏君远鉴于屋壁渐颓,乃重修会馆,并请人撰文记事。民国二十二年(1933)浙绍会馆原董事何于臣、张定生、周元绪、翁志良与针灸名医谢紫石签订协议,将其内住宅租给谢使用,并作为浙人同乡会诊所,其厅堂一度改为东越庵。会馆现存房屋计十六间,建筑面积约四百六十平方米。

今浙绍会馆从外面看,除了部分高墙之外,几乎看不出会馆的模样。巷口有一座门楼,据说上有"浙绍会馆"字样,但现已被水泥覆盖。进入门楼不远,北面是一座大厅,卷棚宽大,保存完好。大厅也基本完整,梁上的雕刻犹存。大厅西面有小屋数间,窗外墙上嵌石碑两块,一为《重修浙绍会馆碑记》,立于道光十八年(1838),字迹清晰。会馆本有石狮一座,因无地安放,又无法运走,修路时便将其敲碎,用板车运走了。

浙绍会馆现为民居。

十二是场盐会馆,地址:新大源62号、64号。

现为市级文物保护单位。场盐会馆系晚清扬州场盐商人集资购建的会馆。扬州盐商分场商、运商、食商三种,分别从事产盐、运盐、销盐等业务,场盐会馆就是场商在扬州城里议事的地方。场盐会馆分为东、西两路,前后各三进。来自江西上饶的卢绍绪曾任场盐课大使。场盐会馆藏于深巷之中,尚有保存完好的门楼、卷棚、大厅和马头墙。

场盐会馆今为民居。

十三是嘉兴会馆,地址:新仓巷57号。

嘉兴会馆遗址位于岭南会馆之西,新仓巷之南。整座会馆毁坏严重,只有后面的一棵古松,可以证明它历史的悠久。

其地今为居民委员会所用。

十四是山陕会馆,地址:东关街250号至262号,剪刀巷2号至6号。

现为市级文物保护单位。山陕会馆系明代山西、陕西盐商在扬州设置的会馆,也是扬州最早的盐商会馆之一。原址在旧城南门街,清初迁至东关街。会馆占地面积五亩余,原有房屋百余间,分为东、中、西三路,各有房屋七进。其总体布局为前厅后宅,建有后楼及花园,具有山西建筑特色。

今东关街252号系山陕会馆大门,已经破落不堪。但细察四周,仍可见残存的菱形水磨砖,和早已剥蚀了的油漆板壁。地下的青石板现在都因岁月漫长而磨损、断裂。走进大门,依稀有通道延伸向北。据说,当初山陕会馆屋宇整饬而恢宏,假山鱼池无不有,可惜今天看到的大都是后来搭建的房子。石板路上有一块横卧地下的长条石,上镌刻着"百岁坊"三个大字,不知何时之物。《扬州画舫录》记弥陀寺巷也称"百岁坊",或者此石即是彼处之物。

山陕会馆的北界在剪刀巷。在巷南的墙上,东西两头原来各有一方石碑嵌在砖墙中,西头一块界碑刻着"山陕会馆地基西墙界",东头一块界碑刻着"山陕会馆地基北墙界",表明当年山陕会馆的西、北方位自此为止。前几年修理巷中厕所时,"山陕会馆地基西墙界"界碑被毁,今唯存"山陕会馆地基北墙界"。从剪刀巷东头转向南,巷西为会馆的东墙。今剪刀巷2号、4号、6号内,依然可见砖砌门楼等旧物。

1949年,郭荣珍、邱文龙、胡天禄等人筹措三十六股金,利用山陕会馆神台作戏台,称为"共舞台",开演戏剧。山陕会馆后由江苏省治淮总指挥部接管,作为治淮招待所。今为民居。

十五是江西会馆,地址:南河下安徽会馆南侧。

江西会馆由江西盐商卢绍绪、廖可亭、萧云浦等于清光绪年间捐资购建。今仅存老墙少许,别无遗迹可寻。

据《扬州览胜录》描述:"江西会馆,在南河下,赣省醛商建,大门中、东、西共有三。东偏大门上石刻'云蒸'二字,西偏大门上石刻'霞蔚'二字,为仪征吴让之先生书。首进为戏台,中进大厅三楹,规模宏大,屋宇华丽,每岁春初,张灯作乐,任人游览。"光绪三十三年(1907),淮南运商曾在江西会馆开办运商旅扬公学。建国后,会馆建筑被毁。今从陈从周《扬州园林》画册中,仍可见当年园中湖石假山胜景。江西会馆以古人所绘二十四幅"水箓"最为出名,后不知所之。

光绪十二年(1886)出版的《点石斋画报》曾登载扬州江西会馆新闻:"扬州南河下江西会馆连日演戏,馆主素性豪迈,纵人游观,故两廊小台上无虚座,无隙地。"

今江西会馆旧址已成民房。

十六是银楼会馆,地址:达士巷20号。

现为市级文物保护单位。银楼会馆又称宁波会馆,为清末浙江宁波商人在全国所建的第九所会馆,也是扬州银楼业同行交流市场行情、议定金银牌价高低的场所。原建筑为前后三进,各进均为三间两厢。会馆内曾悬挂孙中山所写"甬商能力与影响之大,固可首屈一指也"的书法。

今银楼会馆首进门楼犹存,房屋已为民用。

最后要谈到会馆广场,地址在南通路原福运门码头旧址。会馆广场系近年为纪念扬州历史上的众多会馆而新建的。其地原为福运门码头所在,南临古运河,北傍南通路。作为古运河绿化带中的新景点,广场地面上铺设浮雕,刻有扬州古城地图,以及各会馆所在位置。游人至此,可以按图索骥,温故知新。

要了解一座城市的经济史,会馆是一个无言的坐标。

扬州的书院

"书院"这个词,曾经离我们远去至少大半个世纪。2015年孔子诞辰时,扬州汶河小学在董子祠里的正谊书院为国学班新生举行开笔仪式,孩子们向汉儒董仲舒的圣像行礼。2016年早春二月,中国作协诗歌委员会和江苏省作协主办的中国新诗百年论坛在扬州彩衣街复建的虹桥书院举行。这些消息表明,"书院"这个古老的词正在渐渐复活。

扬州的书院始于宋代。当时有名的书院,有北宋晏殊创办的晏溪书院,位于今泰州。南宋龚基先创办的淮海书院,位于今高邮。同样是在南宋,陈垓在泰州办了安定书院,孔元虔在靖江办了马洲书院。另外,在江都邵伯也办过谢安书院、东山书院等。元朝统治者对书院,看起来是扶持,实际上是控制,但是扬州书院的数量在元朝并未减少。明代的扬州书院得到了很大的发展,这时期扬州城区的书院就有位于文昌路的资政书院、位于广储门的甘泉书院、位于西

今日梅花书院

门内的维扬书院、位于瓜洲城的五贤书院等。各州县的书院还有泰兴的凝秀书院、仪征的东园书院、高邮的珠湖书院、泰州的安定书院等等。

明代扬州书院之所以能够超常发展,不是没有理由的。曾见明人何良俊《四友斋丛说》写道:

(王)阳明同时如湛甘泉者,在南太学时讲学,其门生甚多,后为南宗伯。扬州、仪真大盐商亦皆从学,甘泉呼为"行窝中门生"。此辈到处请托,至今南都人语及之,即以为谈柄。甘泉且然,而况下此者乎?

湛甘泉即湛若水,字元明,号甘泉,广东增城人,明代大哲学家、教育家、书法家,弘治进士,曾官南京礼、吏、兵三部尚书。湛甘泉与王阳明同时讲学,但各立门户,王阳明主张"致良知",湛甘泉主张"认天理"。湛甘泉著有《湛甘泉集》,他在扬州讲学时,很多大盐商跟随他左右,以至于湛甘泉把他们说成是"行窝中门生"。"行窝"就是"盐窝"的意思。不管扬州盐商们求学的目的如何,这总是表明明代扬州的书院教育是得到富商们的大力资助的。

到了清代,扬州书院更是因为得到了盐业经济的强大支撑,发展愈加迅猛,旧志所谓"东南书院之盛,扬州得其三焉"。清代扬州府各州县所办的书院,总数达到三十所。其中城区的书院,以安定书院、梅花书院名声最大,实际上是当时扬州的最高学府。此外,扬州还有敬亭书院、若水书院、竹西书院、邗阳书院等。太平天国战争时期,扬州的书院遭到灭顶之灾,至晚清只剩下安定书院、梅花书院、广陵书院三处。

柳诒徵先生的《江苏书院志初稿》说:"江宁布政使所属各府之文化,以扬州称首。扬州之书院,与江宁省会相颉颃。扬州诸书院中,其著者有安定、梅花、广陵三书院。"现在我们漫步在扬州古城,依然可以寻找到这些书院的遗迹。

安定书院初建于清康熙元年(1662),地址在扬州旧城三元坊,即今文昌阁东南，工人文化宫附近，为巡盐御史胡文学所建。安定是宋儒胡瑗的字，安定书院就是纪念胡安定的。刚建安定书院时，正好有监察御史来扬州巡视两淮盐政，他将胡瑗木主置于书院堂内，并为书院题写了"安定"二字，意在纪念宋代大儒胡瑗。胡瑗字翼之，泰州海陵人，是古代杰出的教育家、思想家。胡瑗因为世居陕西路安定堡，所以学者称他为安定先生。康熙四十四年(1705)，清帝南巡时曾来到安定书院，赏赐"经术造士"的匾额。安定书院后来倾倒，至雍正十二年(1734)由盐官高斌、尹会一等重建。乾隆五十九年(1794)盐运使曾燠又增修学舍，重定规条，在生员中挑选其优秀者，置于正课之上。咸丰年间太平军兴起，安定书院毁于战火，同治间在东关街疏理道重建。安定书院以考课为主，每月官课由盐运官员主持，其中著名的人物有王步青、陈祖范、杭世骏、蒋士铨、赵翼等。所开的课除了正常的课之外，也有诗赋、经解、策论等。光绪年间盐运使程仪洛更定章程，改试经艺策论。生员名额最初为六十人，后来增加至数百人，课程分正课、附课、随课等。生员可以住宿，膏火之资来自盐利和盐商捐款，所以物质待遇比其他书院优厚。安定书院最有人性化的地方，是资助生员参加岁科两试和秋闱的路费，所以从各地来就读的学生很多。光绪二十八年(1902)，安定书院改为安定校士馆。

在安定书院待过的名流很多。乾嘉学派中的皖学领袖戴震，曾在安定书院讲学。书院的掌院王步青是雍正进士，做过翰林，精于时艺。他做掌院时，扬州盐商领袖江春也师事于他。任课教师陈祖范也是雍正进士，据说有达官贵人想见他一面，他避而不见，反而作诗讥讽道："平生不满昌黎处，三上河东宰相书。"杭世骏主讲过安定书院，他一生好学，博览群书，经史均有造诣，尤工诗文。赵翼也主讲过安定书院，他与袁枚、蒋士铨并称"江右三大家"。蒋士铨工诗文，精戏曲，著有《忠雅堂集》，曾主讲安定书院。吴鼒曾入翰林院，升侍讲学士，也任教于扬州安定书院、

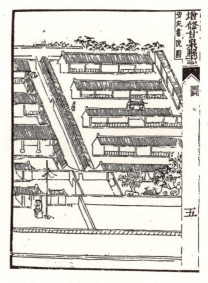

清代安定书院

梅花书院。吴锡麒在扬州先后主讲安定、梅花、乐仪等书院。安定书院的生员中也不乏大家，如汪中、焦循、王念孙、王引之、刘台拱、任大椿等名声赫赫的扬州学者，均出身安定书院。汪中与安定书院的逸事，常见于野史。如说汪中在安定书院时，每一山长至，辄挟经史疑难数事请质。山长或不能对，即大笑而出。当时担任定山书院山长的，有性灵派诗人蒋士铨，自然也遭到汪中的问难，以至于蒋士铨一生对汪中耿耿于怀。汪中虽然自负，学术上的知己却不少。同样出身安定书院的焦循，在《雕菰集》中这样谈到汪中："汪容甫曰：'晋蕃，长者也，可与论文。'余尝冬夜与晋蕃饮容甫斋阁，快论至三鼓。雪深二尺许，容甫酣卧榻上，睨曰：'他人不易有也。'不二十年，超宗、容甫、晋蕃先后没世，回思若旦夕事，悲哉！"此外还有洪亮吉，著有《三国疆域志》《乾隆府厅州县图志》《卷施阁诗文集》等书。孙星衍能够通篇背诵《文选》，后来帮助毕沅校订著述。段玉裁受业于戴东原，与王念孙齐名，著有《六书音均表》《古文尚书撰异》《说文解字注》等书。其弟玉成也是训诂大家，肄业于安定书院，兄弟俩合称"二段"。我曾住在治淮新村十年，那里是东关街疏理道旧址，也是安定书院旧址，只是现在地面上没有任何痕迹了。

梅花书院的历史可以追溯至明代，嘉靖六年(1527)国子监祭酒湛若水在扬州考绩讲学，扬州贡生葛涧为其师在广储门外建"甘泉行窝"作为讲道之所。后来巡盐御史朱廷立改建为"甘泉山书馆"，嘉靖年间废圮。万历时扬州疏浚城河，积土成岭，上植梅花，称为梅花岭。清雍正间，扬州府同知刘重选与盐商马曰琯重建梅花书院，桐城派大家姚鼐到此掌院，盐运史朱孝纯亦在此任教。乾隆初年，复称甘泉书院，不久又改称梅花书院，一度并入安定书院。乾隆四十二年(1777)，马曰琯后人马振伯将梅岭的梅花书院房舍归公，运使朱孝纯为之亲书"梅花书院"匾额。梅花书院因盐官兴学，盐商助学，名师纷至沓来。可惜后来朱孝纯辞官进京，姚鼐也辞去掌院，书院一时冷落。幸而盐运使曾燠等先后接管梅花书院，致使来书院就读的外地举人多达百余人。值得夸耀的是嘉庆十四年(1809)，梅花书院给举人们发放盘川进京赶考，一榜连中四人，洪莹高中状元，梅花书院声名大振，特设状元厅以记其胜。一时间，扬州梅花书院与岳麓书院、嵩阳书院、应天书院、白鹿书院齐名。同治五年(1866)，盐运史丁日昌在东关街重建书院，由吴让之书写"梅花书院"石额。后来此处让给安定书院，梅花书院迁至左卫街，即今址。光绪间梅花书院先后改为尊古学堂、两淮师范学堂，民国后又改为江苏省立第五师范学校。其后相继为扬州梅花小学、扬州七中、扬州职业技术学校。今存楠木厅、书楼、长廊等，大门上吴让之所书"梅花书院"石额依旧。

　　与梅花书院有关的名人不少。皖派大家洪桐曾任书院的掌院，扬州名儒刘文淇、凌曙均受业于梅花书院。其他如汪中、刘台拱、任大椿、段玉裁、王念孙、孙星衍等，均受过梅花书院的熏陶。梅花书院生员先后考中状元四人，除歙县人洪莹外，其他三个是兴化人李春芳、宝应人王式丹、仪征人陈俨。洪莹的父亲洪恒裕是扬州盐商，嘉庆十二年（1807）扬州淹水，灾民无数，盐运使曾宾谷为了赈灾，在荷花池一带设立粥厂。荷花池本来道路泥泞，加之水涝，饥民经过此地时常常落水。洪恒裕见状，捐资修路，并在水边设栏，造福灾民。扬州民间传说，洪莹高中状元就因为得到了善报。曾焕文题梅花书院云："座有春风，昔侍西山讲席；岭仍香雪，今陪东阁主人。"方浚之题梅花书院云："十月先开，而今未问和羹事；几生修到，不知谁是谪仙才。"写得非常之好。我少时住广陵路丘园，东行不远即是梅花书院。近年来也常常前去参观，似乎仍能闻到当年的书香。这也是扬州现存唯一的古代书院。

　　广陵书院系康熙五十一年（1712）知府赵宏煜建，初为义学，乾隆年间改为竹西书院。后来移建于东关街，更名广陵书院，专课童生，由扬州知府、江都知县、甘泉知县轮月考试，山长每月再试。咸丰年间，因为太平天国战争爆发而停课。同治间复课，兼课生监，并有小课。光绪年间运使程仪洛更定章程，改试经艺策论，只课童生，不课生监。书院的经费多从盐官和盐商处提取，后改称为广陵校士馆。广陵书院在东关街，但具体地点无迹可寻。有消息说，广陵书院旧址可能在东关街馥园附近。据王振世《扬州览胜录》记载，"广陵书院故址在东关街，与安定书院望衡对宇"。因为安定书院原址在今安家巷里，那么广陵书院应在今东关街馥园周边。

　　与安定书院、梅花书院不同的是，广陵书院只教童生，因此与名人的关系不如安定书院和梅花书院密切。但也仍有不少名儒在此执教，如经学大师刘宝楠、常州名士董士锡等，都曾在广陵书院主讲。周作文题广陵书院云："校士每携琴，鹿洞谈经，独爱二分明月；慕贤希鼓瑟，鳣堂讲学，遍观一郡文风。"王道坦题广陵书院云："旧赋感抚城，琴鹤临民，兵气全消舒化日；新堂重建树，案萤师古，士风丕振看登云。"我旧时所住的治淮新村，南面不远就是馥园，这里原是谢馥春制造香粉的地方。如今的游客在徜徉于馥园时，不知在闻到扬州谢馥春香粉的同时，还能否闻到当年广陵书院的书香？

扬州的书院，在府志、县志中都有记载。在此我想抄录《嘉庆重修扬州府志》中的一段话：

扬城书院，安定、梅花、广陵而外，尚有资政书院，在府治东，明成化间知府王恕建，今废。维扬书院，在西门内仰止坊，明嘉靖间御史雷应龙建，今废。虹桥书院，在北门外，康熙间总督于成龙建，今废。敬亭书院，在北桥，康熙二十二年（1683）两淮为鹾政裴充美公建，今废。邗江学舍，在课士堂前，雍正十三年（1735）知县朱辉立；甪里学舍，在缺口门外大滩，乾隆三年（1738）邑人萧嵩建，今俱废。在邵伯镇者，有谢公书院、甘棠义学；在瓜洲城者，有五贤书院，今亦俱废。

许多书院在历史的风烟中消失了，但它们留下的追求学问的精神，仍在激励后人前行。

舆图杂志

见证扬州城

扬州的建城史，始于《左传》周敬王三十四年（前486）的那一句简短的话："吴城邗，沟通江淮。"因为这一句话，我们今天才确切地知道，吴王夫差在邗国故地筑城的时间，是在距今两千五百年前。

从那以后，扬州这座城市，就不断地以各种形象出现在诗人、学者和旅行家的笔下。

一、诗词歌赋：扬州城历史的档案。

南朝文人鲍照的《芜城赋》，也许是对扬州城的繁盛与毁灭最早也最生动的描写："当昔全盛之时，车挂辖，人驾肩。廛闬扑地，歌吹沸天。孳货盐田，铲利铜山。才力雄富,士马精妍。"这是广陵国时代兴旺发达的写照。可是好景不长,刘宋时代的无情兵火摧毁了它,当作者来到广陵城下时,看到的却是:"边风急兮城上寒,井径灭兮丘陇残!"《芜城赋》以华丽的辞藻和鲜明的对照,极写汉代广陵的繁盛和南朝芜城的破败,它除了文学上的成功之外,更唤起了读者对人世兴亡的无穷感喟。而"芜城",也从此成为扬州城的一个最具沧桑感的别称。

"芜城"到了唐代,已经完全换了一个模样。尽管唐代诗人刘长卿在《送子婿崔真甫李穆往扬州》诗中依然称扬州为"芜城",但是唐代的扬州已是一派欣欣向荣:"渡口发梅花,山中动泉脉。芜城春草生,君作扬州客。半逻莺满树,新年人独还。落花逐流水,共到茱萸湾。"这虽然是一首送别诗,但在惜别之外,我们可以感受到扬州城草木青青、春意融融的景象。

唐人歌咏扬州城的诗很多,张祜的《纵游淮南》却别开生面,说人的一生不但应该在扬州度过,而且死了也应该葬在扬州:"十里长街市井连,月明桥上看神仙。人生只合扬州死,禅智山光好墓田。"诗中的月明桥、禅智寺、山光寺,都是唐代扬州城内外实有的地名,如今还有遗迹可寻,这就为我们了解扬州城的历史提供了珍贵的资料。有意思的是,"人生只合扬州死"一句话,此后一直成为历代人们向往扬州的口头禅。清代文人吴敬梓,就是吟诵着这句诗死于扬州城的。

唐代扬州有两重城,蜀冈上面为子城或者牙城,蜀冈下面为罗城或者大城。这在诗歌中有真实的反映,如杜牧《扬州三首》咏道:"街垂千步柳,霞映两重城。天碧台阁丽,风凉吹管清。"就是唐代扬州城在诗中的写照。市廛和树木相依,街衢和自然掩映,扬州自古就是一座重视人居环境和生态平衡的城市。

宋代扬州的繁华市井,虽然稍逊于盛唐,也是令人艳羡的。秦观有一首《望海潮》词,写宋代扬州城的情景是:"星分牛斗,疆连淮海,扬州万井提封。花发路香,莺啼人起,珠帘十里东风。"扬州的千家万户百姓,简直生活在鸟语花

《警世通言》书影

香之中。社会的安定,物产的丰盛,使得宋代扬州一度成为文化昌盛之邦。

宋代扬州城的繁盛,毁灭于金兵南下,南宋姜夔的一阕《扬州慢》写出了词人眼中的"空城"。词前有短序,尤为言简意赅,读来令人惆怅:"淳熙丙申至日,予过维扬。夜雪初霁,荠麦弥望。入其城,则四顾萧条,寒水自碧,暮色渐起,戍角悲吟。余怀怆然,感慨今昔,因自度此曲,千岩老人以为有黍离之悲也。"本来是一座"淮左名都",现在却成了"废池乔木",怎不教人伤感!

元代的扬州城,有一位名叫盛如梓的扬州人在他的《庶斋老学丛谈》里曾经加以考证:"今之扬州,秦为广陵县,汉为广陵郡。扬州治所,或在历阳,或在寿春,或在建康,广陵皆非所统。隋开皇初,方改为扬州,其城即今宝祐城,周三十六里,因吴王濞之都也。今扬州城,乃后周显德五年,于故城东南隅改筑,周二十余里。大市东南角,俞生家穿井,犹有船板。"盛如梓还说,宝祐城原系贾似道所筑,旧名堡城,后改名宝祐城。为了筑城,总共费银一千三百余万两,米九万五千余石,动用士兵三万人,花费时日六个月。

关于元代扬州的富庶,陈秀民在《扬州》诗中写道:"琼花观里花无比,明月楼头月有光。华省不时开饮宴,有司排日送官羊。银床露冷侵歌扇,罗荐风轻袭舞裳。遮莫淮南供给重,逢人犹说好维扬。"好一个"逢人犹说好维扬",让我们至今不敢小觑元代的扬州城!

扬州城的昔日繁华,成为明清文人难以挥去的追忆。明清诗人写得最多的,就是"扬州怀古"一类诗什。

明人曾棨《维扬怀古》云:"广陵城里昔繁华,炀帝行宫接紫霞。玉树歌残犹有曲,锦帆归去已无家。楼台处处迷芳草,风雨年年怨落花。最是多情汴堤柳,春来依旧带栖鸦。"清人洪升《广陵怀古》云:"孤坟何处问雷塘?犹忆东巡乐未央。廿四桥头人影乱,三千殿脚棹歌长。流萤不见飞隋苑,杜宇依然叫蜀冈。全盛江都同一梦,杨花如雪晚茫茫。"追忆扬州往昔的美人芳草、急管繁弦,仿佛成了封建晚期文人的不解情结。

其实,明清时代的扬州城也有它的胜景,尤其是城北一带,风光特别宜人。明代诗人万时华有《同诸子泛舟平山堂酌第五泉》云:"共泛轻舟绿树湾,遥从北郭问平山。"可见明代扬州的"北郭",已是人们游赏的胜地。

清代扬州城则又达到了一个鼎盛的极致。清初诗人吴绮以为,扬州城的精华确在"城北"。他在《红桥绝句》里写道:"城北风光绝点尘,垂杨个个斗腰身。

榆钱飞尽荷钱出,买断扬州十里春!"王士禛同意他的看法,在《红桥怀古》写下了歌咏扬州城最美的词句:"北郭青溪一带流,红桥风物眼中秋,绿杨城郭是扬州!"陈维崧《依园游记》具体记载了扬州城北一家园林的风景:"出扬州北郭门百余武,为依园。依园者,韩家园也。斜带红桥,俯映渌水,人家园林以百十数,依园尤胜,屡为诸名士宴游地。"

如果以为只有城北才有名胜,其实不免以偏概全。郑燮写过一篇《梅庄记》,说梅庄在扬州的"城东"。袁枚写过一篇《榆庄记》,又说榆庄在扬州的"城南"。扬州八怪之一的黄慎在《维扬竹枝词》中有这样两句诗:"人生只爱扬州住,夹岸垂杨春气熏。"显然,清代扬州的再度崛起,已经不让大唐时代"人生只合扬州死"的盛况。

晚清时代的扬州,已经日益萧条。龚自珍在《己亥六月重过扬州记》中,一方面说"扬州三十里,首尾屈折高下见,晓雨沐屋,瓦鳞鳞然,无零甃断甓","是居扬州城外西北隅,最高秀,南览江,北览淮,江淮数十州县治,无如此冶华也"。一方面又说"惟窗外船过,夜无笙琶声;即有之,声不能彻旦"。他从扬州城表面上的"承平"气象中,感受到了一种"萧疏澹荡、泠然瑟然"的衰暮气氛,寄慨良深。

二、小说戏曲:扬州城沧桑的镜子。

除了诗词、歌赋,扬州城也经常出现在小说、戏曲等文学作品之中。

唐代于邺的《扬州梦记》可能是最早写到扬州城的文言小说,其中有云:"扬州,胜地也,每重城向夕,娼楼之上,街中珠翠填咽,邈若仙境。"文中说的"重城",就是指唐代扬州的子城与罗城,可见作品取材于现实。

另一位唐人李公佐的小说《南柯太守传》里没有直接提到扬州城,但却提到了广陵郡,说淳于棼"家住广陵郡东十里,所居宅南有大古槐树一株,枝干修密,清阴数亩。淳于生日与群豪,大饮其下"。淳于棼就是在广陵郡东的古槐下,进入"大槐安国",做完他的"南柯一梦"的。

《庶斋老学丛谈》书影

宋人的笔记小说中,时常谈到扬州城的变迁和兴替。王楙《野客丛书》对扬州的治所变迁分析得最为透彻:"西汉扬州,治无定所。后汉治历阳,后治寿春,后又徙曲阿。至隋唐,方治今之广陵耳。今之广陵,自后汉至晋,皆属徐州。至东晋,侨置青、兖二州,故广陵以青、兖、徐为一镇。至宋,乃为南兖州,齐为东广州,后周为吴州,隋唐始为扬州耳。"王楙接着指出:"而文人议论,多失于不契勘,往往便谓今之广陵为古扬州之地。"这种历史概念的错误,今人仍然偶尔会犯。

沈括在《梦溪笔谈》里,对扬州城有独到的记述:"扬州在唐时最为富盛,旧城南北十五里一百一十步,东西七里三十步,可纪者有二十四桥。最西浊河茶园桥,次东大明桥,今大明寺前。入西水门有九曲桥,今建隆寺前。次东正当帅牙南门,有下马桥,又东作坊桥,桥东河转向南,有洗马桥,次南桥,见在今州城北门外。又南阿师桥,周家桥,今此处为城北门。小市桥,今存。广济桥,今存。新桥,开明桥,今存。顾家桥,通泗桥,今存。太平桥,今存。利园桥,出南水门有万岁桥,今存。青园桥,自驿桥北河流东出,有参佐桥,今开元寺前。次东水门,今有新桥,非古迹也。东出有山光桥,见在今山光寺前。又自衙门下马桥直南,有北三桥,中三桥,南三桥,号'九桥',不通船,不在二十四桥之数,皆在今州城西门之外。"这一段记载,是研究扬州城的宝贵资料。

对于扬州城的兴替,另一位宋人洪迈在《容斋随笔》里写得最为感人:"唐世盐铁转运使在扬州,尽斡利权,判官多至数十人,商贾如织。故谚称'扬一益二',谓天下之盛,扬为一而蜀次之也。……自毕师铎、孙儒之乱,荡为丘墟。杨行密复葺之,稍成壮观,又毁于显德。本朝承平百七十年,尚不能及唐之十一,今日真可酸鼻也!"想到扬州城的衰败,鼻子居然发酸,洪迈的确是爱扬州的。尽管他不是扬州人,而是江西人。

明代汤显祖在他的著名传奇《牡丹亭》中,引人注目地运用了扬州筑城的史事。剧中人说道:"边海一边江,隔不断胡尘涨。维扬新筑两城墙,酾酒临江上。请了!俺们扬州府文武官僚是也。安抚杜老大人,为因李全骚扰地方,加筑外罗城一座。今日落成开宴,杜老大人早到也。"这里说的扬州筑城一事,并不是作者的虚构,其实是明代扬州建城史的真实反映。

冯梦龙的《三言》,对扬州城的描写极多。《醒世恒言》写扬州的交通和商业是:"那扬州,隋时谓之江都,是江淮要冲、南北襟喉之地,往来樯橹如麻。岸上居民稠密,做买做卖的,挨挤不开,真好个繁华去处。"《警世通言》反映了徽商在扬州的活动:"在下姓陈,祖贯徽州,今在扬州闸上开个粮食铺子。"《喻世明言》提到了扬州的开明桥和桥畔的生药铺:"教往扬州开明桥下,寻开生药铺申公,凭此为照,取钱十万贯。"虽然是小说家言,却是历史的折射。

清初孔尚任在《桃花扇》里,写史可法在扬州城破之际,不得不突围出城。在史可法的唱词里,提到了扬州的"北城"、"南城":"俺史可法率三千弟子,死守扬州,那知力尽粮绝,外援不至。北兵今夜攻破北城,俺已拼命自尽,忽然想起明朝三百年社稷,只靠俺一身撑持,岂可效无益之死,舍孤立之君。故此缒下南城,直奔仪真。"这也是历史的真实反映。

清代中叶的几部伟大小说,几乎无一不提到扬州城。

曹雪芹的《红楼梦》里,有两个回目直接提到"扬州城",一是《贾夫人仙逝扬州城》,二是《林如海捐馆扬州城》(脂本)。其中写到扬州城外的风光是:"雨村闲居无聊,每当风日晴和,饭后便出来闲步。这一日偶至郊外,意欲赏鉴那村野风光,信步至一山环水漩、茂林修竹之处,隐隐有座庙宇,门巷倾颓,墙垣剥落,有额题曰'智通寺'。"据考证,智通寺就是城北的禅智寺。

吴敬梓的《儒林外史》,则写到清代扬州有新城、旧城之分:"我要到旧城里木兰院一个师兄家走走,牛相公,你在家里坐着吧。"书中还提到扬州城里的许多地名,如河下、钞关、盐运司、兴教寺、缺口门、武城巷等,这些地方至今有迹可寻。

沈复的自传体小说《浮生六记》,是一部篇幅不大但是影响不小的文学作品。作者因为流寓扬州,对扬州城颇为熟悉,所以在书中极力称赞扬州城郭之美:"平山堂离城约三四里,行其途有八九里。虽全是人工,而奇思幻想,点缀天然,即阆苑瑶池、琼楼玉宇,谅不过此。其妙处,在十馀家之园亭合而为一,联络至山,气势俱贯。其最难位置处,出城八景,有一里许紧沿城郭。"沈复感慨说,一般的城郭只有远远地掩映于重山之中才能够入画,哪有紧紧挨着城郭建造园林的呢?可是扬州的园林正是倚城而建,"此非胸有丘壑者断难下手"。

吴趼人的《二十年目睹之怪现状》,是清末四大谴责小说之一。在这部书中,写到了晚清扬州城的微妙变化。一方面,书中写扬州城的有名无实:"到了次日,便叫船仍向上海,耽搁一天,又到镇江稽查了两天帐目,才雇了船渡江到扬州去。入到了江都县衙门,自然又是一番景象……最好笑的,是相传扬州的二十四桥,一向我只当是个名胜地方。谁知到了此地问时,那二十四桥竟是一条街名。被古人欺了十多年,到此方才明白。"另一方面,书中又写扬州城的繁华馀韵:"原来扬州地方,花园最多,都是那些盐商盖造的。上半天任人游玩,到了下午,园主人就来园里请客或做戏不等。这天述农同了我去逛容园。据说这容园是一个姓张的产业,扬州花园算这一所最好。除了各处楼台亭阁之外,单是厅堂,就有了三十八处,却又处处的装潢不同。游罢了回来,我问起述农,说这容园的繁华也可以算绝顶了。久闻扬州的盐商阔绰,今日到了此地,方才知道是名不虚传。"容园是一座真实存在过的扬州名园,地址就在今广陵路流芳巷内,可惜如今已经不存了。

应该说,小说、戏曲中的扬州城,正是历史上扬州城的影子。

三、域外游记:扬州城盛衰的见证。

扬州城有着对外开放的光荣传统,它在外国人的笔下有着丰富的记载。

在外国人的著作中,最早记载扬州城情况的,是日本和尚真人元开的《唐大和上东征传》。他在书中虽然没有说到扬州城的详情,但是也透露了不少信息。如书中提到扬州的大云寺、大明寺、崇福寺、既济寺、龙兴寺、延光寺、白塔寺、兴云寺,提到扬州的新河也即瓜洲运河,还提到"有百海贼入城来"等等。

稍后,另一个日本僧人圆仁写过一部《入唐求法巡礼行记》,与玄奘《大唐西域记》、马可·波罗《东方见闻录》并称"东方三大旅行记"。圆仁在书中详细记录他在扬州的旅程、见闻,以及他所知道的扬州城:"自桥西行三里,有扬州府。大使为通国政,差押官等遣府迟来,申时发去。江中充满大舫船、积芦舡、小船等不可胜计。申毕,行东郭水门。酉时,到城北江停留。"由此可见唐代扬州水上交通的繁忙,和当时"水门"的设置。书中又说:"扬州节度使领七州:扬州、楚州、庐州、寿州、滁州、和州、(舒州)也。扬州有七县:江阳县、天长县、六合县、高邮县、海陵县、扬子县、(江都县)也。今此开元寺,江阳县管内也。扬府南北十一里,东西十里。"也为我们提供了一个外国人眼中的扬州城规模的资料。

来自朝鲜半岛的崔致远,在扬州做过官,他在《桂苑笔耕集》中多处记述扬州的风物与交游。在《酬杨赡秀才送别》诗中,他把扬州称为"芜城":"暂别芜城当叶落,远寻蓬岛趁花开。"在《求化修大云寺疏》中,他提到扬州大云寺的地点是"与城东禅智寺双肩对耸,两耳齐张,夹炀帝之遗宫,拥淮王之仙宅"。因为大云寺是鉴真出家之地,寺在何处,久已无考,崔致远的这一记载为我们寻觅大云寺的遗址指出了重要的方位。

　　元代来中国的意大利旅行家马可·波罗,在他著名的《东方见闻录》也即《马可波罗游记》里,这样写到扬州:"从泰州发足,向东南骑行一日,终抵扬州。城甚广大,所属二十七城,皆良城也。此扬州城颇强大,大汗十二男爵之一人驻此城中,盖此城曾被选为十二行省之一也。应为君等言者,本书所言之马可·波罗阁下,曾奉大汗命,在此城治理亘三年。"扬州城在泰州的西南而不是东南,这是书中的疏忽之处。但是,马可·波罗关于扬州城的记载,仍然有其特殊的意义。特别是,据他说自己曾经做过扬州城三年总管,尽管学术界对此尚有争议,但却是饶有兴味的话题。

　　元代来华的欧洲旅行家,除了马可·波罗,还有一位同样来自意大利的鄂多立克,他是在马可·波罗离开中国三四十年后经过扬州的。有关他的情况,后人知道得很少,但是他也留下了一本游记,叫《东游录》。在这本书里,他也谈到了扬州城:"当我在这条塔剌伊河上旅行时,我经过很多城镇,并且来到一个叫做扬州的城市,我们低级僧侣在那里有所房屋。这里也是聂思脱里派的教堂。这是座雄壮的城市,有实足的四十八到五十八土绵的火户,每土绵为一万。此城内有基督徒赖以生活的各种大量物品。城守仅从盐一项上就获得五百土绵巴里失的岁入;而一个巴里失值一个半佛洛林,这样,一土绵可换五万佛洛林。"此外,他还谈到了扬州人的热情好客,和扬州城里停泊的大量船舶。

　　明代来华传教的意大利人利玛窦,曾经沿着运河旅游中国南北。他后来著成一部有名的《中国札记》,可惜在书中只提到扬州一笔:"这次旅行沿途经过的主要地点是:南京省的扬州,纬度32度……"也许他乘坐的船,沿着大运河一直航行,没有在扬州城下停泊。

　　明代万历年间来华传教的葡萄牙人奥伐罗·塞默多,汉名曾德昭,著有《大中国志》一书。关于扬州城的描述,他可谓独具只眼:"小孩生得较匀称,比大人看来有更讨人喜欢的匀称美,南方省分尤其如此。而有的地方在这方面特别有优势,如在南京省扬州城,当地的女人被认为比其他地方的女人更美,犹如过去在葡萄牙,吉马朗城的女人,富人和达官都从那里娶妻妾,天赋资色总因此受到世上大人物的珍视。"

在明清之交,有一位意大利传教士马丁诺·马蒂尼来到中国,先后流寓江南各地。他目击了明清之间的战争,并对扬州城的英勇抵抗表示钦佩。他的《鞑靼战纪》如实记载了他在中国的见闻,书中写到扬州城对于清军的悲壮的保卫战:"他们(清军)的攻势像闪电一样,用不了多久就占领它,除非那是一座武装防卫的城市。这些地方中有一座城市英勇地抗拒了鞑靼的反复进攻,那就是扬州城。一个鞑靼王子死于这座城下,一个较史阁老的忠诚的内阁大臣守卫扬州,他虽然有强大的守卫部队,最后还是失败了。"马丁诺·马蒂尼是第一个把"扬州十日"惨案告诉世界的外国人,值得我们怀念。

清初康熙年间,罗马尼亚人尼古拉·斯帕塔鲁·米列斯库作为俄国使节来华,后来写了一本《中国漫记》。在这本书里,他指出扬州城的兴亡得益于盐:"本省第七大城名扬州府。顺大江而上,可以望见一个大洲,从这里有一条大运河直通这座美丽的城市。所以,这座府城是一个重要口岸,可为皇帝征得可观的税收。不过,这个府城的主要财源还在于制盐,这里的居民用海水熬盐,方法和欧洲相同。居民靠这个行业发了财,建造了大批豪华的房屋。"康熙盛世的扬州城,在尼古拉·斯帕塔鲁·米列斯库笔下得到了客观的描绘。

民国初年,日本人宇野哲人写过一本《中国文明记》,其中对扬州城的衰败感到叹息:"扬州,在汉曰江都,曰广陵,隋称扬州,在淮左。抑压金陵,为东南之重镇……直至最近,扬州因为运河之冲,船舶辐辏,为货物之一大集散之地,繁荣之极。而太平天国后,中心转移苏州,扬州遂一蹶不振。"他叹息说,昔日著名的"扬州鹤",不料如今居然飞到苏州了;杜牧的狂名,而今还有后来者吗?他认为扬州城的真正的破落,是在太平天国之后,从此以后中国东南的经济中心就南移了。

差不多同一时期,日本人青木正儿也造访扬州城,并留下了一篇叫做《扬州梦华》的游记。他在扬州寻找康乾时代的繁华,但是现实处处让他失望。他最向往的地方,是清代中叶扬州盐商马氏的小玲珑山馆,但是他好不容易找到那里却什么也没有。他说:"小玲珑山馆在靠近扬州新城东北隅、从东关街进去的巷子深处,已成空地,徒留一段荣华之梦。为我引路的古董店主指着地面一块凹处说:'那是园子的正身玲珑石的遗迹。'我不觉一股悲凉袭上心头……"

天下兴,则扬州兴;天下衰,则扬州衰。扬州城,就是中国历史的一扇窗口,一个缩影,一座风向标,一支晴雨表。

重勘旧园亭

1961年前后,陈从周带领同济大学建筑系师生来扬,调查扬州风景名胜,测绘扬州园林民居。嗣后编著《扬州园林》一书公开出版,成为记录、研究、宣传扬州园林的最权威、最畅销、最精美的著作。

半个世纪过去了,《扬州园林》记录的那些园林怎样了呢?

令人欣慰的是,陈从周踏访过的园林大部分依然美丽,但也有小部分容颜已改。这些面目已非的园林,让人忆起陆游的诗句:"城上斜阳画角哀,沈园非复旧池台。伤心桥下春波绿,曾是惊鸿照影来。"

一是萃园:旧景不复见。

在陈从周的《扬州园林》中,用了长廊、花墙、水池等照片来表现萃园的古朴之美。以这些写实的照片来对照今天的萃园,顿生"沈园非复旧池台"之感。如第一幅照片是原来萃园中的走廊,在树丛中蜿蜒伸展向前方,今此景已经消失。又如第三幅照片是当年萃园的青砖墙,墙上有一方方花窗,今也不见踪影。

萃园早年是佛庵,清末筑歌楼,民国初由盐商集资兴建园林,取名萃园。王振世《扬州览胜录》云:

> 萃园在旧城七八巷间。园门面南,"萃园"二字额,方转运硕辅题。园基为潮音庵故址。清宣统末年,丹徒包黎先筑大同歌楼于此。未几,毁于火。民国七八年间(1918—1919),醝商醵资改建是园。四周竹树纷披,饶有城市山林之致。园之中部,仿北郊五亭桥式,筑有草亭五座,为宴游之所。当时裙屐琴樽,几无虚日。十年(1921)间,日本高洲太助主两淮稽核所事,借寓园中,由此园门常关,游踪罕至。至高洲回国后,园渐荒废矣。今仅有园丁看守。

今天的萃园,实际上是将原来西边的息园并入后形成的,大门已从南向改成北向。加上若干年前,萃园曾被拆毁,今日所见实乃后来新建,不过沿用"萃园"旧名而已。因此,除了一些山石而外,今天的萃园在很大程度上并非历史上的萃园,也不是陈从周看到的萃园。

萃园在文昌中路,大门上有"萃园"二字匾额,擘窠隶书,凝重古朴,乃已故

今日萃园

书法家魏之祯先生所题。下署"甲子秋日",可见是1984年新书。从大门进入,往东拐,有路通向一个幽静的小院。院门上有石额,书"逸池"二字,字体在行隶之间,仍是魏先生手笔。院中有一方水池,池边为人之居所。但这还不是萃园的主体。萃园的主体,在小院之南。

出小院,南面有土阜如山,山形隆起,遍植草木,即使是冬日也郁郁葱葱。山上有草如韭,细长、深绿而繁茂,像美人的青丝,或许就是陈从周所谓"书带草"吧!山下有人工小溪,蜿蜒环绕,虽然是止水,但有此碧波,园中便有了生气。水边随处是山石,或俯或立,或仰或卧。溪上架小桥,以汉白玉石料琢成,雕工精致,造型秀丽。过了小桥,有曲径直通山顶。山顶有亭一座,翼然欲飞。人在亭中,全园风景一目了然。从小山的另一面下来,路旁也时有假山。有一座假山,貌似小屋,上镌"杏坞"二字。这些景色都是《扬州园林》中未见的。

二是馀园:形似神已非。

陈从周先生所谓馀园,扬州人今称刘庄。在《扬州园林》中,馀园与个园、何园、小盘谷等一起被列为"目前扬州城区保存得比较完整的园林"。

刘庄在广陵路上,坐北朝南,与贾氏二分明月楼隔路相望。之所以称它馀园,因为园中有一块石匾上刻着"馀园半亩"四字。其实,这样称呼它是不妥的,馀园从来不是它的正式名字。它的名字,据说在清代光绪年间初建时叫"陇西后圃"。为什么叫这个名字?揣想它原来的主人是甘肃人,或者至少是与甘肃有关的人。陇西是古郡名,秦代所置,至隋方废,它的地域在甘肃东南一带。主人如与甘肃无关,为何取名"陇西后圃"呢?

陈从周对于刘庄的记载不多,但言简意赅。要而言之,他提到的有这样几点:馀园中有白皮松二株;园林主体位于住宅之后;东院的假山是整个馀园的精华。

根据陈从周先生的记载,重访今天的刘庄,这三点均发生了重大的变化。

第一是原先的白皮松二株,现在死了一株,只剩下一株。

第二是"馀园半亩"石额的朝向,根据陈从周书中所摄照片,石额原来朝西,现在变为朝东。本来在园中可见"馀园半亩"四字,作为审美的有机成分,现在石额朝东之后,仿佛"馀园半亩"成了园子的名字。

第三是火巷东边的假山体积明显增大。根据陈从周的观点:"东院有楼,北向筑,其下凿池叠山,而湖石壁岩,尤为这园的精华。"然而近些年来经过多次翻修后,被陈从周称为"精华"的湖石壁岩已经面目全非。倘若陈从周重来,一定会脱口而出"沈园非复旧池台"了。

沿着火巷继续向北走,左侧还有个院子,里面的假山一看便知是新垒的。据介绍,翻修时曾从地下挖出许多石头,又新买了些石头,就堆成了这些假山。那些假山的样子像是放大了的盆景,然后把它们栽在地上。墙上原来嵌着许多碑刻,因为是浅刻,又经过不恰当的磨洗,字迹已经不易辨认。

刘庄的好处是大体结构基本保存,只是触目皆是瓷砖、油漆和铝合金窗,旧貌换了新颜。走进如今刘庄的火巷,再也没有从前穿行时感受到的那种朴实、幽暗和潮湿。这是一条现代、明亮而干燥的通道,到处是办公室的招牌,穿制服的人群,以及电脑、表格、打字员和高声接电话的公务人员。

三是棣园:名迹今何在。

南河下原来是会馆集中的地方,但现在比较可看的,也就是湖南会馆了,而湖南会馆比较可看的,也就是它的门楼罢了。而在清代,湖南会馆中的棣园曾是扬城园林之冠,两江总督曾国藩曾经驻节于此,并在会馆中观剧。

陈从周来访时,棣园风华正茂的姿容已经消褪。但是,我们依然可以从《扬州园林》一书中看到陈从周亲自拍摄的那些珍贵的旧影:石额、戏厅、亭子、立峰、戏台、假山……处处可见一座清代名园的芳华。可是我们今天手捧《扬州园林》去寻找陈从周拍摄的那些镜头,不免感到失望。

最确凿的一件事是,棣园中为曾国藩演过戏的那座古戏台已经拆掉,时间在"文革"前后。当初拆毁时,有关方面曾经表示有机会要在其他地方重建,因而将拆下的构件一一编号,存放于史公祠。但是年长日久,此事再无人过问,棣园古戏台的那些构件早已不知所踪。

关于棣园,清人梁章钜《浪迹丛谈》云:

扬城中园林之美甲于南中,近多芜废,惟南河下包氏棣园为最完好。国初属陈氏,号小方壶,继归黄中翰,为驻春园,最后归洪钤庵殿撰,名小盘洲,今属包氏,改称棣园。

近人王振世《扬州览胜录》云:

棣园在南河下湖南会馆内。扬城园林,清初为极盛时代,嘉道以后,渐渐荒芜,惟棣园最古,建造最精,至今完好如故。……光绪初,湘省醢商购为湖南会馆,湘乡曾文正公督两江时,阅兵扬州,驻节园内。园西故有歌台。一日,醢商开樽演剧,为文正寿,台中悬有一联曰:"后舞前歌,此邦三至;出将入相,当代一人。"文正阅竟,掀髯一笑,盖江阴何太史莲舫手笔也,至今传为佳话。

这些佳话,如今只能从故纸中觅得了。

四是小盘谷:脂粉太鲜妍。

扬州丁家湾大树巷内有一座别致的园林。园内假山石径盘旋,溪谷幽深,故而得名小盘谷。

陈从周对扬州的小盘谷钟爱有加,说:"此园假山为扬州诸园中的上选作品。"他还说,小盘谷的"山石水池与建筑物皆集中处理,对比明显,用地紧凑。以建筑物与山石,山石与粉墙,山石与水池,前院与后园,幽深与开朗,高峻与低平等对比手法,形成一时难分的幻境"。

陈从周最欣赏的是小盘谷的素面朝天,也即"廊屋皆不髹饰,以木材的本色出之"。然而就是这一点"本色",后来却彻底改变了。多年之后,陈从周曾经写过一篇文章,对于小盘谷中廊柱施以浓墨重彩的做法深表遗憾。而现在的小盘谷,不但园林部分修缮一新,住宅部分改动更大,譬如一个大家闺秀忽然变得脂粉狼藉。

深藏在古城大树巷的小盘谷,很多人听说过它的名字,却难得见它的芳容。走进小盘谷,只见月洞形的园门上嵌着隶书"小盘谷"石额。园门前以火巷将住宅与园隔开,园内以花墙隔为东西两个庭院。西院右首叠湖石假山一座,左首建曲尺形楠木花厅三间,以卷棚游廊连接水阁凉亭,厅后辟一方清池。越三座石桥,即入幽洞。洞在假山腹部,多孔穴,上可透入天光,旁可观赏园景。山顶有风亭,可俯瞰全园景色。东院粉墙开桃形门,题额曰"丛翠"。院中有鱼池、花厅、竹树、石笋等。小盘谷占地虽小,但布局精巧,集中紧凑,因地制宜,随形造景。园中山水、建筑和道路安排，无不别具匠心，达到了江南园林以少胜多、小中见大的艺术效果。整个园林清幽恬静，别有洞天——这就是周馥所建的扬州家园。

小盘谷建于清光绪三十年(1904)，它最早的主人是两江总督周馥。周馥老家在安徽，是个读书人，但是读书没有给他带来温饱，他走上仕途完全出于偶然。他早年在安庆摆测字摊时，偶尔为一个做伙夫的同乡记记账，这位同乡是为李鸿章烧饭的。一天，李鸿章偶翻账簿，发现字写得很好，于是就请周馥来做幕僚。因为李鸿章的重用，这位街头测字先生居然一跃而上政坛，治水利、修铁路、办学堂，从候补知县做到了封疆大吏。

从周馥一生的经历来看，他是一个精明而务实的人。周家后来以兴办实业出名，这和周馥的精明意识及务实作风是密切相关的。现在的小盘谷如此奢华，显然离历史真实太远。

五是江西会馆：唯剩旧门墙。

手持《扬州园林》按图索骥，最令人惊愕的是南河下江西会馆的巨大变化。在《扬州园林》中，有一幅江西会馆花园一角的照片，上面用太湖石堆砌的假山高大而雄伟，不下于个园的夏山和何园的片石。

如今再到江西会馆遗址，除了些许快要坍塌的老墙之外，再也找不到其他东西了。但在《扬州览胜录》里，有对江西会馆当年盛况的描述：

江西会馆，在南河下，赣省醝商建，大门中、东、西共有三。东偏大门上石刻"云蒸"二字，西偏大门上石刻"霞蔚"二字，为仪征吴让之先生书。首进为戏台，中进大厅三楹，规模宏大，屋宇华丽，每岁春初，张灯作乐，任人游览。

当年的江西会馆以古人所绘二十四幅"水篆"最为出名，今亦不知所之。

光绪十二年(1886)出版的《点石斋画报》绘有一图，系扬州江西会馆新闻。图题为《看戏无益》，记述了当年江西会馆的风情。"扬州南河下江西会馆连日演戏，馆主素性豪迈，纵人游观，故两廊小台上无虚座，无隙地。近处小家妇女不知自爱，往往涂朱抹粉，联袂同游。而戏散言归，每致堕履遗簪，懊恼欲死。一日，有某姓女，亦为恶少所围，衣裳颠倒，鬟髻蓬松。正在危急之间，忽一少年倾陷溲溺桶中，醍醐灌顶，遗臭不堪，突门而出，人亦避之。此女亦乘势而溃围，然而险矣！"

今日二分明月楼

看看《扬州园林》中的照片和《点石斋画报》中的绘图,再看看现实中的江西会馆遗址,不禁有沧海桑田之叹。

六是二分明月楼:写意变流泉。

二分明月楼在广陵路南侧狭巷内,《扬州园林》十分推崇它的"旱园水做"。陈从周写道:"有'旱园水做'的办法,如广陵路清道光间建的员姓二分明月楼(钱泳题额),将园的地面压低,其中四面厅则筑于较高的黄石基上,望之宛如置于岛上,园虽无水,而水自在意中。"陈从周还说,嘉定的秋霞圃也有此意图,但是未及扬州园林明显。他认为,聪明的匠师在自然条件较为苛刻的情况下,以中国艺术中"意到笔不到"的表现方法筑园是可贵的。

从未到过二分明月楼的人,第一次去不容易找到它。它的门极小,开在热闹的广陵路上。从小门进去,经过一段窄巷才到园子里。现在园子的布局,大抵是中间为山水,四周为楼廊。具体地说,园北是一座开间很阔的两层楼,也即所谓二分明月楼。"二分明月楼"的匾额,原是清人钱泳所书,现已易为新匾,隶书"二分明月楼"五字不知是否用的钱泳字体。钱泳者,清代著名笔记《履园丛话》的作者,他在书中多记扬州园林逸事,对扬州掌故了解甚多。现在楼上辟为茶馆,楼下两旁抱柱悬有楹联云:"春风阆苑三千客;明月扬州第一楼。"这是用的现成的典故。据说元代扬州有富室赵氏,建过一座明月楼以宴宾客,一时题咏甚多,但是主人都不满意。恰好这时赵子昂经过扬州,主人邀他做客,赵子昂便挥笔题了此联。主人一见大喜,好好款待了赵子昂一顿。这副对联既言扬州,又言明月,用在二分明月楼中,十分雅切。

二分明月楼建于道光年间,原系员氏家园。现在园中仍存一白石井栏,上面镌刻着"道光七年(1827)杏月员置"字样,当是员氏旧物。光绪年间,此园属盐商贾颂平。二分明月楼的特色是陈从周所谓"旱园水做",即园中虽然无水而含有水意。现今园中开凿了一个大水池,"旱园水做"的特点不复存在,变成了

"水园水做"。

二分明月楼给人留下最深印象的是,月亮的造型几乎无处不在。那月亮不是满月,而是弯弯的。月亮形的桥,月亮形的门,月亮形的窗,连对联、匾额都处处关联到月亮。这种浅显的图解与陈从周看到的二分明月楼已经迥然不同了。

陈从周的《扬州园林》也是为扬州园林"立此存照"。扬州园林是不可再生的文化遗产,我们不但要保护它的亭台楼阁,同时要延续它原有的风韵神采。

二十四景存废考(上)

作为园林名城的扬州,在历史上曾有过"二十四景"的美誉,在今人的文章中,也还时常提到"二十四景"的芳名。但是"二十四景"是怎么来的?究竟有哪"二十四景"?"二十四景"的历史和现状又如何?往往语焉不详。

鲁迅先生在《再论雷峰塔的倒掉》中说过,中国许多人大抵患有一种"十景病",至少是"八景病",最严重的时候大概在清朝。"凡看一部县志,这一县往往有十景或八景。推而广之,点心有十样锦,菜有十碗,音乐有十番,阎罗有十殿,药有十全大补。"鲁迅认为,这是国人传统思维的表现。但扬州的"二十四景"与鲁迅所批评的"十景"有所不同,因为"二十四景"并不是扬州人故意同时推出的。实际上,是先有了二十景,然后陆续增添了四景,经过好事者的推波助澜,才形成了所谓"二十四景"。

据李斗《扬州画舫录》记载,"二十四景"的形成与两淮盐运使卢雅雨有直接的关系。卢氏在扬州做官时,"筑苏亭于使署,日与诗人相酬咏,一时文宴,盛于江南"。到了乾隆三十年(1765),也即乾隆乙酉年,"扬州北郊建卷石洞天、西园曲水、虹桥揽胜、冶春诗社、长堤春柳、荷蒲熏风、碧玉交流、四桥烟雨、春台明月、白塔晴云、三过留踪、蜀冈晚照、万松叠翠、花屿双泉、双峰云栈、山亭野眺、临水红霞、绿稻香来、竹楼小市、平岗艳雪二十景"。李斗接着说,"乙酉后,湖上复增绿杨城郭、香海慈云、梅岭春深、水云胜概四景"。可见"二十四景"并非形成于一时。即便到了二十四景全部建成之时,扬州人还是没有把以上的风景合称为"二十四景"。

"二十四景"名称的出现,其实是非常偶然的,它源于扬州盐运使卢雅雨举行的文宴上的酒令游戏。在卢雅雨的文宴上,有好事者为了助酒兴,行酒令,设计出一种特制的牙牌,总共二十四枚,一枚牙牌上画一种风景,人称"牙牌二十四景"。"牙牌"是专行酒令之具,用象牙磨成薄片。"牙牌二十四景"除了在每枚牙牌上绘制一景之外,主要是注明罚酒的规则,如罚一杯、罚两杯甚至罚连饮三杯之类。牙牌平时插在签筒里,行令时由客人任意抽取,抽到者必须依照牙牌上注明的要求,或者吟诗,或者对句,或者罚酒,以此取乐。所以,最初出现的是"牙牌二十四景",而不是"北郊二十四景"。

但是"牙牌二十四景"很快流行开来,并且约定俗成、牵强附会地成为扬州北郊风景名胜的合称。实际上在"牙牌二十四景"之外,北郊还有许多同样有名的景致,著名的如邗上农桑、杏花村社、城闉清梵、筱园华瑞、石壁流淙、玲珑花界等,它们都是扬州北郊的风景名胜,但却不在"二十四景"的名单之中。这也可见,"二十四景"的得名是有几分随意性的。

从《扬州画舫录》成书的乾隆六十年(1795)至今,已经过去了两百多年。在这两百多年中,扬州经历了盐务衰落、河运改道、太平天国、辛亥革命、军阀混战、日寇沦陷等剧变,"二十四景"的情况也是各有沉浮,一言难尽。它们有的历经沧桑,风采依旧;有的几度夕阳,没于蒿莱;有的埋没多年,一朝惊艳;有的时过境迁,物是人非。掐指数来,当年的"二十四景"如今大约存亡各半。幸存或者重建者约有十二景,而仅存于文献之中的也约有十二景。

我们假如从扬州城里出发,先后可以寻觅到"二十四景"中的如下景致。

过了新北门桥,左手便见一座古式门楼,上悬"卷石洞天"匾额。"卷石洞天"一作"拳石洞天","卷""拳"义通。拳石就是园林中的假山。白居易《过骆山人野居小池》诗云:"拳石苔苍翠,尺波烟杳眇。"该园以叠石取胜,人行其间,别有洞天,故名"拳石洞天"。在清代之前,这里为古郧园的所在,以怪石老木取胜。清中叶时归徽商盐商洪氏所有,称为洪园。洪氏利用此处临河的地势,采用大量太湖石叠为九狮形状,置于水中,故旧时称扬州城外的假山,以洪园为第一。游人盘桓其中,必须踏石而行,不是攀爬蹬道,便是潜行深谷。《平山堂图志》说,园中有夕阳红半楼,楼西有石桥,桥边"有巨石兀峙,镌'卷石洞天'四字于上"。因而,"卷石洞天"就成了二十四景之一。

在"卷石洞天"的西边,是"西园曲水",今大门朝北。这里旧时是西园茶肆所在,又曾是张氏故园,到了清代中叶为黄氏、江氏、鲍氏所得。因园中建有"曲水流觞"之景,仿效王羲之故事,故名"西园曲水"。"西园"源于茶肆,"曲水"乃指流觞。民国时,这里先后为金氏、丁氏所得。《扬州览胜录》说,"按'西园曲水'四字,金氏筑园时本为园外门首石额",可见"西园曲水"早就当作园名。今园中有长廊,高下起伏,随势造型;有石舫,卧于水中,风来生凉。

"西园曲水"的西边,是著名的虹桥,也即二十四景中的"虹桥揽胜"。虹桥始建于明末,当时为红栏板桥,故称红桥。乾隆年间,板桥改为石桥,又于桥上修桥亭,因形似长虹卧波,故又名虹桥。作为景点,这里又称"柳湖春泛"。作为园林,这里叫倚虹园,是洪氏的别墅。其实早在元代,这里已是园林,相传为崔伯亨家园林旧址。《南巡盛典》说:"倚虹园,元崔伯亨园址,其地为虹桥修禊之所。"现在的虹桥已经改建三孔石拱桥。自清初以来,因为王士祯、孔尚任、卢见曾、曾宾谷诸人先后在此举行诗会,名传海内,所以"虹桥修禊"艳称于后世,直至今天。

过了虹桥,转向右行,是今瘦西湖的大门。入门北行,可见一条大道蜿蜒向前,左面是花树葱茏,右面是碧波荡漾,水边有桃柳相间。每到春日,行于堤上,只见飞絮氤氲,落英缤纷。这就是"长堤春柳"。长堤原是官宦黄氏的别业,乾隆间为士绅吴氏所有。堤原从虹桥一直通向司徒庙,至晚清时渐废,民国初恢复了自虹桥至徐园的一段,以至于今。《广陵名胜全图》描绘这里的景色说:"长堤春柳,由虹桥而北,沙岸如绳。遥看拂天高柳,列若排衙。弱絮飞时,娇莺恰恰,尤足供人清听。按旧称广陵城北至平山堂,有十里荷香之胜,景物不减西泠。后以河道葑淤,游人颇少。比年商人竞治园圃,疏涤水泉,增置景物其间。茶寮酒肆,红阁青帘,脆管繁弦,行云流水。于是佳辰良夜,箯舆果马,帘舫灯船,复见游观之盛。"但这般繁盛的情景,今天已不复见。

站在长堤上东眺,可见湖中莲叶田田,这是旧时所称的"荷蒲薰风",也是二十四景之一。该景本属乾隆间的商总江

西园曲水

长堤春柳

春,故名江园,后乾隆赐名净香园。园内本有清华堂、怡性堂、青琅玕馆、翠玲珑阁诸构。《平山堂图志》说,园中有一座天光云影楼,"楼后朱藤延蔓,如霄莆锦;楼西波光潋滟,芙蕖满湖,是为'荷蒲熏风'"。民国初年,在此间建熊园,以纪念辛亥烈士熊成基。今湖中广种荷花,每当夏日,香风扑面,可以领略当年"荷蒲熏风"之胜概。

走到"长堤春柳"的尽头,穿过了徐园,便是小金山。这座人工堆积的山上曾经遍植梅花,故名"梅岭春深"。小金山一名长春岭,当春梅竞放之际,满山飘香,使人流连忘返,那时可以体味"梅岭春深"的含义。《扬州览胜录》说:"长春岭,俗名小金山,在瘦西湖中,四面环水。岭下题其景曰'梅岭春深',旧为北郊二十四景之一。"小金山现有风亭、月观、琴室、吹台等名胜。关于小金山的来历说法有二,一是疏浚河床的淤泥堆积而成,二是蜀冈中峰的余脉延伸至此,看来应以前说为是。

小金山之西有一个玉佛洞,洞上有一座极小的观音殿。香火盛时,烟云缭绕,宛如天上慈云,故名"香海慈云"。在清代,这里也属于江氏所有,是江园的一部分。关于当时"香海慈云"的风光,《平山堂图志》曾描写说,江春家的净香园中原有一座海云龛,供奉观音大士像,清帝南巡时来此,曾赏赐来自西域的名香。当时"龛在水中,四面白莲花围绕,龛前跨水建坊,颜其桓曰'香海慈云'"。又据《扬州画舫录》说,在江园中,"春波桥跨园中夹河,桥西为'荷蒲熏风',桥东为'香海慈云'"。据记载,当年的"荷蒲熏风"牌坊立于河的东岸,那里有水荡,通水而不通舟。荡中建有圆形房屋,正对水门,左边有板桥,通往来薰堂。来薰堂的上面建有小阁,就是海云龛。里面供奉的观音,坐在莲花座上。莲花座下有机关,一触机关,莲花就旋转如飞。金棕亭有诗"慈云一片香海中",谓此。显然,今天的小金山上的"香海慈云"不过是沿袭旧名而已,并不在原址。

在小金山之东,隔湖眺望,有崇楼一座,名四桥烟雨楼。这里在清代为黄氏别业,故称黄园。后来亦名趣园,为乾隆所赐。楼临湖水,拾级而上,极目远眺,可见虹桥、长春桥、春波桥、莲花桥,故名"四桥烟雨"。《扬州画舫录》说:"'四桥烟雨',园之总名也。四桥,虹桥、长春桥、春波桥、莲花桥也。"今人也常将小虹桥、玉版桥列在四桥之中。《江南园林胜景》曾说:"虹桥、春波桥在其南,长春桥在其北,莲花桥在其西,是为'四桥烟雨'。"

离开小金山,沿湖西行,南望蓝天白云下有白色喇嘛塔一座,此景名为"白塔晴云"。白塔建于清乾隆间,因为它模仿北京北海的喇嘛塔而建,所以又叫"小喇嘛塔"。在乾隆皇帝下江南的时候,白塔已经是湖中一景,称为"白塔晴云"。但"白塔晴云"一景,容易望文生义,引起误解,以为就是指的白塔。其实,《扬州画舫录》说得再明白不过:"'白塔晴云'在莲花桥北岸,岸漘外拓,与浅水平。水中多巨石,如兽蹲踞,水落石出,高下成阶。上有奇峰壁立,峰石平处刻'白塔晴云'四字。"可见,白塔是在五亭桥南岸,而"白塔晴云"乃是在五亭桥北岸的一景。"白塔晴云"的意思是说游人在北岸,可以观赏到南岸高耸的白塔和流动的晴云。看塔的地方,必须离塔有一段距离,才能领略塔的雄姿。因此"白塔晴云"并不在塔下。此处今有曲廊、半亭等景点。

继续西行,便到熙春台,这里旧称"春台明月",或者"春台祝寿",乃乾隆间盐商汪氏始建。在最初的二十景中,熙春台曾被列为第一。古人诗云:"二十景中谁最胜?熙春台上月初圆。"可证。想象之中,月华如水,清晖普照,熙春台之美,应如仙境。今天的熙春台虽是复建,但在重现历史景观方面,做得十分成功。两百年前,这里确实有一座气魄宏伟的建筑,叫熙春台。《平山堂图志》描写当年的熙春台,"台高数丈,飞甍丹槛,上出云表,台下琢白石为栏,列置湖石,执诸卉果",气势异常雄伟。熙春台在地理位置上恰好与莲花桥相对,用白石砌成台阶,又以矾石雕成栏杆,中间是一片露天平台。旧时的熙春台大约是三层楼阁。第一层有"熙春台"三字匾额挂在正门上,第二层悬挂的是"小李将军画本"六字匾额,第三层叫什么不详。现在重建的熙春台与历史上的熙春台基本相符,只是把"小李将军画本"移到了对岸。为什么叫作熙春台?据说这和扬州盐商为清朝皇帝祝寿有关。当时盐商在瘦西湖上建"春台祝寿"景区,是为了表示对皇上的敬意。关于春台祝寿和熙春台,《扬州画舫录》描写道:"春台祝寿在莲花桥南岸,汪氏所建。由法海桥内河出口,筑扇面厅,前檐如唇,后檐如齿,两旁如八字。其中虚棂,如折叠聚头扇。厅内屏风窗牖,又各自成其扇面。最佳者,夜间燃灯厅上,掩映水中,如一碗扇面灯。"是很美的。接着又说:"熙春台在新河曲处,与莲花桥相对,白石为砌,围以石栏,中为露台。……一片金碧,照耀水中,如昆仑山五色云气,变成五色流水,令人目迷神恍,应接不暇。"真可谓美轮美奂。

从熙春台再转向北,是今万花园所在。近年来恢复的旧景有"锦泉花屿",也即二十四景中的"花屿双泉"。"锦泉花屿"在清代原是刑部郎中吴山玉的别墅,后归知府张正治所有。因为园中有水流过,将园分为东西两半,水似双泉涌动,故名"花屿双泉"。今有绿竹轩、香雪亭、藤花榭、清远堂等景。

出了万花园的北门,蜀冈就如横空出世,赫然在前。在蜀冈的东峰与中峰之间,以前只是荒芜的一片,最近刚刚修复了二十四景之一的"双峰云栈"。据《扬州画舫录》记载,双峰云栈原在九曲池上,旧有听泉楼、露香亭、环绿阁等名胜。其最胜处则在"蜀冈中东两峰之间,猿扳蛇折,百步百降,如龙游千里,双角昂霄;中有瀑布三级,飞琼溅雪,汹涌澎湃,下临石壁,屹立千尺"。《扬州览胜录》说,乾隆年间这里建有栈道木桥,道上多石壁,桥旁壁上刻"松风明月"四字,为御史高恒所书。今复建工程以听泉楼瀑布最为壮观,据云瀑布宽约三丈、高约两丈,瀑布击撞山石溅起的水雾,即古人笔下的"飞琼溅雪"。

卢雅雨诗云:"十里画图新阆苑,二分明月旧扬州。"浏览了以上胜迹,"二十四景"之美可谓揽得一半了。

二十四景存废考(下)

"二十四景"并未囊括清代扬州繁盛时期所有的名胜。实际上,在"二十四景"之外,还有不少非常有名的景致,如邗上农桑、杏花村社、石壁流淙、玲珑花界等。可惜的是,这些名胜在晚清、民国时大半倾圮、湮没,只留下美丽的名字。

1935年,郁达夫先生慕名游览扬州,寻找包括"二十四景"在内的扬州名胜。事后他写了一篇名文——《扬州旧梦寄语堂》,抒发他游览扬州的感想:"扬州之美,美在各种的名字,如绿杨村,廿四桥,杏花村舍,邗上农桑,尺五楼,一粟庵等;可是你若辛辛苦苦,寻到了这些最风雅也没有的名称的地方,也许只有一条断石,或半间泥房,或者简直连一条断石,半间泥房都没有的。张陶庵有一册书,叫作《西湖梦寻》,是说往日的西湖如何可爱,现在却不对了;可是你若到扬州去寻梦,那恐怕要比现在的西湖还更不如。"郁达夫提到的杏花村舍、邗上农桑,都是扬州胜迹,但早已消失于战火或时光之中。正如郁达夫所说,它们"也许只有一条断石,或半间泥房,或者简直连一条断石,半间泥房都没有的"。

在"二十四景"中,有哪些景致如今已不见踪影或仅存其名了呢?如果我们从城里往城外漫步,应该追忆到这样的景致。

首先是"绿杨城郭",其旧址在"西园曲水"与"卷石洞天"之间。此景与"城闉清梵"重合,旧属闵园。园中原有厅事三楹,额曰"绿杨城郭",为闵园风景绝佳处。"绿杨城郭"四字,出自王士禛的《浣溪沙·红桥怀古》:"红桥风物眼中秋,绿杨城郭是扬州。"当年的扬州人,在喧嚣的市廛之外,忽见婆娑的绿杨、斑驳的城郭,万千烦恼也会一扫而空。"绿杨城郭"运用了借景的手法,人在园内,而景在城郭。《浮生六记》的作者极为欣赏此景,他说:"平山堂离城约三四里,行其途有八九里,虽全是人工,而奇思幻想,点缀天然;既阆苑瑶池,琼楼玉宇,谅不过此。其妙处在十余家之园亭合而为一,联络至山,气势俱贯。其最难位置处,出城入景,有一里许紧沿城郭。夫城缀于旷远重山间,方可入画。园林有此,蠢笨绝伦。而观其或亭或台,或墙或石,或竹或树,半隐半露间,使游人不觉其触目,此非胸有丘壑者断难下手。"他所称赞的大手笔,正是"绿杨城郭"。

与"绿杨城郭"毗邻的是"冶春诗社"。"冶春诗社"并非指虹桥东岸今冶春茶社,而是

昔日绿杨城郭

指虹桥西岸今扬大瘦西湖校区。"冶春"即冶游于春天之意,清初红桥就有茶社名为冶春。康熙间王士祯在此赋《冶春绝句》,最脍炙人口的诗句是:"红桥飞跨水当中,一字栏杆九曲红。日午画船桥下过,衣香人影太匆匆。""冶春"二字从此蜚声海内。乾隆间扬州建"冶春诗社"于此,成为"二十四景"之一。但"冶春诗社"屡经兴废,虽然诗风流传,遗构却已不存,诚为憾事。

"竹楼小市"也离城市较近,其地在玉带河中段,东西连接今梅岭西路。"竹楼小市"实为"竹楼宵市",是指横跨玉带河的宵市桥头,有竹楼夜市。相传隋炀帝在扬州时,曾在此设夜市,宴请群臣,故桥名"宵市"。在隋唐时代,一般城市多实行宵禁制度,百姓到了夜晚就不许做买卖,独有扬州以夜市闻名。唐人王建《夜看扬州市》云:"夜市千灯照碧云,高楼红袖客纷纷。"谓此。清人卢见曾《虹桥修禊》有"迤逦平冈艳雪明,竹楼小市卖花声"之句,说明此处的夜市一直繁盛,卖花的风气一如宋时的开明桥。

稍远的地方,在今长春路上的趣园,在昔则是"碧玉交流"的所在。"碧玉交流"似乎很少为人提及,具体位置在今四桥烟雨楼旁边。这里原有涟漪阁、澄碧堂、光霁堂,其中澄碧堂是模仿广州的洋房而建。西洋建筑风格传播到扬州的历史,或者扬州人建造洋式房屋的历史,至今无人研究。一般总以为是1840年的鸦片战争打开了中华帝国的沉重之门,欧风美雨便伴随着洋枪火炮进入了古老的中国。但是实际上扬州人接受西洋建筑的历史,远远早于鸦片战争。还在康乾盛世,广州人得欧洲文明风气之先,率先建造洋房,扬州人也从广州引进了西洋建筑风格。广州洋商建造的中西合璧的新式建筑,与传统的秦砖汉瓦、飞檐翘角迥然相异,显得华丽而又新潮。在清中叶,因广州洋商建了有名的西式建筑碧堂,千里之外的扬州盐商也仿照其例,在瘦西湖边仿造了一座澄碧堂。这是扬州历史上最早的有记录的西式建筑。曾经三游珠江的李斗在《扬州画舫录》中写道:"四桥烟雨,一名黄园,黄氏别墅也,上赐名趣园……入涟漪阁,循小廊出,为澄碧堂。""涟漪阁之北,厅事二,一曰澄碧,一曰光霁……第三层五间,为澄碧堂。盖西洋人好碧,广州十三行有碧堂,其制皆以连房广厦、蔽日透月为工。是堂效其制,故名澄碧。"澄碧堂的遗构今已无迹可寻,但它是扬州有西洋建筑的早期实例。自从有了一座澄碧堂,扬州便有了无数澄碧堂。澄碧堂临湖而建,此处因水清如碧,琉璃如玉,交相辉映,流光溢彩,故取名"碧玉交流"。如今这里是高档饭店所在,"碧玉交流"已变成了"觥筹交错"。

从趣园向北,是"绿稻香来"旧址。"绿稻香来"与"邗上农桑""杏花村舍"相邻,位置在今傍花村、宋夹城之间。这是乾隆间奉宸苑卿王勔仿清圣祖《耕织图》而建,其间有农舍、粮仓、蚕房、桑林等,寄寓着封建帝王"劝农"的理想。其旁有万亩稻田,当水稻成熟之时,四处飘逸浓郁的稻香。附近的"邗上农桑"有风车、水车、仓房、碓房、茅屋、草亭、饁饷桥、报丰祠等景,"杏花村舍"有篱笆、村舍、浴蚕房、分箔房、染色房、练丝房、成衣房、嫘祖祠等景,与"绿稻香来"共同构成了城市中的田园风光。这是"二十四景"中最具有农家乐味道的景致,也是今天兴起的农家乐旅游的先驱。

继续往西,过了长春桥,是"临水红霞"遗址。"临水红霞"即桃花庵,地址在长春桥之西。乾隆间,这里是周氏的别业。据《扬州画舫录》描写,这里野树成林,溪毛碍桨,有茅屋三四间,掩映于松楸之中。庵内植桃树数百株,半藏于丹楼翠阁,时隐时现,若有若无。桃花庵前的保障河中,有个小小的岛屿,上面建有茅亭,名曰"螺亭"。亭南有一座板桥,通向另一亭子,"亭北砌石为阶,坊表插天,额曰'临水红霞'"。"临水红霞"之美,美在桃花盛开之际。正如《江南园林胜景》所说的,"每春深花发,烂若锦绮"。"临水红霞"也就是盛开的桃花倒映在湖中的诗意写照。

在桃花庵附近又有一景,叫"平冈艳雪",位于"临水红霞"的后面。这里也是周氏别墅,古代称为"平冈秋望"。瘦西湖水至此,逐渐变阔,水中的荷花和岸上的翠竹尤为茂盛。《扬州画舫录》极为推崇此景,认为住在这里,山地种蔬,水乡捕鱼,采莲踏藕,生计不穷。李斗说:"余每爱此地人家,本色清言,绝俗离世,令人怃然。"当年这里植红梅数百株,雪晴花发,香艳动人,故名"平冈艳雪"。

据此不远,就是当年的"水云胜概"。"水云胜概"是指从长春桥至五亭桥之间的一段风光。这里原来属于黄园。黄园自锦镜阁起,至小南屏止,长春桥将其分为两段,桥东为"四桥烟雨",桥西为"水云胜概"。"水云胜概"的园门在长春桥西,园内有随喜庵、春水廊、胜概楼、小南屏诸胜。最重要的建筑是胜概楼,其地点在今五亭桥的西偏,乃是仿照瓜洲的胜概楼而建。《扬州画舫录》形容胜概楼的盛况说:"楼前面湖空阔,楼后苦竹参天,沿堤丰草匝地,对岸树木如昏壁画。登楼四望,天水无际,五桥峙中,诸桥罗列,景物之胜,俱在目前。"这为"水云胜概"的含义,做了最好的注脚。

从"水云胜概"一直向北,到达观音山脚下,那是"山亭野眺"的旧址。"山亭野眺"为乾隆间布政使程氏所建,背靠观音山,前临保障河,左右有万松亭、尺五楼等。所谓"山亭",名叫远帆亭,源于李白的诗句"孤帆远影碧空尽"。如今在观音山下,似乎看不见风帆,但在当时船可直抵山脚。旧时在远帆亭旁,筑台三四楹,建榭五六楹,廊腰缦回,阁道凌空。此地依傍观音山,每当观音生日,香火旺盛,香客、游人纷至沓来,登亭闲眺野景,心情不禁怡然。《广陵潮》曾写到观音山的香会:"闲话且不必絮絮说他。但说秦氏老母,一闻此信,喜的睡不成觉,打算代女儿借一个儿子,便约同秦氏,到叶姑姑家去。其时正是九月中旬,扬州俗例,每逢二六九月,为观音菩萨诞期,善男信女,无一不到观音山进香。观音山离城十数里,却同叶姑姑家是顺路。秦氏告知云锦,遂择定十九日出城逛一天。却喜这日天气晴和,预先制成一个大黄布口袋,装着许多香烛纸马,袋面上写着'朝山进香'四个大字,命云锦在家看守门户,自己同黄大妈雇一乘小车,先到母家,约着老母出广储门,一路上衰杨白草,已有深秋景况。红日才中,刚到山脚,游人虽多,总不及六月里热闹。母女二人下车,虔虔诚诚,步行上山。"香客在观音山下歇脚之处,就是远帆亭。

"蜀冈晚照"在熙春台的北面,万花园的西面,又称"蜀冈朝旭"。它原是乾隆间按察史李志勋的别墅,园中有来春堂、临溪屋、初日轩、旷如亭、含青室等。《扬州画舫录》称其"前以石胜,后以竹胜,中以水胜"。李斗说,来春堂旁有小屋,"小室如画舫,有小垣高三尺余,中嵌花瓦,用文砖镂刻'蜀冈朝旭'四字"。"蜀冈朝旭"也是典型的借景,"蜀冈"与"朝旭"都不在园内,而在园外。取名"蜀冈朝旭"或"蜀冈晚照",是借他景以自美,为古人高明之处。现在这里略有痕迹,但游客多在船上观望,很少有人上岸盘桓。

在瘦西湖的西边,还有"三过留踪"遗址。"三过留踪"今天已无痕迹,当初其实就是熙春台北的三贤祠。它的典故出自苏轼纪念欧阳修所作的《西江月》词:"三过平山堂下,半生弹指声中。十年不见老仙翁,壁上龙蛇飞动。"康乾年间,翰林程梦星、运使卢见曾、盐商王廷璋先后在瘦西湖畔造园,后改为三贤祠,供奉扬州历史上著名的三位文章太守——欧阳修、苏轼、王士祯。《平山堂图志》说,三贤祠大门向东,门外是苏亭,又称三过亭,"因苏词有'三过平山堂下',故以名之"。卢雅雨主持三贤祠时,祠中芍药曾花开三蒂,当时以为是一种"花瑞",于是在旁筑亭,名曰"瑞芍"。所以,"三过留踪"一景,又名"筱园花瑞"。其地今在扬子江北路上铁道培训中心内,尚有遗意。培训中心作过这样的介绍:

"铁道部扬州培训中心铁道宾馆,是一个园林式的宾馆,地理位置得天独厚。地处扬州瘦西湖—蜀冈国家级风景名胜区内,与瘦西湖仅一墙之隔。占地五十余亩,建筑面积一万五千平米,全部采用古典园林风格,亭台楼阁,山石水榭,古朴典雅,风景优美,是江苏省第一批命名的园林式单位。"

　　最后要谈到"万松叠翠",旧名吴园,遗址在蜀冈微波峡西,与万松亭相对。此处原来遍植古松,苍翠欲滴,故名"万松叠翠"。园中本有清荫堂、旷观楼、涵清阁、绿云亭等名胜。《扬州画舫录》说:"至此山势渐起,松声渐近,于半山中建绿云亭,题曰'万松叠翠'。""万松叠翠"在清代也曾是传奇之地,相传有仙人出没。清人《梦花杂志》记载,蜀冈为扬州胜游之地,每当春夏之间,都人士女与富商大贾,游宴无虚日。"及冬日,冈上万松,青翠直拔,时引北风,声作怒涛。平望则旷如、杳如,俯视则窈如、萃如,水潆如、寂如,竹木萧萧如,风来嘎嘎如。譬如美人,抹去脂粉,转见真色,而游者绝少。"一年冬日,有个喜欢独游的扬州书生来此观景,才到山下,就见几个乞丐席地而饮,穿的衣服很破,人却长得很胖,面前用新鲜荷叶盛着鱼肉等物。那些荷叶像是刚刚采摘的,书生心想,冬天哪里来的荷叶呢?又见这些乞丐饮完酒后,就脱下衣服跳进湖中嬉戏,毫无寒色。等他们上岸,书生上前打躬问道:"你们是神仙吗?"对方回答:"我们在城里乞讨回来,偶饮于此,哪里是神仙!"其中一个乞儿说:"不要跟他多说啦!我倒要问问,你怎么知道我们是神仙呢?"书生说:"这么寒冷的冬天,你们竟然有新鲜的荷叶,在水中嬉戏也丝毫不觉得冷,所以我认为你们是神仙。"对方说:"荷叶是我们自种的,有什么稀奇。"书生说:"即使你们不是神仙,我也想随从你们。"乞丐说:"你如果真愿意随我们一起乞讨,先吃下我的馀唾吧。"说罢吐了一口唾沫在荷叶上,晶莹剔透,宛如露珠。书生想去吃,却又嫌不洁。这时乞丐叹道:"我

昔日筱园花瑞

将先天的玉液给你,而你不受,惜哉!这说明你有仙目,而无仙缘。"说完便离去。书生在后紧追,乞丐便掏出一个小葫芦,指着其口说:"此中有仙境,大胜蜀冈,你可以游之。"书生接过葫芦,见口很小,逐渐变大,不禁跃入,原来壶中有楼阁重台,风和日丽,真是"壶中天地"。这时,乞丐已经不知所之。

现在,"二十四景"也已成为我们追忆的故事。

营　造

土木工程

迷楼设计者项升

扬州观音山上的迷楼,吸引着古往今来无数的游客。不是为了凭吊那个暴君炀帝,也不是为了窥探当年的江都宫闱,而是出于对历史深刻的叩问。但是,迷楼到底是什么样子?历史给我们的答案非常吝啬。

据《迷楼记》描写,隋炀帝建造的迷楼极尽人间奢华。迷楼千门万户,复道连绵,幽房雅室,曲屋自通。步入迷楼,令人意夺神飞,不知所在。有误入者,终日而不能出。炀帝游迷楼后,大喜过望,脱口说道:"使真仙游其中,亦当自迷也,可目之曰'迷楼'。"迷楼因此而得名。

实际上,关于迷楼存在着许多谜。

第一,迷楼究竟在不在扬州?唐人韩偓写过一篇《迷楼记》,文章极其铺张地描绘了迷楼

昔称迷楼今为鉴楼

的景象，只字未提扬州。韩偓说："唐帝提兵，号令入京，见迷楼，太宗曰：'此皆民膏血所为。'乃命焚之。"如从文意来看，迷楼似在长安，而不在扬州。但隋唐以后的文人，几乎众口一词地认为迷楼是在扬州。如李绅《宿扬州》云："今日市朝风俗变，不须开口问迷楼。"包何《同诸公寻李芳直不遇》云："闻说到扬州，吹箫忆旧游。人来都不见，莫是上迷楼。"颜师古《大业拾遗记》更写道："帝尝幸昭明文选楼，车驾未至，先命宫娥数千人升楼迎侍。微风东来，宫娥衣被风绰，直泊肩项，帝睹之，色荒愈炽，因此乃建迷楼。"文选楼既然在扬州旌忠寺，迷楼当然建于扬州。

第二，迷楼究竟在扬州何处？隋炀帝在扬州建了十座宫殿，即归雁宫、回流宫、九里宫、松林宫、枫林宫、大雷宫、小雷宫、春草宫、九华宫、光汾宫。《寿春图经》写道："隋十宫在江都县北长阜苑内，依林傍涧，因高跨阜，随地形置焉。"但迷楼的确凿地点在哪里，语焉不详。杜牧《扬州三首》说迷楼靠近雷塘："炀帝雷塘土，迷藏有旧楼。"可是现在迷楼与雷塘之间还有一段距离。南宋时贾似道守扬州，于蜀冈东峰建摘星寺，又名摘星楼。明代人改摘星楼为"鉴楼"，意为前车之覆，后车之鉴。乾隆《甘泉县志》认为，观音山寺"即古摘星亭址，俗传为隋迷楼故址者，讹也"。《嘉庆重修扬州府志》却断定"摘星楼在城西七里观音阁之东阜，即迷楼故址"。可见扬州人对于迷楼在哪里，意见也不统一。

第三，迷楼究竟是什么样子？迷楼据说是一个叫项升的人为取悦炀帝而绘图设计的，炀帝依图建造了迷楼。问题在于，迷楼早已不存，项升的图纸当然更不可能看到了。迷楼究竟是什么样子就成了千古之谜。然而，项升却成了一个不可多得的留下姓名的古代建筑设计师。

关于项升的生平，见《迷楼记》一文。《迷楼记》收入《说郛》《古今逸史》《古今说海》诸书，鲁迅校辑的《唐宋传奇集》收入该篇。文中写隋炀帝晚年沉湎于女色，修筑迷楼，选后宫和良家女数千，居住宫中，"沈荒于迷楼，罄竭其力，亦多倦怠"。《迷楼记》揭露炀帝荒淫无度，终致国破家亡。关于项升的一节文字如下：

炀帝晚年，尤沉迷女色。他日，顾谓近侍曰："人主享天地之富，亦欲极当年之乐，自快其意。今天下安富无外事，此吾得以遂其乐也。今宫殿虽壮丽显敞，苦无曲房小室，幽轩短槛。若得此，则吾期老于其中也。"近侍高昌奏曰："臣有友项升，浙人也，自言能构宫室。"翌日，诏而问之。升曰："臣先乞奏图。"后数日,进图,帝披览,大悦。即日诏有司,供其材木。凡役夫数万,经岁而成。楼阁高下,轩窗掩映,幽房曲室,玉栏朱楯,互相连属,回环四合,曲屋自通,千门万户,上下金碧。金虬伏于栋下,玉兽蹲于户傍。壁砌生光,琐窗射日。工巧之极,自古无有也。费用金玉,帑库为之一虚。人误入者,虽终日不能出。帝幸之,大喜,顾左右曰:"使真仙游其中,亦当自迷也。可目之曰'迷楼'。"诏以五品官赐升,仍给内库帛千匹赏之。诏选后宫良家女数千,以居楼中。每一幸,有经月不出。

《迷楼记》告诉我们,迷楼的设计者项升是一位浙江人氏,善于建造宫室,此外没有更多的资料。《迷楼记》如此记载,是由它的文学性质决定的,因为它本来就不是史书。何况它的作者,一般认为是唐人韩偓,但也不能肯定,鲁迅推定其为北宋人所作。《四库总目提要》谈到《海山记》《迷楼记》《开河记》等书时说:"《迷楼记》亦见《青琐高议》,载炀帝幸江都,唐帝入京见迷楼云云,竟以迷楼为在长安,乖谬殊甚。"那么我们对于《迷楼记》,似也不能奢望。

作为稗官野史,齐东野人《隋炀帝艳史》第三十回写到项升建筑迷楼的过程,不过也是兴味之谈:

且说项升在宫苑东边,选了一块高敞之地,终日命工调匠,照着图样细细的起造。只因宫室要造得精美,里边的逶迤转折处多,工程浩繁,把一个府库都调得干干净净,天下的骨髓都刮完了。整整兴了一年工役,方才制造得完。虽然费了钱粮,却也造得精工华美,穷极天下之巧。外边远望,只见楼阁高低相映,画栋与飞甍,隐隐勾连。或斜露出几曲朱栏,或微窥见一带绣幕,珠玉的光气,映着日色,都漾成五彩。乍看见,只道是大海中蜃气结成,决不信人间有此。到了里边,一发稀奇,正殿上花棂绣桷,不要说起。转进去到了楼上,只见幽房秘室,就如花朵一般,令人应接不暇。前遮后映,各有一种情趣。这里花木扶疏,那里帘栊掩映。转过去,只有几曲画栏,依依约约,折转来,早斜露出一道回廊。走一步,便别是一天;转转眼,就另开一面。前轩一转,忽不觉就到了后院。果然逶迤曲折,有愈入愈奇之妙。况又黄金作柱,碧玉为栏,瑶阶琼户,珠牖琐窗,富丽无比,千门万户,回合相通。人若是错走进去,就转一日,也莫想认得出来。真个是天上少,世间稀,古今没有。

因为隋炀帝的激赏,项升被赐予五品官职,并赏给一千匹绢。项升诚然是一个了不起的古代建筑设计家,但因为他的逢迎献媚,人品却不足为训。

任意车发明者何稠

何稠是隋代最有创意的设计家、发明家和制造家,不过他在历史上的名声不太好。他曾为隋炀帝造过"任意车",也即用于房事的一种辅助性机械。如果不是这一点,何稠无论如何是一位天分极高的大发明家。

《隋书》卷六十八有何稠传:

何稠,字桂林,国子祭酒妥之兄子也。父通,善斫玉。稠性绝巧,有智思,用意精微。年十余岁,遇江陵陷,随妥入长安,仕周御饰下士。及高祖为丞相,召补参军,兼掌细作署。开皇初,授都督,累迁御府监,历太府丞。稠博览古图,多识旧物。波斯尝献金绵锦袍,组织殊丽。上命稠为之。稠锦既成,逾所献者,上甚悦。时中国久绝琉璃之作,匠人无敢厝意,稠以绿瓷为之,与真不异。寻加员外散骑侍郎。

任意车图

大致说来,何稠字桂林,本是西域人,家住河间(今河北),主要生活于隋唐之交。其父何通,善于琢玉。何稠好学、博识、善思,用意精微。初为大匠,开皇间迁太府丞,入唐后授少府监。何稠多识旧物,制作绝巧,精于织造。据记载,当时波斯(今伊朗)曾献金绵锦袍,编织华丽,他奉旨仿织,较原物更加精美。他又善于制瓷,曾赴景德镇考察,采办烧瓷的泥土,吸取制瓷的经验,改进造瓷的工艺,使隋代瓷器质地坚固,远胜三国两晋。何稠还精于舆服、车乘的设计制造,为炀帝研制舆服羽仪数万件,造车万乘。何稠在建筑设计方面的成就尤为突出。辽东之役,宇文恺造辽水桥不成,他用奇法营建浮桥,两日即成,使大军顺利渡河。他设计建造的六合城,周围八里,墙高十仞,城上布兵,城角设阁,一夜而成。

值得注意的是,隋炀帝在到扬州之前,特地关照何稠,要他制造各种车辆、服饰和仪仗。隋炀帝对何稠说:"今天下大定,朕承洪业,服章文物,阙略犹多。卿可讨阅图籍,营造舆服羽仪,送至江都也。"当天就拜何稠为太府少卿。何稠果然不负厚望,将各种仪仗、车舆"依期而就,送于江都,所役工十万余人,用金银钱物巨亿计"。大业十二年(616),何稠随隋炀帝来到扬州。所以,何稠也算是古代扬州的大制造家。

何稠的名声不好,主要原因是他为炀帝制造过一种性工具——"任意车"。这种车形制甚小,只容一人,车下备有各种机关,可以随意上下,男女交欢时可自动控制。它还有一种作用,就是女子一旦进入,手足就被控制,不能动弹,只好供人摆弄。史载炀帝好幸童女,每嫌童女娇怯推避,不能称意。既得此车,机关一动,任意纵送,无不如意。后来又加以改进,在车下架设双轮,左右暗藏枢纽,使其登楼入阁,如行平地,并能自行摇动,曲尽所欢。据说炀帝试用此车时,一经推动,升降如飞,喜不自禁,便问何稠:"不知此车何名?"何稠答道:"臣任意造成,未有定名,还求御赐名号。"炀帝道:"卿任意成车,朕任意行乐,就名为任意车罢。"一面说,一面命人取来金帛,作为赏赐,且加赐何稠为金紫光禄大夫。

"任意车"在野史中有大量渲染。《迷楼记》云:

是月,大夫何稠进御童女车。车之制度绝小,只容一人,有机处于其中,以机碍女之手足,女纤毫不能动。帝以处女试之,极喜。召何稠谓之曰:"卿之巧思,一何神妙如此?"以千金赠之,旌其巧也。何稠出,为人言车之机巧。有识者曰:"此非盛满之器也。"稠又进转关车,车周挽之,可以升楼阁如行平地。车中御女,则自摇动,帝尤喜悦。帝谓稠曰:"此车何名也?"稠曰:"臣任意造成,未有名也,愿赐佳名。"帝曰:"卿任其巧意以成车,朕得之任其意以自乐,可名'任意车'也。"何稠再拜而去。

《隋唐演义》亦云:"一日,王义朝罢归家,对妻子姜氏道:'今早有一人,姓何名稠,自制得一驾御女车来献,做得巧妙非常。'姜氏道:'何为御女车?'王义道:'那车儿中间宽阔,床帐枕衾一一皆备,四围却用鲛绡细细织成帏幔。外面窥里面却一毫不见,里面十分透亮,外边的山水,皆看得明白。又将许多金铃玉片,散挂在帏幔中间,车行时摇动的铿铿锵锵,就如奏细乐一般。在车中百般笑语,外边总听不见。一路上要幸宫女，俱可恣心而为，故叫作御女车。'"

《隋炀帝艳史》更写道："这人姓何名稠，原是献御女车与炀帝的何安的兄弟。因打听得炀帝宫中游幸，只是步行，他便弄聪明、逞奇巧，制了一个转关车儿来献。这车儿下面，用滚圆的轮子，左右暗藏消息，可以上，可以下，登楼转阁都如平地一般，转弯抹角——皆如人意，毫无滞涩之弊。又不甚大，一人坐在上面，紧紧簇簇，外边的轮轨，一些也不招风惹草。又极轻便，只消一个人推了，便可到处去游幸。又制得精工富丽，都用金玉珠翠缀饰在上面，其实是一件鬼斧神工的妙物。正是：莫道天工巧，人心有鬼神。谩愁宫径曲，请上转关轮。何稠制成了，忙推到迷楼来献与炀帝。炀帝见了大喜，随坐在上面叫了一个内相推着试看，果然快便如风。左弯右转，全不消费人气力，上楼下楼比行走还快三分。炀帝喜之不胜，随叫何稠说道：'朕造这迷楼，幽奇深邃，十分可爱，只苦于行走艰难。今得此车，可以任意逍遥，皆汝之功也。'因问道：'你叫什么名字？'何稠奏道：'微臣叫做何稠。'炀帝猛想起说道：'朕向日初幸江都，有一个何安，曾献一驾御女车，此人可是一家？'何稠说道：'就是臣亲兄。'炀帝道：'原来就是弟兄，难怪此车造得巧妙。'何稠奏道：'向日臣兄所进御女车，取其宽大。只好途中御女，若要宫帏中用，还不见妙。容臣再另造一驾上用。'炀帝欢喜道：'但凡巧妙的，都制了献来，朕自当重赏。'随叫左右先取千金赐与何稠，俟御女车来，再加官职。何稠谢恩而去不题。"

野史对"任意车"的过分渲染使世人几乎忘记了何稠的其他发明，这对何稠是不公平的。我在旧籍中看过《迷楼图》版画，上题"幸迷楼何稠献车"七个大字。其实何稠的发明远远不止于此。

佛寺建造者住力

据杨永生《哲匠录》载，释住力，俗姓褚，河南阳翟人。幼年出家，气宇凝峻，声闻缁俗。陈宣帝尝竭泉贝，营造建康泰皇寺，敕召住力董理百工。及陈亡，徙居江都长乐寺。隋开皇末年，炀帝开府江都，住力建造五重宝塔，以营造修缮之功，敕为寺主。嗣后，伐木豫章，构高阁夹楼，及僧房、廊庑、斋厨、仓库，制置华绝，力异神工。

按《高僧传》二集卷三十九有唐扬州长乐寺释住力传：

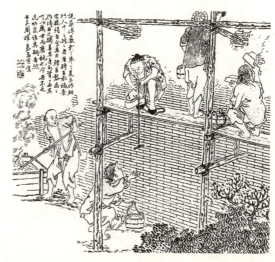

古代的瓦匠

释住力，姓褚氏，河南阳翟人。避地吴郡之钱塘县，因而家焉。宿植胜因，早修慧业，甫及八岁，出家学道。器宇凝峻，虚怀接悟，声第之高，有闻缁俗。陈中宗宣帝于京城之左造泰皇寺，宏壮之极，罄竭泉府，乃敕专监百工，故得揆测指搞，面势严净。至德二年（584），又敕为寺主。值江表沦亡，僧徒乖散，乃负锡游方，访求胜地。行至江都，乃于长乐寺而止心焉。隋开皇十三年（593），建塔五层，金盘景辉，峨然挺秀，远近式瞻。至十七年（597），炀帝晋蕃，又临江海，以力为寺任缮造之功故也。

大业四年（608），又起四周僧房、廊庑、斋厨、仓库备足，故使众侣常续断绪无因。再往京师，深降恩礼，还至江都，又蒙敕慰。大业十年（614），自竭身资，以栴檀香木，模写瑞像，并二菩萨，不久寻成，同安阁内。至十四年（618），隋室丧乱，道俗流亡，骸若萎朽，充诸衢市。誓以身命，守护殿阁，寺居狐兔，顾影为俦。啜菽饮水，再离寒暑，虽耆年暮齿，而心力逾壮。泥涂褫落，周匝火烧，口诵不辍，手行治葺。贼徒雪泣，见者哀叹。

武德六年（623），江南辅公祏反唐，在南京称宋帝，年号天明，危及佛寺。住力为保佛寺，引火自焚，时年八十。

白塔建造者慧达

这里说的白塔不是瘦西湖白塔，而是隋唐时代扬州白塔寺中的白塔。

在唐代，扬州白塔寺已是著名的寺院。据《续高僧传》载，陈朝著名居士曹

江都开元寺宝塔

毗曾在这里讲学。又据《南海寄归内法传》说,扬州白塔寺、汾州抱腹寺、岱岳灵岩寺、荆府玉泉寺齐名,曾为全国的四大名刹。

扬州白塔寺在鉴真东渡中也有一定地位。跟随鉴真赴日的和尚之中,就有扬州白塔寺的僧人。元开《唐大和上东征传》记载鉴真弟子中超群拔萃、为世师范者,有"扬州白塔寺僧法进"。唐代扬州的佛寺很多,圆仁《入唐求法巡礼行记》所记四十多所,其中的白塔寺、栖灵寺、禅众寺都是前朝已经存在的。

扬州白塔寺的具体地址,《扬州府志》有载:

白塔寺,宜陵镇白塔河。

《乾隆江都县志》亦载:

白塔寺,在宜陵镇白塔河。

白塔河一作白獭河,应是音讹导致。宜陵今属江都,为连接泰州和扬州的交通要塞。宜陵白塔河在古代为古运河的支流,也是淮河和长江之间的重要通道。《江南通志》称:"宜陵镇,县东北六十里。地势高阜,居民稠密,自湾头达泰州之通道也。"因为宜陵有重要的交通作用,所以邻近的白塔寺也成为来往僧人暂时驻锡之地,当年一些日本僧人曾暂栖于此。因此,扬州白塔寺在古代中日交流史上有相当的意义。

扬州白塔寺的建造时间,大约在陈太建三年(571)之前,宋熙宁五年(1072)尚存于世。隋代的扬州白塔寺建有七层木塔。这座木塔应该就是唐人顾况《酬扬州白塔寺永上人》诗中所咏的"塔上是何缘,香灯续细烟。松枝当麈尾,柳絮替蚕绵。浮草经行遍,空花义趣圆。我来虽为法,暂借一床眠"中的那座"塔"。

扬州白塔寺的标志性建筑无疑是白塔。据说这是一座七层木塔。那么这座白塔是谁建的呢？这位建筑家乃是僧人慧达。《法苑珠林》说："隋天台山瀑布寺释慧达，仁寿年中于扬州白塔寺建七层浮图。"并有慧达的小传：

隋天台山瀑布寺释慧达，姓王氏，襄阳人。幼年出家，缮修成务。或登山临水，或游履聚落。但据形胜之处，皆措心营造，安处寺宇，为僧行道。至仁寿年中，于扬州白塔寺建七层木浮图。

对于建筑家慧达，《续高僧传》中的《隋天台山瀑布寺释慧达传》有更详细的传记。大概内容是：僧人慧达，俗姓王氏，家住襄阳。慧达幼年即出家为僧，以擅长建造缮修庙宇、佛塔等建筑物为业。慧达平日周游天下，"或登山临水，或邑落游行，但据形胜之所，皆厝心寺宇，或补缉残废，为释门之所宅也"。后来他住在天台山瀑布寺，一心修禅。继而又北游武当山，仍然潜心念佛。在陈朝时，瘟疫流行，慧达施药救人甚多。慧达尤其喜欢修缮佛寺，"金陵诸寺数过七百，年月逾迈，朽坏略尽。达课劝修补三百余所，皆鋈饰华敞，有移恒度。仁寿年中，于扬州白塔寺建七层木浮图，材石既充，付后营立。乃溯江西上，至鄱阳预章诸郡，观检功德，愿与众生同此福缘。故其所至封邑，见有坊寺、禅宇、灵塔、神仪，无问金木土石，并即率化成造，其数非一。晚为沙门慧云邀请，遂上庐岳，造西林寺"。可见，慧达在南京、扬州和江西等地都建过大量寺庙。其中最重要的一句话是："仁寿年中，于扬州白塔寺建七层木浮图。"

"仁寿"（601—604）是隋高祖杨坚的年号，历时三年余，隋炀帝即位后一度沿用。慧达在隋文帝时于扬州建造佛塔，有其特殊的时代背景。隋文帝童年时就发愿弘扬佛法，据说他出生在般若寺内，当欲生时，红光照室，紫气满庭。隋文帝登极后，大兴佛教，历史上称为黄金时代。他曾两次在各州兴建舍利佛塔，多达八十三所。上面《续高僧传》中的话告诉我们，扬州白塔寺的塔建于隋朝仁寿年间。也就是说，当白塔寺在陈朝始建之际，尚无佛塔。但是白塔寺是以塔闻名的，当初既然无塔，怎会以"白塔"名寺？这是一个疑问。再者，白塔寺旁就是白塔河。究竟是河以寺得名，还是寺以河得名？揆之情理，寺、河都应该因白塔而得名。这样又产生一个新的问题，即白塔是否就是慧达所建的木塔？有无这种可能性：白塔寺初建时原有"白塔"，而后塔毁，慧达便重建了一座"木塔"？这些问题都有待将来考证了。

无论怎么说，慧达是扬州建筑史上一位值得纪念的建筑家。他所建造的扬州白塔寺木塔,在史书上屡屡提及,也是中日交通史上经常提到的建筑。

雕塑家军法力

鉴真在天宝十二年(753)再次东渡日本,同行的人员中有三名外国人,其中一人来自昆仑国。法国汉学家费琅 1919 年所著《昆仑及南海古代航行考》中说:"753 年,日本天皇延鉴真至其国,随行人有昆仑人一名,名军法力。"这一材料在《唐大和上东征传》中已有记载:

> 相随弟子扬州白塔寺僧法进、泉州超功寺僧昙静、台州开元寺僧思托、扬州兴云寺僧义静、衢州灵耀寺僧法载、窦州开元寺僧法成等一十四人,藤州通善寺尼智首等三人,扬州优婆塞潘仙童、胡国人安如宝、昆仑国人军法力、瞻波国人善听,都二十四人。

这些人员可分几类:和尚——法进、昙静、思托、义静、法载、法成等;尼姑——智首等;外国人——安如宝、军法力、善听等;其他人——潘仙童等。

鉴真和尚像

三位来自外国的随行者,一是胡国人,胡是唐代对西域与中亚诸国的统称,具体属国不能确指。一是瞻波国人,其故地在今印度东部恒河南岸,法显、玄奘都曾到过。一是昆仑国人,其地说法不一,要而言之,昆仑当是南海诸国之总称。

昆仑国,又作掘伦国、骨伦国,原指中南半岛东南的岛国。隋唐时泛指爪哇、婆罗洲、苏门答腊附近诸岛,乃至包括缅甸、马来半岛一带。这些地方是中国广州与印度、波斯之间航海必经之路。唐僧义净《南海寄归内法传》说南海诸洲有十余国,"诸国周围或可百里，或数百里，或可百驿。大海虽难计里，商舶串者准知。良为掘伦，初至交广，遂使总唤昆仑国焉。唯此昆仑，头卷体黑。自余诸国，与神州不殊"。从头卷体黑的体貌特征来看，昆仑国人相当于今天的马来西亚人种。

昆仑国人在唐代已经多见于中国内地，称为"昆仑奴"。唐人传奇中有描写昆仑奴的作品，大意为崔生与一歌妓红绡相恋，无由见面，幸得崔生家中老仆昆仑奴磨勒帮助，有情人终成眷属。后来昆仑奴磨勒在围捕中"持匕首飞出高垣，疾若翅翎，瞥同鹰隼，攒矢如雨，莫能中之，顷刻之间，不知所向"。其故事情节，可视为中国武侠小说的雏形。

昆仑国人在中国所从事的工作，有农业，如《太平广记》曾记"一昆仑奴驾黄牛耕田"；有潜水，如《萍洲可谈》记广东富人多畜鬼奴，"有一种近海者，入水眼不眨，谓之昆仑奴"；有杂役，如《诸蕃志》提到有人托昆仑奴掌管钥匙，"谓其无亲属之恋也"；有商贸，如《古尊宿语录》描写"昆仑渡海夸珍宝"；有侍卫，如《宋书》记孝武"宠一昆仑奴子，名白主，常在左右，令以杖击群臣"；还有海盗，如《唐会要》谈到"昆仑海寇"。此外，当然也有自由职业者，日本高楠顺次郎1902年在河内远东研究国际公会报告中说，鉴真到日本时随行人中有昆仑一人，名军法力，此人既非和尚，也非奴仆，而是鉴真的随行人员。换言之，鉴真的随从昆仑国人军法力是一个具有自由身份的旅唐东南亚人。

军法力并不是一无所长的外国人。在东渡日本异常困难的情况下，鉴真不可能带一个没有一技之长的闲人去日本。据台湾东初法师《中日佛教交通史》说，军法力不是一般的随从，而是一位雕刻的匠师。日本在中世纪时，无论建筑或绘画无不受唐代艺术的影响，尤以在佛教雕刻方面最为明显。《中日佛教交通史》写道：

> 唐僧鉴真东渡时，曾携去雕白旃檀千手像一躯，药师弥勒菩萨瑞像各一躯，及法隆寺之九面观音像，亦属由唐传入。鉴真随从军法力，为唐代名雕刻家，他木刻唐招提寺金堂之卢舍那佛。因之，唐代雕刻技术传入日本，使日本奈良平安两朝对佛像之雕刻，多模拟唐代而有长足的进步。

可知日本奈良唐招提寺金堂的卢舍那佛，出自军法力之手。

《昆仑及南海古代航行考》是法国学者费琅（Gabriel Ferrand）的名著，由冯承钧译为中文。关于费琅，《中日佛教交通史》有如下介绍："法国学者费琅，是位阿拉伯及南洋诸国语言专家,以其鸿博之语言学识,考定南海之史地、名称、方位,固游刃而有余。其所撰《昆仑及南海古代航行考》一文,对南海古代航行通道之中各国历史名称方位,及其各国之交通关系,分析研究,极其周密。"昆仑国人军法力,毫无疑问也是中外关系中的一个小小的人物。

能工巧匠

广陵木工

我曾经住在治淮新村,名曰新村,其实是个老区。住在这里十年,日益感到房子逼仄,主要是书多没处放。加上外孙女又住在这里,书房内外益发凌乱。近来颇有迁居之想,但也有两个顾忌,一是房价太贵,二是环境难舍。房价贵不怪别人,只怪自己囊中羞涩。环境难舍则更怨不得别人,是自己偏爱老城区。最近工艺坊快建成了,对于我来说,又多了一个吸引力。治淮新村与工艺坊只隔了一条北护城河。单是"工艺坊"三个字,就对我有很大的吸引力。

但是现在的工艺坊,还远没有达到我心目中的要求。我认为工艺坊应该从纵横两个方面反映"扬州工"的成就。纵的是历史,横的是现在。我们现在从工艺坊里,还看不出历史上的"扬州工"究竟如何。

古代读书人很少关注手艺人。墨家不被重视,多半因为他们是手艺人。他们发明机

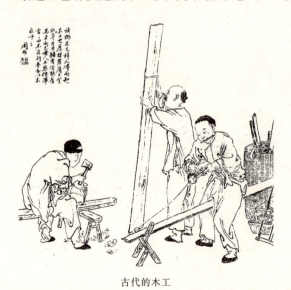

古代的木工

弩、飞鸢之类的东西，证明他们都是一些能工巧匠，首先是木匠。关于扬州古代的木匠，若干年前曾看到过一则记载，叫作《广陵木工》。无论怎么说，这总是关于"扬州工"的珍贵记录。

《广陵木工》见于宋人徐铉《稽神录·补遗》。原文是：

广陵有木工，因病，手足皆拳缩，不能复执斤斧。扶踊行乞，至后土庙前，遇一道士，长而黑色，神采甚异，呼问其疾，因与药数丸曰："饵此当愈，旦日平明复会于此。"木工辞曰："某不能行，家去此远，明日虽晚，尚未能至也。"道士曰："尔无忧，但早至此。"遂别去。木工既归，饵其药，顷之，手足痛甚，中夜乃止，因即得寐。五更而寤，觉手足甚轻，因下床，趋走如故，即驰诣后土庙前。久之，乃见道士倚杖而立，再拜陈谢，道士曰："吾授尔方，可救人疾苦，无为木匠耳。"遂再拜受之，因问其名居，曰："吾在紫极宫，有事可访吾也。"遂去。木匠得方，用以治疾，无不愈者。至紫极宫访之，竟不复见。后有妇人久疾，亦遇一道士与药而差，言其容貌，亦木工所见也。广陵寻乱，木工竟不知所之。

《稽神录》的作者徐铉，是扬州人。以扬州人记扬州事，虽然情节荒唐，必定其来有自。徐铉字鼎臣，生活在唐末宋初。早年仕于南唐，官至吏部尚书，后归宋，官至散骑常侍。徐铉的文章写得很好，与韩熙载齐名，人称"韩徐"。但他更有名的，是和他弟弟徐锴都精通文字学，史称"大小徐"。从六朝以来，中国文人就喜欢谈神说鬼，所以"志怪""传奇"一类的书，历来甚多。史载徐铉好谈神怪，有门客蒯亮，乃江东布衣，九十余岁，好大言夸诞，所言皆载入《稽神录》。尽管《广陵木工》出自《稽神录》，并非信史，但是我们仍然可以从中得到这样一些信息：

第一，唐宋之际，扬州的木工是一个重要的行业。如不重要，就不会产生"广陵木工"这样神话般的故事传说。

第二，扬州的木工也是一个非常辛苦的行当。要不然，道士就不会劝他将来宁可做个

汉代广陵木棺

江湖郎中,"无为木匠耳"。

第三,扬州的木工收入不高,积蓄不多。否则,他不会一旦病残就沦为乞丐,"扶踊行乞"。"踊"是跳跃或鞋履之意。"扶踊行乞",一定是一种非常艰难的行走方式。

第四,故事中的扬州木工可能住在城里比较偏僻的地方。道士叫他第二天天亮到后土庙来,他却说"家去此远"。"后土庙"就是今天的琼花观。

总而言之,《广陵木工》告诉我们,在唐宋之交,扬州城里已经出现一批具有固定职业的木匠。他们的职业名称,当时就叫作"木工",千余年来竟然没有变化。他们应该是城市中最重要的工匠,因为城里的车船、家具、房屋等一切木器活,都离不开他们的手艺。因为他们的重要性,民间才会产生关于他们的神奇故事。然而他们又是一些身份卑贱的人,一旦失去劳动能力,便立刻沦为乞丐。民间对于木工无疑寄寓了同情,所以故事中的"广陵木工"在病废之后能够遇到神医道士,一剂方药就治好了他的顽疾。《稽神录》中的《广陵木工》一文,后为《太平广记》所收,在卷二百二十中。

然而,"广陵木工"究竟是打造车船的呢?还是制造家具的呢?抑或是建造房屋的呢?

扬州的造船业,向来发达。扬州汉墓出土的棺椁,上有"广陵船官"铭文,可知当时已有"船舶制造局"之类的技术衙门。唐代鉴真和尚东渡时,曾瞒着官府在"东河造船",证明扬州民间也有足够的能力制造海船。这些都表明,扬州的造船木工技术有悠久的历史。

扬州的家具业,也一直有名,但好像绝少有人宣传。《新唐书》说杨贵妃的珍玩中,有"广陵长史王翼所献"之物。《明宫词》说田贵妃的寝殿里,有"扬州诸什器、床箪"。这些岂非扬式家具的证明?

扬州的建筑业,更是史不绝书。唐代衣冠人物多在扬州"侵衢造宅",清人称"造屋之工,当以扬州为第一"。如果扬州没有高水平的建筑工匠,是不可能出现唐诗中"园林多是宅"的胜景的。

那么,"广陵木工"到底属于哪一种木工呢?好在《稽神录》卷三还有一篇《广陵贾人》,谈到扬州木工擅长制作家具,他们的家具常常由商人用船运到南京发售,获利颇丰:"广陵有贾人,以柏木造床,凡什器百余事,制作甚精。其费已二十万,载之建康,卖以求利。"

柏木纹理直,结构细,耐腐蚀,有香味。古人常以柏木用于建筑物的梁、柱、檩等重要部位,它也是制作家具的上乘材料。著名的北京大堡台"黄肠题凑",即为上千根柏木方堆叠而成。《本草纲目》说,柏性耐久,乃多寿之木。民俗以"柏"谐音"百",含有诸事美满之意,故柏木素有"木材之王"的美誉。扬州的柏木床因"制作甚精",在唐宋时已经销往南京。商人从中谋得巨利,我们却由此获知"广陵木工"很可能就是制作"什器"即家具的工匠。

窑户翁十三

几年前,为调查盐商古宅现状,几乎踏遍扬州城。一日,在粉妆巷一户老房子墙根下的阴沟里,偶见半块残砖,颜色灰黑,棱角磨光,隐约有铭。掏出来一看,果然有字,是"窑户翁十三"。其砖扁而平,估计是宋砖,然而具体不能确定。

在收罗的旧砖中,这是一块最不起眼,也最为特别的残砖,仅存小半截。砖宽二寸,高五寸有馀,长度不可考。好在铭文相当完整,阳文,竖写,正楷略带隶意。"窑户翁十三"五字表明此砖系民间"窑户"所造,窑工姓"翁",行第"十三"。唐宋时人,多以排行取名,也许可以证明"翁十三"乃赵宋之人。

古代业陶之民,分为瓷户、窑户、行户、贩户四类。瓷户制作器皿,窑户烧制胚胎,行户运输成品,贩户批发零售。"窑户"之名,由来已久。在宋代,凡从事制作者称"匠户",从事纺织者称"机户",从事水运者称"船户",从事烧制陶瓷者则称"窑户"。宋人《夷坚志》云:"萧县白土镇造白器几三十余窑,窑户多姓有。"清康乾年间,江西景德镇陶瓷业鼎盛,窑工逾十万,时有"绝妙花瓷动四方,廿里长街半窑户"之说。

中国是一个秦砖汉瓦的国度,历代经典建筑不计其数,然而烧制砖瓦的窑工我们所

古代的砖窑

知无几。正如古玉虽美,琢玉工姓名却少见;古画虽贵,裱画工姓名却不传。儒家思想的大缺憾是重义轻技,再有成就的工匠也罕见于青史。在三百六十行中,窑户更是等而下之,非但无人为其作传,而且窑工被禁止在陶瓷上面刻字。有一本《文昌惜字功过律》说:"无知窑户,竟敢于磁器上写字炫美,希图射利。可知磁器破碎,弃之粪土,终古不灭,污亵殊甚。"其理由看起来是为了"惜字",其实是对于窑户的藐视。

历代能够留下姓名的窑户,极为罕见,不过也有例外。在昆明东寺塔、西寺塔塔砖上,就刻有窑户姓名。东西塔的出名,据说因为一个古典爱情悲剧。元末红巾军攻占昆明,云南统治者梁王被迫逃至楚雄。在大理总管段功的帮助下,梁王收复昆明,并将女儿阿盖公主嫁给了段功。但同时,梁王对段功也深为忌惮,怕他篡位,于是再三设计谋杀。最后,梁王将段功骗至东寺,终于将其杀害。公主得悉,服孔雀胆殉情自杀。郭沫若先生的著名剧作《孔雀胆》,即据此而来。东西寺塔建于唐代。塔砖上印有梵文、汉文的窑户姓名,反映出中原烧砖技术在云南的流传。

宋代窑户赵顺也是个例外。在安徽萧县白土镇萧窑旧址,曾采集到白瓷瓶一件,肩部以上残缺,腹部刻有"白土镇窑户赵顺,谨施到慈氏菩萨花瓶一对,供养本镇南寺"铭文三行,瓶足则刻"时皇统元年(1141)三月二十二日造"题记。可知这位"赵顺",是南宋安徽萧县白土镇萧窑的窑户。

扬州不产瓷器,但向来有砖窑,现在北郊尚有"瓦窑铺"地名,太平天国遵王赖文光即在此被俘。除了郡城砖窑之外,所辖各县也多窑户。如兴化戴窑镇,就出土过有"扬州府提调官同知"铭文的明代城砖。

戴窑烧制砖瓦的历史悠久,镇名就来自窑业。经过岁月的消磨,昔日窑户比肩的风光今已不再,但徜徉于老镇深处,尚见斑驳的砖墙、古老的砖桥、残缺的砖码头,成为戴窑这部线装古书的凄美点缀。据县志记载,戴窑有两千多年历史,以海水制盐为业,故名"灶产"。因戴姓人多,改名"戴家庄"。又因窑业发展,再改名"戴家窑"。戴窑窑业的扩大,影响到周边村庄也多以砖窑为业,如戴窑西北有韩家窑,西南有景家窑,东南有季家窑。据说元末农民起义领袖张士诚曾多次来往戴窑,接触下层窑工。他起义时,招募了一批义士来到戴窑,在窑户的支持下揭竿而起。举事后很快聚众万人,一举攻克兴化、高邮。戴窑至今流传一首民谣:"十八条汉子,齐上戴家窑;直取兴化城,顺带高邮州。"张士诚后为朱元璋所败,戴家窑人为怀念他,特制大砖,铭文为"柏用陵九省市李公京申徐九二德承焦九四造砖人史明八七"。砖长尺半,宽近六寸,厚达四寸,重三十馀斤。经考证,此砖系为张士诚死后建墓所造。

戴窑大约在明初已盛。兴化民谣云:"戴家窑,戴家窑,南北三座桥,本有十二窑。朱洪武,筑城墙,一道圣旨到戴窑。"戴窑多次出土明代城砖,铭文有云:"扬州府提调官同知竹祥,司吏陶旭;高邮州提调官同知常松,司吏纪衡;兴化县提调官主簿樊弘道,司吏赵宗。"背面则有"年月日窑匠胡士一"字样。经查,南京中华门由北向南第三层第二十一块城砖之铭文,与此相同。明南京城于洪武二年(1369)始建,至洪武八年(1375)建成,历时七年。当时有若干省百余县为南京烧制城砖,扬州府也在其中。"窑匠胡士一",当是侥幸留下的扬州府窑户姓名。

窑工中也有人才。泰州学派传人韩贞,即是窑户出身,后被称为"东海贤人"。韩贞是明嘉靖时人,生于戴家窑,少时烧过砖,后师事泰州学派创始人王艮、王襞父子。据说当时"农工商贾从之游者千余",遂成为"野老成圣"的典型。这在中国民间思想史上,具有非常的意义。

我们一生住在砖瓦建成的房子里,却很少想到是谁制造了这些砖瓦。在故宫、敦煌和长城的建设者中,有多少个"窑户翁十三"?"翁十三"是何许人也?也许这将永远是个谜。

河工柏丛桂

古代的大工程,除了造屋,就是水利。但是,水利家多为理论家、指挥家,极少是实践家。扬州一带水网纵横,水害频繁,因此民间也会产生善于筑坝修堤的水利工程师,如扬州府宝应县平民柏丛桂。

柏丛桂,明初宝应人,洪武初年建言请筑塘岸,从槐楼到界首四十里,以备水患。洪武九年(1376),下诏发淮扬丁夫五万六千人,由柏丛桂具体负责筑堤事宜,规定时间完工。大堤建成后,乡人称为"柏家堰"。

柏丛桂的传记,见清代康熙《宝应县志·人物志》:

古运河堤岸

柏丛桂,洪武时人,建言请筑塘岸,起槐楼达界首四十里,以备水患。有司寝不行。丛桂更相度地形画图,甚悉。诏发淮扬丁夫五万六千,俾丛桂董其役,期月工成,乡人呼为"柏家堰"。

又《宝应县志·山川志》:

明洪武九年(1376),诏修高邮、宝应湖堤六十馀里,以捍风涛。复以老人柏丛桂奏,发淮扬丁夫五万六千人。

另据资料,柏丛桂系元末出生于宝应湖西,永乐元年(1403)春去世。其主要成就是治理江淮间的运河。柏丛桂亦名柏丛贵,柏纶次子,涧西世系二世祖。洪武年间,他上书朝廷,建议烧制砖头,铺设宝应湖堤六十里淤陷难治之堤,朝廷采纳他的建议,发淮扬五万人烧砖、铺堤,以捍风浪。后来柏丛桂又建议,从槐楼往南挖直渠四十里,以备冲决。明太祖皇帝采纳了他的建议,在淮扬一带征用民工五万多人,由他率领修建河堤,大功告成后,乡人称为"柏家堰"。从此,邗沟才有专门河道,在此之前主要经过湖道,史家称此乃邗沟十三变之第九变。

《江苏水利全书》卷十二谈到柏丛桂的贡献:

初,洪武中,用宝应老人柏丛桂言,自宝应槐楼南至界首,就湖东穿直渠,长四十里,筑堤护之,此为里运河有重堤之始。

在中国治水史上,有许多名人如李冰、谢安、陈登、郭守敬等,因官位显赫、功勋卓著而名著青史。像柏丛桂这样的小人物,经验虽然丰富但是身份低微,在历史上留名是非常偶然的。史料常称柏丛桂为"宝应老人"。据《漕河图志》卷三说:"宝应县浅铺九,每铺老人一名,塘长一名,夫不等,共四百四十三名。"可知"老人"就是指富有实践经验的资深河工,柏丛桂也是其中之一。邗沟航道多利用天然湖泊,只开挖少量人工河道将其连通。因湖面宽广,风高浪急,行船常有颠覆之险,宝应至高邮河段经常发生沉船事件。柏丛桂根据实践经验,提出治理运河的建议,居然得到了明太祖的采纳,应该视为一个奇迹。

发明家黄履庄

大约1816年,一个叫作弗里德利希·冯·德莱斯的德国发明家制造了一部机器,它有两个轮子,通过踏脚向前推进。1839年,英国发明家柯克佩特里构·麦克米兰造出了真正的自行车,它用脚蹬踏板作动力,后轮与踏板用曲柄相连。1861年,法国四轮大马车制造商恩斯特和皮埃尔·米肖克斯制造出了一个类似的设计,踏板直接接连前轮。但在欧洲人之前,有一位清初扬州人黄履庄就发明了自行车。清人对此的记载是:"其作双轮小车一辆,长三尺许,约可坐一人,不烦推挽能自行;行住,以手挽轴旁曲拐,则复行如初;随住随挽,日足行八十里。"

关于发明家黄履庄的生平,张潮《虞初新志》有传。略谓黄履庄(1656—?)是扬州人,少时聪颖,读书过目不忘,尤喜独出心裁,制作各种奇巧器物。他七八岁读私塾时,曾雕凿了一个内含机巧的小木人,将木人放在桌子上能自动行走。黄履庄爱好西方的几何、代数、物理、机械等方面的知识,因而巧思愈进。他制造的东西,往往出人意料,《虞初新志》写道:

黄履庄像

> 所制亦多,予不能悉记。犹记其作双轮小车一辆,长三尺许,约可坐一人,不烦推挽能自行;行住,以手挽轴旁曲拐,则复行如初;随住随挽,日足行八十里。作木狗,置门侧,卷卧如常,惟人入户,触机则立吠不止,吠之声与真无二,虽黠者不能辨其为真与伪也。作木鸟,置竹笼中,能自跳舞飞鸣,鸣如画眉,凄越可听。作水器,以水置器中,水从

下上射如线,高五六尺,移时不断。所作之奇俱如此,不能悉载。

有怪其奇者,疑必有异书,或有异传。而予与处者最久且狎,绝不见其书。叩其从来,亦竟无师傅,但曰:"予何足奇?天地人物,皆奇器也。动者如天,静者如地,灵明者如人,赜者如万物,何莫非奇?然皆不能自奇,必有一至奇而不自奇者以为源,而且为之主宰,如画之有师,土木之有匠氏也,夫是之为至奇。"予惊其言之大,而因是亦具知黄子之奇,固自有其独悟,非一物一事求而学之者所可及也。昔人云,天非自动,必有所以动者;地非自静,必有所以静者。黄子之奇,其得其奇之所以然乎?

黄履庄性格沉静,平时喜欢独坐思考。遇到问题,开始时面色凝重,如临大敌,一有所得,便手舞足蹈,兴高采烈。如果遇到一个难题,经常废寝忘食,通宵达旦,必欲寻找到答案才罢休。他发明过"验器"即温度器,"千里镜"即望远镜,"瑞光镜"即探照灯,"自动戏"即留声机,"龙尾车"即踩水车,"自行驱暑扇"即自动风扇,不烦人力,一室皆风。黄履庄著有《奇器目略》,记录自己的科技发明,原书失传,仅在《虞初新志》中留下了简目。

张潮《虞初新志》评论说:"泰西人巧思,百倍中华,岂天地灵秀之气,独钟厚彼方耶?予友梅子定九、吴子师邵,皆能通乎其术。今又有黄子履庄。可见华人之巧,未尝或让于彼,只因不欲以技艺成名,且复竭其心思于富贵利达,不能旁及诸技,是以巧思逊泰西一筹耳。"又说:"原本奇器目略颇详,兹偶录数条,以见一斑云。"他承认,西方的科技领先于中国。

英国著名学者李约瑟的《中国科学技术史》,是二十世纪划时代的巨著。《中华科学文明史》五卷是这一巨著的缩写本,此书承原著之精要,作简明之叙事,勾勒了中华科学文明的发展脉络。李约瑟在书中多次写到扬州在中国科学史上的地位与贡献,他在第一卷第十三章写到清代扬州发明家黄履庄:

黄履庄制造并描述了气压计、温度计(一种带有可转动指针的温度计)、虹吸管、镜子、望远镜与放大镜,以及各种自动机械。如:某种画片放映装置,一种可能是曲柄车或脚踏车或自行车的装置(该车部分由弹簧驱动,并能日行八十里),还有自动风扇、水管,以及改进了的汲水装置等。

黄履庄是最早学习运用西方科技的扬州科学家。有人疑心黄履庄怀有异术,但黄履庄本人说他既无异术,也无师传,因为天地本身就是一部奇妙的机器,不过需要人去主宰而已。李约瑟称赞道,这难道不是亚里士多德在通过一个十七世纪的中国人之口说话吗?

民国时期的中小学课本中收录有黄履庄的传记。如中华书局民国元年(1911)四月印行的《中华高等小学国文教科书》第四册五版,选有《说自由》(章炳麟)、《士说》(梅曾亮)和《黄履庄》(一)、《黄履庄》(二)等文。其中《说自由》是议论文,作者章炳麟即章太炎,是国民革命的先行者。《士说》的作者是清代作家,意在反对把士仅仅看作农工商一样的人才。《黄履庄》一文较长,故分为两篇,描写了一个喜欢独立思考和制造机器的古代发明家。这一方面看出课文的编选者重视那些济世救民的人物,一方面也看出黄履庄的独特地位。

造船家沙飞

扬州瘦西湖有过一种考究的画舫,前舱放三张桌子,后舱设烹饪的灶间,一边行船,一边做菜,供游客同时享受口目之福,称为"沙飞"。何以叫作沙飞呢?因为这种船是扬州沙氏所造,航行起来又便捷如飞,故名。朱彝尊《虹桥》诗咏道:"行到虹桥转深曲,绿杨如荠酒船来。"那酒船其实就是沙飞。船以姓氏冠名,这在中国古代极为罕见。

关于沙飞的最早记载,见李斗的《扬州画舫录》。李斗说,扬州画舫最初始于鼓棚船:

> 本于城内沙氏所造,今谓之沙飞。

这几乎是关于沙氏造船一事的仅有而简略的记载。沙飞在很长一段时期,成了湖上画舫的代称,尤其成了美食宴船的代称。文人墨客,仕女名媛,

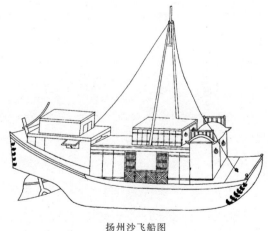

扬州沙飞船图

在船上一面顾盼楼台，一面大快朵颐，谅神仙不过如此。李斗特别提到，在当年扬州画舫中，有一艘叫作"王家沙飞船"，那一定是一位姓王的老板所拥有的私家美食画舫了。衣香人影，酒醇茶酽，集于一船，好不教人艳羡。

当沙飞的形制和用途为人们普遍向往的时候，它就代表着扬州人的生活方式和风情韵致，走出了扬州，点缀了整个江南。譬如，苏州后来也有了沙飞。清代苏州人顾禄《桐桥倚棹录》说，苏州的沙飞都在山塘一带的野芳浜和普济桥上下客。苏州人家举办宴会，常常租赁一条沙飞，在船上宴客。顾禄说到这种船的由来，是：

> 以扬郡沙氏变造，故又名沙飞船。

可见苏州的沙飞，的确是从扬州传过去的。苏州的沙飞不仅用来请客吃饭，"岁凡春秋佳日，浒墅关曲友与郡人，各雇沙飞船，张灯设宴，赌曲征歌，技之劣者，不敢与也"。苏州人把昆曲引入沙飞船，伴以佳肴，也许更能让游客尽兴。苏州戏班虽然发达，但直到清初尚无戏馆，公众看戏的场所是山塘的河船，观众一般站在岸上，但也有另外坐了船看的。《清人逸事》记吴县王鹤琴言：苏州人"款神宴客，侑以优人，则于虎丘山塘演之。其船名卷梢，观者别雇沙飞、牛舌等小舟环伺其旁。"这种看戏的沙飞，也就相当于后来的包厢。

南京的餐船和杭州的菜船，都是扬州沙飞的流风余韵。南京的餐船，据徐珂《清稗类钞》说："秦淮画舫之舟子亦善烹调。舫之小者，火舱之地仅容一人踞蹲，而焙鸭、烧鱼、调羹、炊饭，不闻声息，以次而陈，水泛清游，行厨可免。"《今古奇观》写杭州的菜船是："日日雇了天字一号的大湖船，摆著盛酒，吹弹歌唱具备。携了此妾下湖，浅斟低唱，觥筹交错。"美景，美食，美人，加上美船，岂非天上人间？

嘉兴的沙飞，在无名氏《八美图》里有描述：

> 那烟雨楼四面朱红曲折栏杆，五色珠灯悬空高挂，两旁排列奇珍异宝。各官府先来在此伺候，等候花少爷用过早饭，带领十五六名家将，都是花妆艳服。两位教师下了大船，另外一双沙飞，跟随着少爷船后，鸣金掌号，水道而行。

沙飞跟在大船后面，是因为它小而灵活。绍兴的沙飞以运货为主，实为乌篷船的一种。乌篷船分为载货和载客两种，载货的一般没有船篷，载重量多者一吨，少者也有五六百斤，划行速度很快，号称"小沙飞"。

沙飞不一定是小船，也可以是江海航行的大船。清人李百川《绿野仙踪》说：

适才过一大沙飞，乃户部侍郎陈大经之船也。他船内有二十余万银两，并应用物件等项，皆是刻薄害民所得。

这是写的长江沙飞。曹寅进贡朝廷的江南美味，也是用沙飞运输的。康熙《扬州府志》说："涉江以北，宴会珍错之盛，扬州为最。"曹寅在扬州任巡盐御史，每年都要贡献"南味"给康熙帝，所谓"水落鱼虾常满市，湖多莲芡不论钱"，那是运河沙飞。另据海洋航行史资料，清朝后期，海禁松弛，渔业发展，渔船、渔具日臻完善，黄海南部已用沙飞来捕鱼。

扬州一带江河里，有各式各样的沙飞船。据归锄子《红楼梦补》描写，林黛玉离开扬州时，乘坐的就是沙飞船。那时，林府"接连宴客三日，早已雇定大小沙飞、满江横、牡丹头共三十余号，一应妆奁、粗细什物、箱笼行李，并需用器皿伙食，各编字号，发运下船，分派家人管理，各有职司。到了启行吉日，排开林府执事掌号，细乐数班，众丫环、媳妇伺候黛玉拜别祠堂，又拜辞婶母，坐上彩舆，紫鹃、雪雁坐轿随后。满城文武官员俱至码头候送，林府家人站立两旁回帖阻步请安。看的人塞街填巷，挨挤不开。一时黛玉的婶母同女眷们坐轿下船，带了公子与黛玉同坐一舟。男女各分船只，船上一色扯起奉旨完姻黄旗，送亲的船上各扯自己官衔旗号。三声炮响，起碇开船，各船头上锣声响应震天，一号一号的都挨次开出去了"。尽管是小说，但是"早已雇定大小沙飞"应是实情。

"沙飞"一词古人屡用。唐人钱起《送萧常侍北使》诗中有"雁宿常连雪，沙飞半渡河"之句，却与"沙飞船"无关。沙飞出于扬州沙氏，可到底是什么时代，无从得知。从王冠倬《中国古船图谱》里描绘的明代"沙船"来看，沙氏可能是明代人。书中还绘有湖州、扬州等地的"沙飞船"，均有前舱、中舱、后舱之别，望台、甲板、风帆之设，样式华美，设施完备。几百年来，在江南烟波里披星戴月、乘风破浪，并承载着那个时代旅人的理想生活而渐行渐远的，就是沙飞。

园林设计

园艺家计成

计成字无否,明代吴江县人。工于绘画,好蓄奇石,尤能以画意构筑园林,曾为扬州郑元勋造影园。著有《园冶》一书,该书对于造园之事,多发人所未发,被誉为古代造园第一书。

《园冶》自序云:

不佞少以绘名,性好搜奇,最喜关仝、荆浩笔意,每宗之。游燕及楚,中岁归吴,择居润州。环润皆佳山水,润之好事者,取石巧者置竹木间为假山。予偶观之,为发一笑。或问曰:"何笑?"予曰:"世所闻有真斯有假,胡不假真山形,而假迎勾芒者之拳磊乎?"或曰:"君能之乎?"遂偶为成壁,睹观者俱称:"俨然佳山也。"遂播名于远近。

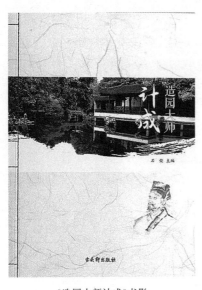

《造园大师计成》书影

《园冶》于崇祯四年(1631)写成,八年(1635)刊刻。全书三卷,以《兴造论》《园说》为总说,其后《相地》《立基》《铺地》《掇山》《选石》《借景》等篇论造园艺术。

《园冶》是计成在扬州写成的。计成一生造园甚多,有资料可考者,仅常州吴氏园、仪征汪士衡寤园、扬州郑元勋影园、南京阮大成石巢园而已。计成与扬州影园主人郑元勋友谊深厚,《园冶》付梓之前,郑元勋为之题词,称"予与无否交最久",认为计成的手法变化,是他人不可及的,更何况他自己"能指挥运斤,使顽者巧,滞者通"。郑元勋认为,《园冶》必将成为"他日之规矩",被后人效法。计成所造之园,可考的四园中有两座在扬州,即寤园、影园。影园主人郑元勋在《影园自记》中,特别提到计成为影园谋划指挥之事:

计成亭

是役八月粗具,经年而竣,尽翻陈格,庶几有朴野之致。又以吴友计无否善解人意,意之所向,指挥匠石,百不一失,故无悔画之恨。

今扬州影园已废,但遗址犹存,在扬州荷花池公园。

叠石家道济

道济就是石涛,号大涤子、瞎尊者、苦瓜和尚、清湘陈人等,清初广西梧州人。工于书画,擅长叠石,曾为扬州余氏构筑万石园,用太湖石以万计,故名。园中有樾香楼、临漪槛、援松阁、梅舫诸胜。又筑新城片石山房中太湖石山一座,高仅五六丈,而奇峭壮观。

李斗《扬州画舫录》卷二云:

释道济,字石涛,号大涤子,又号清湘陈人,又号瞎尊者,又号苦瓜和尚。工山水、花卉,任意挥洒,云气进出。兼工垒石。扬州以名园胜,名园以垒石胜。余氏万石园出道济手,至今称胜迹。

钱泳《履园丛话》卷二十云:

扬州新城花园巷,又有片石山房者。二厅之后,湫以方池,池上有太湖石山

159

扬州片石山房

子一座,高五六丈,甚奇峭,相传为石涛和尚手笔。

又,《嘉庆重修扬州府志》卷三十云:

万石园,汪氏旧宅,以石涛和尚画稿布置为园,太湖石以万计,故名。万石中有㯕香楼、临漪槛、援松阁、梅舫诸胜。乾隆间,石归,康山遂废。

石涛晚年在扬州度过。或以为扬州个园假山,也出自石涛之手。因扬州无山,故园林皆以人工叠石,以弥补此阙。自石涛之后,叠石之工不绝如缕,据《扬州画舫录》记载:"次之张南垣所垒'白沙翠竹''江村石壁',皆传诵一时。若近今仇好石垒怡性堂'宣石山',淮安董道士垒'九狮山',亦藉藉人口。至若西山王天於、张国泰诸人,直是石工而已"。

造园家黄氏

清代扬州园林之盛,不下苏州,时人称"杭州以湖山胜,苏州以市肆胜,扬州以园亭胜,三者鼎峙,不分轩轾"。其中的造园家,有黄氏四兄弟,即黄履晟、黄履暹、黄履昊、黄履昂。黄氏本是徽州歙县潭渡人,寓居扬州,兄弟四人,以盐策起家,有"四元宝"之称。

《扬州画舫录》卷十二云:

"四桥烟雨",一名黄园,黄氏别墅也,上赐名"趣园"。御制诗云:"多有名园绿水滨,清游不事羽林纷。何曾日涉原成趣,恰值云开亦觉欣。得句便前无系恋,遇花且止足芳芬。问予喜处诚奚托? 宜雨宜旸利种耘。"黄氏兄弟好构名园,尝以千金购得秘书一卷,为造制宫室之法。故每一造作,虽淹博之才,亦不能考其所出。是园接江园环翠楼,入锦镜阁,飞檐重屋,架夹河中。阁西为

"竹间水际"下,阁东为"回环林翠",其中有小山逶迤,筑丛桂亭;下为四照轩,上为金粟庵。入涟漪阁,循小廊出为澄碧堂。左筑高楼,下开曲室,暗通光霁堂。堂右为面水层轩,轩后为歌台。轩旁筑曲室,为云锦淙,出为河边方塘,上赐名"半亩塘",由竹中通楼下大门。

四桥烟雨楼

又说:

黄氏本徽州歙县潭渡人,寓居扬州。兄弟四人,以盐策起家,俗有"四元宝"之称。晟字东曙,号晓峰,行一,谓之"大元宝"。家康山南,筑有易园。刻《太平广记》《三才图会》二书。易园中三层台,称杰构。履暹字仲升,号星宇,行二,谓之"二元宝"。家倚山南,有十间房花园。延苏医叶天士于其家,一时座中如王晋三、杨天池、黄瑞云诸人,考订药性。于倚山旁开青芝堂药铺,城中疾病赖之。刻《圣济总录》,又为天士刻《叶氏指南》一书。"四桥烟雨""水云胜概"二段,其北郊别墅也。履昊字昆华,行四,谓之"四元宝"。由刑部官至武汉黄德道。家阙口门,有容园。履昂字中荷,行六,谓之"六元宝"。家阙口门,有别圃。改虹桥为石桥。其子为蒲筑"长堤春柳"一段,为荃筑桃花坞一段。

《履园丛话》说:"造屋之工,当以扬州为第一。如作文之有变换,无雷同,虽数间小筑,必使门窗轩豁,曲折得宜,此苏杭工匠断断不能也。"诚然。

扬派盆景

全国第一批非物质文化遗产的推荐项目由文化部评审公示时,扬州推荐的九个项目,七个榜上有名。落选的两个项目,一个是江都金属工艺,一个是扬派盆景艺术。尽管扬州的入选项目之多,位于全省前列,但扬派盆景的落选,仍然令人感到十分意外和惋惜。

郑板桥《盆栽》图

扬派盆景号称"始于唐宋,盛于明清",又是全国"五大盆景流派"之一,一向以"一寸三弯""云片剪扎"等技法闻名于世。可是,为什么如此成竹在胸的推荐项目,竟会名落孙山呢?翻翻多年来出版的扬州盆景著述,就会发现:这些著述大都侧重于技术,而忽略了文化。在宽泛的概念上,技术也属于文化的范畴。然而,就盆景这种特殊的传统艺术而言,要让评委们为之心折而投它一票,绝不能仅谈技术。用"始于唐宋,盛于明清"之类简略的语言一笔带过扬派盆景发展史,显然远远不够。当我们以曹寅和《全唐诗》介绍扬州雕版、以柳敬亭和《隋唐传》介绍扬州评话、以乾隆皇帝和《大禹治水图》介绍扬州玉雕时,我们为什么不以具体的材料来证明扬派盆景的峥嵘岁月与深厚蕴涵呢?

有关扬派盆景的史料虽少,但并不是没有。例如宋人苏轼曾以扬州石材制作水石盆景,兴奋之情溢于言表,其《双石(并引)》云:

至扬州,获二石。其一绿色,冈峦迤逦,有穴达于背;其一玉白可鉴。渍以盆水,置几案间。忽忆在颍州日,梦人请住一官府,榜曰"仇池"。觉而诵杜子美诗曰:"万古仇池穴,潜通小有天。"乃戏作小诗,为僚友一笑:

梦时良是觉时非,汲井埋盆故自痴。
但见玉峰横太白,便从鸟道绝峨眉。
秋风与作烟云意,晓日令涵草木姿。
一点空明是何处,老人真欲住仇池。

元人张之翰《谢谭学正送盆梅》最早提到扬州的花木盆景,对于盆梅的妙曼姿态描绘甚工:

去年扬州梅数株,红红白白才须臾。

中有一盆六尺余，百计爱护亦渐枯。
今年移近瞽社居，风土又与扬州殊。
只知终岁不复渠，临风搔首空踟蹰。
肖岩谭君解相娱，忽送春色来庭除。
盘根曲干画不如，若为幻此清而癯。
似开不开白玉肤，欲褪不褪红罗襦。
兰衰菊悴孰友于，素屏虚幌香撩予。
梦回落月澹欲无，笔头有句追林逋，
何必直到杭西湖？

这些都表明，扬州盆景的发展确有史料佐证。明人李日华在《味水轩日记》卷一中，记作者与友人经过一家花圃时，看到一种天目小松，松针很短，树干却并无偃蹇之势。本来这种细叶松树，只要略加捆扎，就可以做成盆景的，但主人没有这样做。于是作者联想到扬州豪门常以歌舞弹唱强行调教贫家女子，这种现象与工匠对花木施行砍削绑扎十分相似：

圃人习烧凿捆缚之术，欲强松使作奇态，此如扬州豪家收畜稚女盈室，极意剪拂。

明代工匠已习惯于用火烧、斧凿、捆绑、缚扎等技术，强迫松树呈现出各种奇异姿态，这与扬州豪门收养幼女，恣意加以调教没有两样。扬州人既然善于对稚女"极意剪拂"，自然也善于对花木"烧凿捆缚"。作者以为，人和树一样，经过特殊剪裁之后，固然也有赏心悦目者，可供达官贵人一时之需，但世间最美的往往藏在深山，要像西施那样等待范蠡去发现。作者想要表达的实际上是反对束缚人才、追求个性解放的思想，这比龚自珍的《病梅馆记》更早。人工美也许永远不及自然美，但从盆景发展史的角度看，《味水轩日记》依然不失为扬州盆景的重要史料。

又如清人沈复在《浮生六记》卷二里，谈到当时扬州已用盆景作为贵重物品送礼，但他十分怀疑扬州商人的审美水平：

在扬州商家，见有虞山游客，携送黄杨、翠柏各一盆。惜乎明珠暗投，余未见其可也。

作者认为,作为盆载植物,如若一味追求将枝叶盘如宝塔,把树干曲如蚯蚓,便成"匠气"。点缀盆中花石,最好是小景入画,大景入神,一瓯清茗在手,神能趋入其中,方可供幽斋之玩。作者谈自己亲手制作盆景的经验尤为可贵:"种水仙无灵璧石,余尝以炭之有石意者代之。黄芽菜心其白如玉,取大小五七枝,用沙土植长方盆内,以炭代石,黑白分明,颇有意思。以此类推,幽趣无穷,难以枚举。如石葛蒲结子,用冷米汤同嚼喷炭上,置阴湿地,能长细菖蒲,随意移养盆碗中,茸茸可爱。以老蓬子磨薄两头,入蛋壳使鸡翼之,俟雏成取出,用久年燕巢泥加天门冬十分之二,捣烂拌匀,植于小器中,灌以河水,晒以朝阳,花发大如酒杯,叶缩如碗口,亭亭可爱。"沈复来自苏州,寓居扬州大东门,他的记述对我们了解清代扬州盆景制作实况及文人情趣,极为宝贵。

记述扬州盆景的文字,以《扬州画舫录》最为丰富,但很少有人仔细搜罗。李斗谈盆景的文字,至少有五处:

清代湖上园亭,都有花园,为莳花之地。"养花人谓之花匠,莳养盆景,蓄短松、矮杨、杉、柏、梅、柳之属。海桐、黄杨、虎刺,以小为最。"当时的扬州盆景,以景德盆、宜兴土、高资石为上等,取材讲究。种类则有以树根、青苔为主的"花树点景",以石头、水沼为主的"山水点景"。此见卷二。

古代的盆景匠人,极少有记载。但扬州有一位张秀才,却以制作梅树盆景出名。"秀才名继,字饮源,精刀式,谓之'张刀'。善莳花,梅树盆景与姚志同秀才、耿天保刺史齐名,谓之'三股梅花剪'。"其后又有张其仁、刘式、三胡子、吴松山等人效其法,这都是非常珍贵的人物史料。此见卷四。

现在的荷花池为清代九峰园旧址,园中曾有风漪阁,阁后池沼旁建小亭、门洞、长廊,"中有曲室四五楹,为园中花匠所居,莳养盆景"。九峰园的花匠,为园主人所蓄,当与张秀才等人身份不同。此见卷七。

扬州多徽人,其中也有盆景高手。"吴履黄,徽州人,方伯之戚。善培植花木,能于寸土小盆中养梅,数十年而花繁如锦。"文中的"方伯",即康山草堂主人江春。江春精盐务、善交往、爱戏曲、喜园林,吴履黄随他来扬,则江春也必然好盆景无疑。此见卷十二。

苏扬盆景在清代已有交流。有个苏州和尚,俗姓张,法号离幻,因唱昆曲得罪御史,愤而出家。他喜欢收藏宣德炉、紫砂壶。"自种花卉盆景,一盆值百金。每来扬州,玩好、盆景,载数艘以随。"他插瓶花崇尚自然,不用针线和铁丝之类的辅助材料,与扬派迥异。此见卷十五。

另外,扬州八怪和扬州盆景同处一地,又都属于造型艺术,彼此之间的交流和影响也是个极富意义的课题。八怪和盆景的关系,至少有三个方面:一是诗文的涉及,二是美学的借鉴,三是直接的描绘。前两项暂且不谈,现在就八怪所绘各种瓶插、盆栽的作品,略举数例:

高凤翰《瓶中荷花图》,画瓶中栽有莲花数枝,一朵开放,一朵含苞,显然系人工栽培。

高凤翰《奇石扇面图》,画一奇石,高下弯曲,可以玩赏,与今天水石盆景极为相似。

边寿民《盆栽松梅图》,画圆盆中栽有松梅,梅姿挺拔,松枝下垂,系盆景造型的写照。

李鱓《瓶花图》,画高瓶一只,中插花朵。

李鱓《花石盆景图》,画圆盆左侧栽有花木,姿势屈曲,中右部置小石七八枚,与今天盆景造型无异。

李鱓《盆花图》,画盆中栽花,题词:"花是扬州种,瓶是汝州窑。注以吴江水,春深锁二乔。"

金农《盆栽兰花图》,画一只方盆,内栽兰花。

黄慎《手抱瓶梅图》,画一人怀抱花瓶,瓶中栽梅花。

黄慎《老少观梅图》,画老少二人,观看并议论一盆梅花盆景,表现了当时人对盆景的极大兴趣。

黄慎《手持瓶梅图》,画一人手持花瓶,瓶中插梅花两枝。

李方膺《盆栽兰花图》,画一方盆,一圆盆,中栽兰花。

闵贞《瓶插萱草图》,画高瓶中插有萱草,寓意吉祥。

扬派盆景的魅力,一是技术,一是文化。技术赋予其形,文化赋予其魂。技术和文化,有如鸟之双翼,车之两轮,不可偏废。现在看来,对它的技术已经总结得很多,然而对它的历史文化还研究得不够。而后者,正是我们应该努力补课的。

百年欧风

行走在古城扬州,在青砖黛瓦的明清建筑海洋里,偶尔会遇见一两座尖顶圆窗的西洋风格建筑。那是基督教堂或者天主教堂。在扬州,你看到一座洋房也许并不介意,看到十座洋房会产生什么感觉?看到二十座洋房又会是什么感受?况且,这些洋房并不都是教堂,它俨然成了扬州园林和扬州民居的一部分。你会想到,早在一百年前,西方文明已经通过建筑的方式悄悄进入扬州,并且消融在扬州人的社会生活之中而了无痕迹。

最近,我们有兴趣踏访了一些幸存至今的洋建筑。叠经政治风云,时空变换,这些洋房子虽然残破,但依然存在,向我们作无言的倾诉。这使我们忽然产生一种冲动,想走近它,了解它,和它对话,与它同行。

关于近代西方文明在扬州的渗透、碰撞和融会,尚未见有人作系统的研究。扬州是中国历史文化名城,具有将近两千五百年的建城史。早在唐代,扬州已经是中国与海外进行交通贸易的重要枢纽港口城市,与中东与阿拉伯世界有着密切的经济、宗教、文化交往。史书中关于"商胡"在扬州活动的传奇式的记载,屡见不鲜。近年来,扬州已被确定为"海上丝绸之路"的重要节点城市,列入"海上丝绸之路"申报人类文化遗产的计划之中。唐代高丽人崔致远来华求学,扬州是他生活过的重要城市。宋代阿拉伯人普哈丁不远万里来扬州传教,他在扬州建立的仙鹤寺为中国南方四大清真寺之一。元代意大利人马可波罗随其家族来中国经商,后奉大汗之命治理扬州三年,这在世界文明史上影响深远。明代扬州官员王徵曾与德国传教士邓玉函合作编译《奇器图说》一书,在扬州首次刊刻问世。这本书

扬州晚清洋楼

以图说的超前方式,第一次向中国人介绍了西方的力学与机械知识,书中引用了多种欧洲文献,并将阿基米德传统力学理论与机械知识合编在一起,在全世界从无先例。《奇器图说》后来被称为中国机械工程学的开山之作,它的出版成为中德文化交流史上划时代事件,然而在扬州似乎无人注意。到清代,西方文化以各种形式传播到扬州,例如扬州园林建筑中的"西洋水法",扬州八怪体现出的"素描技法",乃至玻璃、油画、洋糖、外语等等。尤其是思想家魏源,在扬州完成并刊刻了他的《海国图志》一书,这部巨著有五十卷、六十卷、一百卷三种版本,前两种刊刻于扬州,后一种刊刻于高邮,后来在海内外不断重刊。它的全部内容,就是围绕"夷"这个中心,全方位地介绍世界各国的地理、历史、政治、经济、军事、科技,乃至宗教、文化、教育、风土等各种情况。它是中国有史以来未曾有之书。因此,它不愧是一部破天荒的百科全书式的巨著,一经问世,风行人间,不但启迪了中国的志士仁人,并对日本的明治维新产生了深远的启蒙和推动作用。到了晚清,基督教、天主教在扬州兴办教堂,传播教义,乃至同治、光绪年间一再引发"扬州教案",成为中国近代史上长江流域一系列教案的滥觞。进入民国以后,西人在扬州设立学校、医院,西方文化逐渐为扬州人所理解、接纳、包容。扬州的学校开始教授英文,扬州的民众开始认可西医,商人、绅士也纷纷以在庭园中兴建西洋建筑以为时尚。

西方文明在扬州的渗透、碰撞和融会,从一个侧面体现了古老的华夏文明是怎样在封闭状态下被动地遭遇西方文明,从开始的新奇、困惑、抵制,直到理解、接受、消融的曲折历程。在这一悲壮的历程中,充满了狭隘的民族主义与反抗西方帝国主义文化侵略的情感与理性的巨大纠结,东方价值观与西方价值观两种异质文明的艰难对话,以及像扬州这样典型的东方古城在从中世纪走向近代化的路途中所出现的痛苦而必然的历史嬗变。

在清晨,在黄昏,在夜晚,我们经常冷对那些无言的洋房。它们淹没在中式建筑的汪洋大海里,显得那么特别,那么孤独,又那么顽强。在一座座耶稣堂、天主堂、圣心堂、福音堂的里面,有些什么故事?像寄啸山庄、吴道台宅第这些中国式的庭园中,为何会突兀着一座西洋楼来?大舞台、树人堂、绿杨旅社等中国人活动的场所,为什么会采用西洋风格的建法?我们能不能走近这些洋房,通过它们来管窥古城扬州在中外交通史、文化史、艺术史、宗教史、建筑史等领域中的地位与价值之一斑?

外国人在扬州建筑房屋的历史,或者中国人在扬州建洋式房屋的历史,还是一团迷雾。我们原先以为,是1840年的鸦片战争打开了中华帝国的沉重之门,欧风美雨伴随着洋枪火炮进入古老的中国。但是,实际上扬州人接受西洋建筑的历史,要早于鸦片战争。早在康乾盛世,广州人得欧洲文明风气之先,率先建造洋房,扬州人也从广州引进了许多新鲜东西,譬如西洋建筑风格。广州洋商的经济活动,给中国带来了一场建筑风格上的革命。中体西用的理念,造成了洋行街区中西合璧的新式建筑风格,与中原的秦砖汉瓦迥然相异,显得华丽而又时尚。在清代中叶,广州洋商最有名的一座西式建筑叫做"碧堂",以致千里之外的扬州盐商仿其风格,在瘦西湖边也仿造了一座"澄碧堂"。乾隆年间三游珠江的扬州文人李斗,在《扬州画舫录》中写道,扬州有澄碧堂,"盖西洋人好碧,广州十三行有'碧堂',其制皆连房广厦,蔽日透月为工。是堂效其制,故名'澄碧'"。这是西洋建筑文化渗透到扬州的一个早期实例。

　　从"澄碧堂"之后,扬州便有了无数的"澄碧堂"。

构　　件

汉唐官制

抚砖遥想吴王城
——"北门壁"汉砖

秦砖汉瓦是构建中国传统民居的主要材料。但对于一般人来说,真正能够触摸乃至收藏秦砖汉瓦的机会极少。李万才先生送我的"北门壁"城砖,却是一块真正的汉砖,而且是扬州出土的城砖。抚摸着这两千年前的精美城砖,不能不让我遐想汉代广陵城的坚固,以及它的建造者吴王刘濞的强悍。我相信,吴王刘濞与这块砖头之间曾经有过的距离,不会比我与这块砖头之间的距离更近。透过砖头那冷漠的表面,我仿佛看到汉官威仪的吴王,在百官簇拥之下,出入于广陵城门——那时候,他离这块城砖的空间距离,充其量只有数步之遥。

砖呈黑色,抚之如石,叩之有声。厚两寸有余,高六寸不到,长一尺一寸半。最珍贵之处是城砖六面均有隶书阴文——"北门壁"三字,而且完好如初,平整无缺。"北门壁"三字是用木模印上去的,正面的字稍大,侧面的字稍小。汉代城墙系用土筑成,但在城

"北门壁"汉砖

阙部分用砖包砌,以护其壁,故铭文为"北门壁"。据考古发现,"北门壁"之砖砌在古城北门的内壁,这里是西汉吴王刘濞所筑广陵城的旧址,也是后来东晋桓温所筑广陵城的遗址。

城砖是在蜀冈考古时发现的,尔后有人送给李先生,砖上还沾着泥土。考古报告说,晋广陵城是在汉广陵城的基础上重修的。同时出土的城砖,分别模印着"北门""北门壁""城门壁"等字,多作隶书,厚重古拙。"北门壁"城砖的出土,证明发掘地点当即汉广陵城的北门所在。刘濞要出城,非从此门经过不可。也许当年刘濞发动吴楚七国之乱时,就是踌躇满志地由北门率兵出发,直指长安,把北门当作自己的凯旋门的。

扬州最早的城是邗城,但邗城的确凿地点不可详考。文献里的记载,以春秋时夫差的"吴城邗"最早,时间是在周敬王三十四年(前486)。在这之后,便是汉广陵城的修建。刘邦建立西汉后,封他的侄子刘濞为吴王,建都于广陵。《汉书·地理志》云:"广陵为吴王濞所都,城周十四里半。"表明汉广陵城为吴王濞所修建,或者是在邗城基础上增筑。

汉代的广陵,在很长时间内都是封国所在地。先是高祖刘邦封从兄刘贾为荆王,广陵属荆国,都于吴。后来改荆国为吴国,封兄刘仲之子刘濞为吴王,都于广陵。景帝时改吴国为江都国,迁皇子原汝南王刘非为江都王。武帝时改江都国为广陵国,封皇子刘胥为广陵王。王莽时废广陵国,此后在东汉绝大多数时期,扬州均为广陵郡,只有明帝时改广陵郡为广陵国,迁山阳王刘荆为广陵王。而广陵城,便相继成为吴国、江都国、广陵国的都城。我面前的这块城砖,料想也就一直镶嵌在广陵城的北门上,对历代吴王、江都王、广陵王的兴起与覆没,作"壁上观"。直到有一天,广陵城终于倒塌,它被掩埋在尸骸和荒草之下沉睡千载。

再坚固的城池,也无法躲过战火。城建于人,也毁于人。在东汉末年,广陵城郭屡为废墟。仅六朝时期,广陵就至少有过三次筑城:一是东吴时,广陵成为魏吴两国边境,吴王孙亮派卫尉冯朝修广陵城,但其功未就。二是东晋时,桓温在广陵故城基础上加以修缮,有人认为出土的"北门壁"铭文砖就是桓温筑城的遗迹。三是南朝刘宋时,竟陵王诞又筑广陵城,并新开了南门。刘诞在筑城次年发动叛乱,失败后广陵城遭屠,是扬州历史上的第一次浩劫。参军鲍照因目睹满城疮痍,感慨万千而作《芜城赋》,扬州从此有"芜城"之称。据历史记载,鲍照是"登广陵故城"而作此赋的,所登既是"故城",证明广陵城址在刘宋时并无变迁。换句话说,从春秋到南朝,从邗城到吴都,广陵城其实是在同一方位。如此说来,我案前这一方无言的城砖,它不但经历了西汉的强盛,也经历了南朝的战乱,它听到过拂天的歌吹,也听到过动地的鼙鼓,它看到过董子的布道,也看到过细君的叹息。它是历史的见证者。

"北门壁"城砖质地细密,规格中矩,颜色似铁,沉重如铅。它在地下沉睡千年而不腐不蚀,美轮美奂,不禁使人感慨吴国的国力之强。西汉初年,吴王刘濞都广陵时,为实现其政治抱负,曾招纳四方亡命之徒来采铜、煮盐,并开凿邗沟支道从茱萸湾东通海陵仓,在客观上对广陵经济起了促进作用。枚乘《七发》所渲染的衣食之丰、声色之美、物产之富、财力之雄,正表明当年广陵的富足之极。这些年来,扬州出土了大量汉代文物,有玉器,有铜器,有漆器,有陶器,制作工艺之精巧令人惊讶。但是人们还很少注意出土的城砖,这蓬头垢面、其貌不扬的东西。可是,仅从"北门壁"城砖来看,也足以证明吴国制造水平之高。

教人称奇的是,此后的隋唐扬州城,仍然建在蜀冈汉广陵城故址上。唐扬州城包括了子城和罗城两部分,子城亦称衙城,就是在吴邗城、楚广陵城、汉吴王濞城和东晋、刘宋的广陵城基础上兴修的。而当年的古城,迄今尚有土垣城墙可寻。城墙为夯土版筑,门阙及其附近为砖砌,隶书阴文"北门壁"等铭文砖就出自曾经发掘的城北中段。

每一块城砖都是历史的黑匣子,记录着城市变迁的密码。有一首歌唱道,精美的石头会唱歌。我想说,沉默的砖头也会用它的语言说话,告诉我们城市的昨天。

西晋太子广陵王

——"□康六年八月二十日"晋砖

一日至天宁寺,其时寺中多古玩冷摊。忽见一砖,颜色赭红,形制扁平,揣其应为晋砖。其侧有字,竖写,惜漫漶不清,细看之后,似为"□康六年八月二十日"等字,首字缺损严重。按晋人年号好用"康"字,两晋共有太康、元康、永康、咸康、宁康等年号。其中太康为司马炎年号,用十年;元康为司马衷年号,用九

"□康六年八月二十日"晋砖

年;永康也是司马衷年号,用一年;咸康是司马衍年号,用八年;宁康是司马曜年号,用三年。超过六年的年号有太康、元康、咸康。此砖的年代,必属这三种年号中的一种。

在晋朝建立之前,那时的扬州与今天的扬州并无干系。汉朝将全国划分为十三刺史部,扬州刺史部管辖今安徽淮河以南、江苏淮河以南,上海、江西、浙江、福建全部,湖北、河南部分地区。东汉时扬州州治在安徽之历阳、寿春、合肥。三国时有两个扬州,曹魏之扬州州治在寿春,孙吴之扬州州治在吴、京口、建业。西晋将魏、吴两个扬州合二为一,治所在建业。隋朝才将吴州改为扬州,州治在今之扬州。

西晋时广陵郡的范围大致包括今扬州、泰州、淮安东部、南通和盐城西部,治所在淮阴。东晋时广陵郡的范围与西晋大致相等,但淮河以北除外,治所设在广陵。晋代的广陵也有一些掌故,最重要的是大司马筑广陵城,太保谢安筑广陵新城。另外,西晋太子司马遹做过广陵王。司马遹是晋武帝司马炎之孙、晋惠帝司马衷长子,有高祖司马懿之风。当时有望气占卜的方士说,广陵有天子之气,武帝便封司马遹为广陵王。后司马衷即位,立司马遹为皇太子。但司马遹不修德业,居然在宫中摆摊卖肉,兼售杂货,以收其利,又好算卦巫术。后来这位广陵王被诬谋反而遭杀害,年方二十三岁。

见到这块晋砖,不由得重检晋人旧籍中的广陵逸事。

晋人张华《博物志》云:"广陵陈登食脍作病,华佗下之,脍头皆成虫,尾犹是脍。"此事又见《三国志·华佗传》,说广陵太守陈登得病,胸中烦懑,面赤不食。华佗诊断说:"府君胃中有虫数升,欲成内疽,食腥物所为也。"即作汤二升,先服一升,然后尽服。一会儿,陈登吐出三升许虫,赤头皆动,半身还是生鱼脍,病痛立愈。华佗说:"此病后三期当发,遇良医乃可济救。"届时果然发病,当时华佗不在,陈登如言而死。后人认为陈登可能是吃海鲜时不注意卫生,染上了所谓的"血吸虫",这也说明晋代广陵多海鲜。

晋人干宝《搜神记》云:"蒋子文者,广陵人也。嗜酒,好色,挑挞无度。常自谓:'己骨清,死当为神。'"汉末,蒋子文为秣陵尉,在钟山下追逐贼人时受伤而死。后化为神,乘白马,执白羽,从街上驰过,并说:"我当为此土地神,以福尔下民。尔可宣告百姓,为我立祠。不尔,将有大咎。"这年夏天瘟疫流行,老百姓都暗自惊惧,很多人偷偷祭祀蒋子文。蒋子文又传言,让孙吴政权为他立庙,不然就让虫子钻进人耳。不久果有飞蚁那样的小虫钻进人耳,医生也没法医治,老百姓更加恐慌,但孙权仍然不信。蒋子文又传言说,如果不祭他,他就用大火让百姓遭殃。这一年果然火灾严重,一天有几十处被烧掉,火势一直蔓延到王宫。朝中大臣认为不如采取措施安抚,于是孙权封蒋子文为中都侯,并立庙祭祀,还把钟山改称为蒋山。此后灾难果然消失了。

晋人陶潜《搜神后记》云:"晋太和中,广陵人杨生畜一狗,甚爱怜之,行止与俱。后生饮醉,行大泽草中眠,不能动。时方冬月燎原,风势极盛。犬乃周章号唤,生醉不觉。前有一水坑,狗便走往水中,还以身洒生左右草上。如此数次,周旋跬步,草皆沾湿,火至免焚。"等杨生醒来,才知道是狗救了自己。后来杨生夜晚赶路,不小心掉在空井中,狗在旁边一直叫到天亮。有人由此经过,觉得狗叫得奇怪,就向井中探望,发现了杨生。杨生说:"您能救我出来,我一定给您丰厚报酬。"那人说:"你把这狗给我,便会救你出来。"杨生说:"这只狗救过我的命,不能给您,除了这个条件,我都答应您。"那人说:"如果这样的话,我就不救你出来了。"狗于是低头向井里的杨生使眼色,杨生明白了它的意思,就对路人说:"我把狗送给你。"路人立即救杨生出来,将狗拴住牵走。过了五天,狗趁夜色又逃回杨生身边。

"□康六年八月二十日"晋砖厚一寸半,宽五寸,长一尺有馀。因火候较高之故,故呈赫红色。此砖料非城砖,当是墓砖。晋人轻生死,重鬼神,好谈玄学,见此砖可想见嵇康、阮籍风度。

修堑垒 缮甲兵
——"官"字唐砖

前些年,在桥头屋脚、河畔井边常捡得带有"官"字铭文的残缺唐砖。色泽虽有青,有黑,有黄,而尺寸相似,均宽五寸馀,厚一寸半。因为都是半截,故长度不详。

据文献记载,唐代扬州修城有两三次:

一次是建中四年(783)十一月,《资治通鉴》卷二百二十九:"淮南节度使陈少游,将兵讨李希烈,屯盱眙,闻朱泚作乱,归广陵,修堑垒,缮甲兵。""修堑垒"就是修筑城墙,疏浚城壕。陈少游(724—785),山东博平人,大历八年(773)迁扬州大都督府长史、淮南节度观察使,累加检校礼部、兵部尚书。陈少游好治水利,曾营建广陵城,但这在《旧唐书·陈少游传》中未曾提及。大历十四年(779),唐代宗诏令全国,禁止王公、百官及天下长史与民众争利。扬州地处南北交通要道,八方货物云集,一些高官为了牟取私利,借军用名义在此开设店铺。陈少游雷厉风行,查封了高官在扬州的商业设施。

又一次是乾符六年(879),《旧唐书》卷一百八十二:"(高)骈至淮南,缮完城垒。""缮完城垒"就是修缮城墙、堡垒,使之完好。高骈,河北景县人,乾符六年(879)迁淮南节度副大使知节度事,仍充都统、盐铁使。黄巢起事时,高骈慑于黄巢威势,拥兵十万,坐守扬州,却不服朝廷节制。故唐朝之亡,和高骈有很大关系。高骈晚年昏庸,迷信神仙之术,重用术士之流,后被部下毕师铎所杀。

还有一次是咸通年间(860—874),《太平广记》卷第二百四:"咸通中,丞相李蔚拜端揆日。自大梁移镇淮海,政绩日闻。……藩镇疮痍未平,公按辔恭己而治之。补缀颓毁,整葺坏纲,功无虚日。以其郡寡胜游之地,且风亭月观,既以荒凉,花圃钓台,未惬深旨。一旦,命于戏马亭西,连玉钩斜道,开创池沼,构葺亭台。挥斤既毕,号曰'赏心'。"这是说李蔚在扬州治理乱政,整肃纪纲,将郡城中亭榭花圃加以修整美化之意。李蔚命人在戏马亭西的玉钩斜处,开挖人工湖,并在湖中修建亭台,名曰"赏心亭"。还在湖边广植花草树木,放养奇禽异兽,一时游人如潮。文中没有明言修城,但为了改善郡城面貌,连亭台楼榭都在其

"官"字唐砖

中,城墙自必在修缮之列。李蔚,陇西人,咸通十四年(874)转扬州大都督府长史、淮南节度副大使知节度事。

砖铭"官"字的写法都是隶书,但明显不是出自一人之手。这说明:一、这些砖头都是官窑所制,并非民窑所烧;二、其用途不是修筑城墙,就是建设官衙,并非民用;三、它们烧制于不同的时代或衙门。

唐代扬州的官衙甚多,小的如江都县、江都郡,大的如东南道、淮南道、扬州大都督府、淮南节度使府、盐铁转运使府。在扬州的各级官府中,以扬州大都督府和淮南节度使府权力最大。大都督的名称从大总管而来,扬州大都督府于唐代武德七年(624)设立。节度使的名称从都督而来,淮南节度使于天宝十五年(756)设立。凡是官府烧制之砖,都可以用"官"字。但这些"官"字残砖究竟属哪一家官府所制,难以稽考。

街垂千步柳　霞映两重城
——"罗城"唐砖

2016年9月2日是如愿以偿的日子,一直想得到的"罗城"唐砖终于到我案头。砖共两块,虽然残缺,铭文却是完好的。一块在侧面印有"罗城"二字,阳文,隶书,字大如鸭卵。另一块侧面有一小印,似有三字,首字作"罗",下面二字漫漶不清,字小如牙枣。两砖均厚一寸半,宽五寸半,长度未详。砖呈灰黑色,抚之无痕,叩之有声,让人梦回大唐。

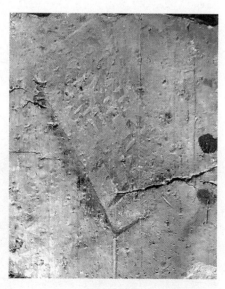

"罗城"唐砖

古代城市四周防卫用的墙垣一般分为两重,内称城,外称郭,或者内称子城,外称罗城。子城为官府所在,罗城为商民所居。罗城之"罗",是罗列之意,三街六市,纵横交错,犹如棋盘罗列,故称罗城。《北史·列女传》:"贼帅姜庆真阴结逆党,袭陷罗城。"《资治通鉴·唐懿宗咸通九年》:"不移时克罗城,彦曾退保子城。"胡三省注:"罗城,外大城也。子城,内小城也。"

中国很多古城都有罗城,如江浙的常州、宁波等都有子城和罗城。咸淳《毗陵志》记宋代常州罗城云:"罗城,周回二十七里三十七步,高二丈,厚称之。"明代嘉峪关甚至有三重城郭,即内城、瓮城、罗城。

唐代扬州城由子城和罗城两部分组成。诗人杜牧有《扬州三首》诗,其三云:"街垂千步柳,霞映两重城。天碧台阁丽,风凉歌管清。纤腰间长袖,玉佩杂繁缨。拖轴诚为壮,豪华不可名。"所谓"霞映两重城",就是指扬州的子城和罗城。扬州唐城的子城在蜀冈上,罗城在蜀冈下,子城是官府衙门的所在地,罗城是工商居民的聚集地。据考古,唐代扬州罗城水路交通四通八达,具有以经济街区为中心,以河道运输为主干的南方城市特点。罗城的建立虽在子城之后,但规模远大于子城。两城相加,规模仅次于长安、洛阳两京。

在唐人笔下,除杜牧的"街垂千步柳,霞映两重城"诗句外,《唐阙史》也记载说:"扬州,胜地也。每重城向夕,倡楼之上,常有绛纱灯万数,辉罗耀烈空中。九里三十步街中,珠翠填咽,邈若仙境。"明言扬州是"重城"。杜牧《赠别》有"春风十里扬州路"之句,十里取其约数,当即九里三十步街。扬州考古人员在东风砖瓦厂的发掘,确定了唐代罗城北城墙以及唐代护城河的遗址,结合之前发现的东城墙、南城墙、西城墙位置,基本勾画出了完整的唐代罗城范围,并通过出土文物佐证了扬州作为淮南道首府的显赫地位。唐代淮南道管辖的范围包括今江苏中部、安徽中部、湖北东北部和河南东南角。当时为了筑扬州城,调集了淮南道所属各州烧制的城砖,所以扬州城砖多有来自饶州、楚州、和州、洪州、江州等地的铭文砖。

对于唐代扬州城址的一些问题,学术界有不同的意见。一种意见以日本学者安藤更生先生为代表,另一种意见以中国考古学家朱江先生为代表。恰巧这两个人和我都有点关系。安藤更生是日本史学家、汉学家,二十世纪四十年代来扬州考察研究扬州唐城,后发表《扬州唐城图》。六十年代,安藤更生作为日本代表团团长访问扬州时,由家父接待。朱江原在扬州博物馆工作,对扬州唐城遗址做过考古调查,后发表《扬州唐城遗址踏访小记》。五十年代,朱江与家父同时担任文化站长之职。

安藤、朱江的两种意见在扬州唐城的方位上并无分歧，都认为在蜀冈上下，北界在雷塘南沿。但在唐城的规模上，安藤更生基本持"两重论"，即子城和罗城两重城。而朱江持"多重论"，即除子城与罗城外，子城又有三重城，即内城、外城和附郭东城，是从春秋迄唐未尝更易过的老城。

争论最激烈的是罗城的南界。安藤更生认为，唐代扬州罗城自观音山脚下，经二十四桥、双桥，向南延伸到荷花池西侧的小高庄，呈九十度角折向正东，与今城南垣相接；然后向东延至康山，再呈九十度角，折向正北；以后经高桥、黄金坝，向北延伸到今东风砖瓦厂附近，又呈九十度角，再折向西北；延伸至桑树脚附近，与子城南垣连接。后来安藤又说，扬州罗城北起平山堂下，向南逶迤一公里许，至二十四桥附近，转向正东约一公里，至小金山处，又转向正南，经牛大汪外城河、荷花池，而进入扬州城南的运河。罗城的南界、东界、北界，与旧说一致。朱江认为唐代扬州罗城北起观音山以南子城的外城西南角，向南延伸至二十四桥对岸，呈直角转向正东，经凤凰桥，抵黄金坝，呈直角转向正北，延伸至沈家山南，呈直角转向西北，经丁家冲南沿，与子城附郭东城东南角土垣接连。换言之，两说的最大分歧在于罗城的南界在何处。安藤把罗城南界划在今南通路一线，朱江把罗城南界划在保障河、凤凰桥、高桥一线。

近些年来，伴随着对旧城的改造，唐代文化遗存被陆续发现。尤其是 1978 年 2 月，从石塔到珍园一线发现了唐代文化遗存。1984 年，在南通西路与荷花池路交汇处的基建工地，又发现了南门遗址。如今大多数人认为扬州罗城的南界在南门遗址一线，南门是唐代扬州城的南门，贯穿唐、宋、元、明、清，因而被称为"中国城门通史"。而朱江认为扬州唐城南界在漕河北岸，其依据是：根据出土唐人墓志铭所载方位，漕河以南在唐时尚属城外，且墓葬众多，若在繁华城区不可能有众多墓田分布；从唐代行政区划来看，郭内为坊，郊外为村，对照墓志铭所载乡村之名不难判断；漕河以南有多处基建工地，深度挖至深土层，均罕有唐代文化遗物出土。以考古发现与当时文献相互印证，可以推断唐代扬州罗城的南线。

关于唐代扬州的繁华，海内外学人有大量描述。值得一提的是美国谢弗的《唐代的外来文明》，他把扬州形容成"中国的明珠"。书原名为《撒马尔罕的金桃》，它不像有些书企图构建宏大的理论体系而失之虚空，也不像有些书只关心某些细节的考证而显得琐碎。谢弗善于运用具体的材料来证实一种伟大的文明。书一开头就谈到了扬州,说那些在一千多年前借助帆篷、桨棹来到中华的外国人,经由海上丝绸之路抵达他们心中的目的地,"一般来说,游人大多首先是前往繁华的扬州"。谢弗把唐代的扬州比喻成中国的明珠:"八世纪时,扬州是中国的一颗明珠。当时的人们竟至于希望能死在扬州,从而圆满地结束自己的一生。扬州的富庶与壮美,首先要归功于它处在长江与运河的结合部的优越地理位置。长江是中国中部众水所归的一条大江,而运河则是将全世界的物产运往北方各大城市的一条大河。正因为如此,唐朝负责管理国家盐务的朝廷代理商(这是一个权势非常显赫的角色)将其衙门设在了扬州。"对于扬州的富丽与舒适,作者抑制不住自己的赞叹与神往。他甚至忘记了自己的学者身份,情不自禁地用轻松华美的散文笔调来赞美他心中的东方胜地:"扬州是一座奢华而浪漫的城市,这里的人们衣着华丽,可以经常欣赏到最精彩的娱乐表演。扬州不仅是一座遍布庭院台榭的花园城,而且是一座地地道道的东方威尼斯城,这里水道纵横、帆樯林立,船只的数量大大超过了车马的数量。扬州还是一座月光融和、灯火阑珊的城市,一座歌舞升平、美女如云的城市。虽然殷实繁华的四川成都素来以优雅和轻浮著称,但是在当时流行的'扬一益二'这句格言中,还是将成都的地位放在了扬州之下。"作者笔底的诗情画意,主要是写扬州的罗城。

感谢小友志勇的慷慨,一下子送我两块罗城旧砖。

巡游四处　保佑一方
——"游奕"唐砖

"游奕"一砖,得自扬州城东原凹字街。宽二寸有余,高六寸不足,长约一尺一寸。"游奕"二字为行书体,笔画遒劲朴质。其铭文四周,围以方框,为砖中所罕见。

考"游奕"一词,亦作"游弋",意为无目标地巡游,以监视某些可能发生的事情出现。古时多作"游奕",用于军事方面。如《南史·樊毅传》云:"水军于白下游奕,以御隋六合兵",可见"游奕"即是巡逻。又如《神机制敌太白阴经·游奕地听篇》云:"我之密谋,勿令游奕人知",可见"游奕人"即是军事间谍。

据《中国历代官制大辞典》，唐代中期以后，凡兵多地广者，设有"游奕使"官职，主巡营、防遏事宜。譬如，肃宗乾元二年（759），郭子仪派遣都游奕使灵武韩游环将五百骑前驱河阳；昭宗光化元年（898），马殷以李琼、秦彦晖为岭北七州游奕使。由此可知，"游奕"是唐代的一种军职。证之于《旧唐书》卷一百一十八列传第六十四，说来瑱"以功加银青光禄大夫，摄御史中丞、本郡防御使，及河南、淮南游奕逐要招讨等使"；《唐会要》卷七十一，说"仍加琼崖振儋万安等五州招讨游奕使"；《旧五代史》列传十四，说"孟方立，邢州人，始为泽州天井成将，稍迁游奕使"，都证实"游奕使"乃是唐代的军职名称。

后世兵制也沿用"游奕"之名，如《宋史》记载，淮西庐州设有强勇前军、强勇右军、武定军、游奕军、忠义军、雄边军、全年军。岳飞所率的部队就包括了前军、后军、左军、右军、中军、游奕军、踏白军、选锋军、胜捷军、破敌军、水军和背嵬军等十二军。还珠楼主《岳飞传》第十四回写道："骑兵称为'游奕军'，步兵称为'背嵬军'。"可知宋代军队也有"游奕"之名。

"游奕"因其飘忽不定的性质，在民间产生了许多神话传说。《醒世姻缘传》第四十二回写到仙界有"天下游奕大将军"之职，说一个名叫侯小槐的人，"玉帝因他做人端正，封他为'天下游奕大将军'，掌管天下善恶，能知世人的过去未来之事"。《三宝太监西洋记》第九十八回写到仙界有"沿江游奕神"之职，说有个"小神姓风名天车，官拜'沿江游奕神'是也"；该神自称"小神生于蜀之酆都，生下地来，有三只眼：一只观天，凡遇烈风暴雨，无不先知；一只观地，凡有桑田沧海，无不先知；一只观人，凡有吉凶祸福，无不先知。因小神观天、观地、观人无不先知，故此上帝授小神一个'沿江游奕'之职，专一报天上之风云，江河之变迁，人间之祸福"。从这些描述可以看到，仙界也有"天下游奕大将军""沿江游奕神"等巡游官。民间认为，凡是属龙的人，有"吊客""天狗""游奕""月煞""豹尾""血刃"等凶煞坐守，故有"男怕擎天，女怕游奕"之谚。

关于唐代扬州的"游奕"，可以确凿考证的有两件事：

一是据《全唐文》载，曾任淮南节度使的李德裕在《请淮南等五道置游奕船状》中，曾向朝廷提出"淮南（缘疆界

"游奕"唐砖

阔远,请令出三百人)、浙西、宣歙、江西、鄂岳(各出一百人)"组建"游奕船"的建议。李德裕说,因为当时江道劫匪横行,来往商旅绝迹,故"望每道令拣前件人解弓弩又谙江路者,每一百人置游奕将一人,须清白强干稍有见会者充,如法造游奕船;船五十只,一百人分为两番,长须在江路来往",实际上就是组建一支官方的江上巡逻队。李德裕对于水上巡逻队的巡逻路线、交接办法、物质待遇、奖惩条件等,都有十分具体的想法:"淮南游奕至池州界首,浙西游奕至宣州界首,江西游奕至鄂州界首。常须每月一度,至界首交牌,各知界内平安,申报本使。其下番人便于沿江要害处置营,不得抽归使下。其粮饷、春冬衣,委使司差人就营所支给。如三度以下擒捉得贼,委使司超与职名,其官健以下,便以贼赃物赏给,务令优厚。如两度有贼不觉察,游奕将科责差替。如容纵贼盗,不问有赃无赃,并委本道差人所在集众决杀。如贼大段巢穴去处,仰数道计会,一时掩捉,倘去根本,军将授官酬赏。所贵邻接之地,同力叶心,江路资贼,因此断绝。"状中所说的"淮南道",就驻节于扬州城。"游奕船"牵涉沿江各地,其中淮南道的疆域最为广大,所以李德裕认为淮南道"请令出三百人",浙西道、宣歙道、江西道、鄂岳道只需"各出一百人"。"游奕"铭文砖很有可能为李德裕加强江防时所烧制。

二是据《新唐书》载,曾任淮南节度使的杨行密,为了军事需要,曾以李神福为"宣池都游奕使"。杨行密曾在扬州筑城,以加强防守,故"游奕"铭文砖也有可能出自杨行密之手。

古凹字街已经从扬州地图上消失了,但在凹字街发现的"游奕"铭文砖仍在。虽然我们无法断定它究竟是与李德裕的"游奕船"有关,还是与杨行密的"都游奕使"有关,但有一点可以肯定,扬州历史上曾经有过"游奕"的军事建制。而所谓"游奕",就是军队不固定地驻扎在一地,采用四处巡游的方法,震慑不法之徒,防止突发事件,保障一方平安。这种"游奕"军队也参与筑城、修城,"游奕"铭文砖就是见证。

南门拾砖记
——"殿司"唐砖

2010年夏日的南门外街,因为拆迁的缘故,几乎没有任何遮挡,骄阳灼人。

但是，冲动就像年轻人的热恋一般，一切断砖残瓦此时在我的眼中，都成了粉妆玉琢，红裳黛眉。

姚蔓蒨女士保持一贯的作风，准时约我到南门外大街的工地去看看。南门外大街见证了南城门自唐代以来城池叠压的完整历史风貌。大街虽破损，但两边房屋还保留着明清风貌。无论唐宋还是明清，南门外大街都曾商肆云集，店铺林立，是扬州重要的经济中心，也是外来货物进出扬州的交通门户。明中叶后所建广陵驿是各地官员进出扬州的歇脚点，贮草坡、马摆渡、馆驿前等地名都带有历史的沧桑感。南门外大街靠河边的房子已经拆光，唯有两三座高墙深宅，还孤零零地屹立在一大片废墟中，默默诉说着老街的故事。其中，有一家是老酱园，从它旁边走过时似乎还能闻到酱香。有一家缸巷边的老宅子，似乎是清代学者汪中的故居，不过未经证实，也无从证实。

南门曾是扬州城最雄伟的城门，依傍运河，通达长江。据报道，南门遗址的地层叠压关系丰富而清晰。除去底部的生土层和上部的扰乱层之外，最早的文化层是唐代文化层，继而依次是五代、北宋、南宋、元代、明代、清代、民国地层。就遗迹的形态来看，则有城门、城垣、瓮城马面、古代道路等。南门出土的城砖上有"濠州""歙州""常州"等铭文。据考古专家介绍，扬州南门的最早建筑时代为唐。

我们在拆迁后的乱砖堆里踯躅而行。有一些拾荒人在那里翻找钢筋，看见我们衣冠楚楚也来寻寻觅觅，不免用奇怪的眼神瞄我们。我们其实是来拾砖的，与他们不相干。南门附近的民居，自古以来多就近取城砖造屋，现在一经拆除，那些千百年来砌在墙里的古砖便重见天日。姚女士和我一样，对这些斑驳的古砖有癖好，总想从这些被风雨侵蚀过的砖头上破译这座城市历史的密码。

我们的收获颇丰。在断壁残垣之间，居然翻出了许多铭文古砖，从唐到清，俨然成一系列。审其铭文，有官名、州名、番号、年号，也有人名，如"官""池州""洪州""皖州""镇江府官砖""楚州刘官村""雄胜军""镇江后军""咸丰某年""胡端""颜璠""李珍官"等。这些古砖大抵残缺不全，博物馆或收藏家是不屑一顾的，但它们记录着这座城市经历过的战火和复

"殿司"唐砖

兴。只有一块完整的砖,是偶然在一个高高的砖堆上发现的。因看它隐约有字,所以艰难地爬上去,拾起来揩净一看,竟有"殿司"二字。何谓"殿司"？不解其意。

是晚,在灯下偶读两百年前扬州盐商汪应庚写的《平山揽胜志》,忽见一段文字,竟提到"殿司"：

> 今乾隆二年(1737)戊午岁,予凿山池方亩,中忽得泉穴,而古井出焉。井围十五尺,深二十丈,较智僧所浚者,广狭既异,而泉复清美过之。中有唐景福钱数十,又有古砖一方,刻"殿司"二字。

这一段话,说的是当年在大明寺天下第五泉井中,也曾经发现过"殿司"古砖。这是多么偶然的奇遇！"殿司"之名后来也沿用。梁山好汉中的杨志,曾任殿前司所属下级军职。林冲来到梁山,王伦不容,要他先下山杀一人再上山,不想正巧碰见青面兽杨志。这杨志正是所谓的"殿司"。

"殿司"古砖与"景福"古钱同时发现,则砖与钱当是同时之物。按"景福"是唐昭宗李晔的第三个年号,唐朝使用这个年号共两年,即公元892年正月至893年十二月。史载景福元年(892)杨行密再入扬州,被唐廷册封为淮南节度使。

大量的铭文砖怎么会集中出现在拆迁后的民居废墟里呢？显然,这些铭文砖很可能就出自附近的南门遗址。南门废弃后,附近老百姓就地取材,化废为宝,将城砖搬回家建房,于是就出现了大量的铭文砖。扬州许多民居在城市改造中,丢弃了宝贵的古石刻、古门窗、古家具,其实它们是古城发展史的见证。我也越发珍惜我看到的这些断砖残瓦,觉得它们就是文明的碎片。文明,常常是以"随风潜入夜,润物细无声"的方式,刻录着一个城市或者一个时代所能达到的自觉的高度。

唐城也由砖瓦筑
——"城东窑王监制"唐瓦

这是一片唐代残瓦,由尹文先生在扬州城东拾得,转赠于我。瓦上有模印铭文,惜稍漶漫,细辨之下,可识出"城东窑王监制"几字；右侧又有小半个残字,疑为"官"字。它告诉我们的信息是:窑主姓王,位于城东,而瓦系官方定制。

唐城对于很多扬州人来说,是既熟悉又陌生的。说熟悉,是因为新闻媒介经常提起它;说陌生,是因为一般市民说不清它到底在哪儿。

当我们沿着瘦西湖的水道继续往北游览,快到尽头时,可以遥遥看到山冈上的仿唐城阙。它就是扬州唐城吗?

对于游人来说,那就是唐城。因为作为游览景点向游人开放的唐城,就是那里。现在,那里有唐代风格的城垣、阙楼和延和阁,有历年出土的唐代文物,有花木扶疏、碧波荡漾的园囿,有新落成的崔致远纪念馆,可供人们访古探幽。

但这里远非唐代扬州城的全部。唐代扬州城的规模,要比开放的唐城——成象苑大得多。究竟有多大,一直有不少争论。早在清代,学者们就指出,扬州的唐城包括了蜀冈的上下。民国时期,学者对扬州出土的唐人墓志也做过考证。抗战时期,日本学者安藤更生先生在扬州考察古代城址,撰写了《唐宋扬州城的研究》。近几十年来,在扬州唐城遗址考古方面更是多有发现。

简单地说,唐代扬州城分为两个部分:子城和罗城。

子城在蜀冈上,是衙门所在地。子城的南面就是蜀冈南缘,西面到观音山,东面到铁佛寺,北面在江家山坎至西河湾一线。

罗城在蜀冈下,是居民生活区和商业贸易区。罗城的北面即子城南缘,南面到城南运河。东西两面的情况比较复杂,有的已经探明,有的尚未知晓。但是,如今的蒿草河、康山街、砖瓦厂等地,当是唐城所经之地无疑。从东风砖瓦厂附近拾得的唐代残瓦,上面又有"城东窑"字样,应是唐代扬州罗城的遗物。面对这片千年古瓦,尽管残缺不全,可是清晰的铭文却宛如昨日烧制,不禁让人生思古之幽情。

今天扬州人引以为荣的东西,有许多都

"城东窑王监制"唐瓦

出自唐代:"扬一益二"是唐代流传的谚语;"二十四桥"是唐代留下的胜迹;"鉴真东渡"是唐代出现的壮举;"南柯一梦"是唐代创作的传奇……今天扬州人耳熟能详的这些故事,都出于大唐。可以说,唐代对于中国是个伟大的时代,对于扬州更是一个值得怀念的时代。所以,当我们游完瘦西湖之后,怎能不舍舟直奔唐城遗址,去追寻古城的昨天呢?

为了确定"城东窑王监制"唐瓦烧制于何处,首先应该弄清唐代扬州城东门的所在。近年来扬州宋大城东门遗址的考古发掘,使得东门遗址平面布局终于露出庐山真面目。据悉,宋城东门遗址始于唐,初为单一的城门结构,虽经五代、北宋多次修缮,但基本沿用了原有形制。南宋时,扬州地处抗金前沿,城市的性质由商业都会转化为军事重镇。出于战争需要,扬州的城防设施进行了全面加固,东门增修了瓮城、城壕、壕桥及突出于运河的岛状堡垒,构成了水陆并重的多重防御体系。元末明初,东门废弃不用。明嘉靖年间,增筑新城,城墙东移至今泰州路一线。前些年,考古工作者发掘出了东门的东北角和西北角及北墙一线,使城门四角和基本轮廓呈现出来。据考古工作者称,最重大的考古发现是发掘出了主城门,而且从主城门里的地层关系以及城砖的尺寸发现了唐、五代、北宋、南宋扬州城相互叠压的关系。由此可以确定,今东门遗址始建于唐。此外,在发掘中发现城内的铺地是北高南低,这种结构通过地势的自然坡度来进行排水,而不需要另外挖掘排水沟。专家称,如此规模宏大、结构复杂并且保存如此完整的古城遗址,在全国来说也是比较少见的。东门遗址作为扬州城遗址的重要组成部分,对研究中国古代城市发展史、建筑史和军事史都具有十分重要的意义。而这片残瓦所铭刻的"城东",也就随着唐代扬州东门遗址的发现,而大致确定了方位。

扬州的城东,一直是出土文物十分丰富的地方。

在城东乡建筑工地上,曾发现一座唐代砖墓,墓中出土了一批彩绘陶俑,可以看出唐代的服饰样式。有一个男俑,头带幞帽,身着绿色衣衫,左手抚着胸前束带,似乎徐徐而行。还有一个男俑,头戴风帽,身着红袍,似有一种英武之气。又有一个男骑俑,头戴幞帽,身着长衫,足穿高靴,身体前倾,双臂一前一后,好像驱马奔驰。

在城东还出土过《米宁女九娘墓志》。据韩崇《宝铁斋金石文跋尾》,此志于清道光十一年(1831)出土于江都新城东郊,出土时断为两截,后又辗转访得志盖。清人汪鋆《十二砚斋金石过眼录》最早记录了《米宁女九娘墓志》的文字,其中有"即以当月十九日殡于城东弦歌坊之平原"之语。《米宁女九娘墓志》的价值在于记录了古代扬州粟特人的情况。过去我们知道扬州有大量侨居的波斯人、大食人,由《米宁女九娘墓志》我们知道,扬州也有粟特商人或居民的存在。

扬州城东的瓦窑铺历来以烧制砖瓦而出名。这片残瓦告诉我们,早在千百年前的唐代,扬州的城东已是火光烛天、瓦窑遍地了。东方名都扬州,就凭借一砖一瓦的叠加与累积,在地平线上拔地而起。

宋明城防

烟消八百载　犹见一方砖
——"敢勇军"宋砖

扬州准提寺修复时,遍地碎砖乱瓦。一日从旁经过,忽见一砖,隐约有字,持归清洗辨认,乃是"敢勇军"三字。铭文为楷书横写,自右而左,粗放遒劲,揣摩乃是军中文吏所书。

"敢勇军"之名甚是冷僻。遍查史书,唯《宋史》《续资治通鉴》等书稍有记载,如云:"敢勇军自下夹击,金兵坠死燎焰"。可知"敢勇军"是宋金交战时期宋朝军队的番号。那么,"敢勇军"与扬州又有何关系呢?

据王曾瑜《宋朝兵制初探》研究,宋朝兵制的特点是新军队的创置和都统制的滥授。由于金兵的强大威胁,宋朝各地在屯驻大兵之外,往往创置各种番号的新军。新军的创置最早始于宋高宗时。当时设置的新军,有泉州的"左翼军"、赣州的"右翼军"、循州的"摧锋军"等,名义上隶属兵

"敢勇军"宋砖

部,实际上受当地文臣节制。宋孝宗时,新军增设渐多,却并未占用各地屯驻大兵的编额。其时设置的新军,主要有楚州的"武锋军"、潭州的"飞虎军"、江陵的"神劲军",以及成都府的"飞山军""雄边军""义勇军"等。此外,还有"神劲军""神武军""忠勇军""忠锐军""忠武军""忠毅军""忠顺军""强勇军""义胜军"等番号,有的旋置旋废,有的兵力不多,有的番号还与他军重复。

扬州的新军则有"强勇军",是淮东安抚司的直属部队,驻扎扬州,有一千人。《宋史·孝宗纪》所说的"立淮东强勇军效用",即指扬州之"强勇军"。宋廷后来移用镇江府都统司的兵力编额,使"强勇军"兵力增至五千六百人,成为淮东一支锐师。宋将许国和赵范、赵葵兄弟在对抗叛变割据的李全时,都把"强勇军"作为重要军事力量。李全是个反复无常之人,一会儿归宋,一会儿叛宋。他一生中最后的作为是发动楚州兵变,谋袭扬州。绍定三年(1230)十一月,李全攻扬州南门,为副都统丁胜所拒。后又欲抢占西城高地,被赵胜决新塘水灌进壕沟,阻止了进攻。与此同时,赵葵率"雄胜军""宁淮军""武定军""强勇军"四军急赴扬州解围。绍定四年(1231)年初,李全置酒乐于平山堂,作敌前指挥之所,当夜张灯高会,被宋军发现,立即前往袭击。结果李全军队溃败,他本人骑马陷入泥沼,为宋军刺死。因此,"强勇军"在平定叛乱方面是有功绩的。值得一提的是,复建不久的扬州万花园,就是率领"强勇军"作战的宋将赵葵所建。康熙《扬州府志》卷十八云:"万花园,宋端平三年(1236)制使赵葵即堡城统制衙为之。"可是,今天的游人在欣赏万花园美景时,还能闻到当年的硝烟吗?

宋代扬州的军队不止"强勇军"一支。南宋晚期,淮东路和淮西路的防务时合时分,并无定制。每年防边之际,沿江大量兵力出戍两淮,故两淮兵力时增时减。关于淮东各种番号的新军,据有关记载,真州有"忠勇军",盱眙有"制勇军",楚州有"武锋军",滁州有"雄胜军"等。至于泰州的新军,据《宋史·兵志》记载是"镇江左军",乃是镇江府都统司左军移驻此州,已不属镇江府都统司指挥。此外,淮东路新军尚有"义勇军""忠义军""雄胜军""武定军""镇淮军""游弈军""摧锋军"等,其驻地今已不知其详。驻扎扬州的军队番号,则有"敢勇军""精锐军""武锋军"。

嘉定初年,盐城发生叛乱,散失的士兵多为扬州所招,编组为"敢勇军""精锐军""武锋军",总共一万六千人。其中,"敢勇军"在叛乱之前已经设置,"武锋军"番号系由楚州移屯扬州,另有"强勇军"五千六百人。在宋理宗末或宋度宗初，李庭芝又在扬州招募流民，创置"武锐军"。此外，江都和泰兴两县还各驻有一支"振武军"。总之，砖铭中的"敢勇军"，应是南宋扬州的新军番号之一。

不过当时在湖北、四川、江西三地，也曾有"敢勇军"番号。史载，金人犯湖北襄阳时，城中"敢勇军"曾夹击金兵。这支"敢勇军"系由荆鄂都统制赵淳招募组成，在襄阳守卫战中起了很大作用。宋元战争爆发时，四川官军只有六万余人。在沔州和利州，除了原设各御前军外，又有"敢勇军""神劲军""安边军""保捷军"，这些都是另设的新军。另外，文天祥的好友缪元德知江西吉州时，也曾节制"忠勇军""敢勇军"。吉州是文天祥故乡，此时文天祥罢职家居，便协助缪元德治理地方，"自此吏不打门，犬不夜吠矣"。

兵荒马乱之际，因各地消息阻隔不畅，所以军队番号时有重复。然而，在扬州准提寺发现的"敢勇军"铭文砖不大可能由湖北、四川、江西烧制运来。揆之情理，扬州的"敢勇军"铭文砖，应是扬州"敢勇军"的遗留之物。"敢勇军"在戎马倥偬之余，不得不取土建窑、烧砖筑城，亦可见当年作为抗敌前线的扬州，战事之酷烈。

"敢勇军"宽五寸半，厚二寸，长度不详。重温姜白石《扬州慢》中"废池乔木，犹厌言兵""清角吹寒，都在空城"等名句，我仿佛看到了暮色苍茫的扬州荒城，听见了随风呜咽的军旅悲歌。这半块八百年前"敢勇军"城砖的分量，也便在我心中渐渐沉重起来。

张家军旧物
——"雄胜军"宋砖

"雄胜军"残砖，得于扬州南门外街拆迁工地，其尺寸与"敢勇军"相似，宽五寸半，厚二寸，长度不详。砖甚残缺，而端首横书"雄胜军"三字依稀可辨，自右而左，楷书笔法，风格苍劲。

"雄胜军"宋砖

"雄胜"之意,一指形势雄奇险要之地,如宋范成大《吴船录》:"西门名玉垒关……登临雄胜。"明姚士麟《见只编》:"平凉迤北山……空同苍翠,峻极云表,足称西塞雄胜。"二指古代军队所用的番号,但是古代的"雄胜军"不止一支。

五代时已有"雄胜军"的番号,如《旧五代史·志十二》:"山南道襄州、邓州、唐州、复州、金州、忠州、万州、夔州、利州、阆州、果州、朗州、集州、凤州、唐州、商州、随州、合州:雄胜军。"《新五代史·职方考第三》:"雄胜军,本凤州固镇,周置军。"上述各地,都不在扬州附近,《新五代史》所说的"雄胜军"位于甘肃。甘肃东南部的徽县地处秦巴山地,北接天水,西连成县,南通四川,东邻陕西。五代时,中原先后经历后梁、后唐、后晋、后汉、后周五个王朝。后周建立后,在其境固镇(今甘肃徽县城关)置"雄胜军",此军与扬州无关。

宋代另有"雄胜军"。《宋史·兵志一》:"步军……雄胜:开宝中,以剩员立。"《宋史·兵志二》:"建炎后诸屯驻大军:武锋、精锐、敢勇、镇淮、强勇、雄胜、武定。"开宝是北宋太祖年号,建炎是南宋高宗年号,两者相去近一百五十年,如是同一支军队,则这支军队存在时间够长了。《宋史》卷四百七十六有《李全传》,李全是频繁活动于苏北的叛军首领,文中提到:"稷乃潜授世雄雄胜军统制,教使逃而阳索之。北军追世雄,世雄且战且走,得达扬州。"这是说宋将张世雄意欲歼灭李全叛军未成,被授予雄胜军统制之职,暂避扬州城。这支"雄胜军",才是南宋时活动于扬州一带的军队。

"雄胜军"在南宋属于张俊的中护军的分支。据史仲文、胡晓林主编的《中国全史》记载,韩世忠的前护军以淮东楚州(江苏淮安)为大本营,有兵力八万人,下辖背嵬军、前军、右军、中军、左军、后军、选锋军、游奕军、水军等。张俊的中护军以建康为大本营,兵力也是八万人,分前军、右军、中军、左军、后军、游奕军、踏白军、银枪军、锐胜军、忠勇军、雄胜军、选锋军等。岳飞的后护军以鄂州为大本营,兵力十万人,下辖背嵬军、前军、右军、中军、左军、后军、游奕军、踏白军、选锋军、胜捷军、破敌军、水军等。由此看来,"雄胜军"属于张俊统帅的中护军之一支。

"雄胜军"的一部分其实常驻扬州。两淮安抚大使贾似道的幕客梁崇儒,字易夫,乃是扬州本地名士,曾娶雄胜军都统制卢兆麒的女儿为妻,而卢兆麒则是武锐军都统制卢兆麟的从兄。梁崇儒原是太学生,因为上书抗蒙而颇有名气。当时民间往往将岳飞、张俊、韩世忠、杨沂中等军队,习惯称为岳家军、张家军、韩家军、杨家军等。到绍兴十年、十一年(1140—1141)间,宋军中地位最高的就是岳飞、张俊、韩世忠三大帅,所以张俊的"雄胜军"是南宋的重要军事力量。

"雄胜军"的主要活动范围,大约从南京、镇江、扬州、淮安到海州,兼及安徽、江西等地。他们曾在镇江集训,暗渡淮河,进取海州。金宋顺昌之战时,张俊的中护军距顺昌较近,但张俊暴而寡谋,畏敌如虎,并不想积极救援顺昌。据《建炎以来系年要录》记载,6月中,张俊才出兵占领濠州,命统制官赵密经苏村西进,时值涨水,宋军经六昼夜徒涉方抵宿城,一举打败金兵。淮西宣抚司都统制王德从寿春出兵趋宿州,夜半破城,金国守将投降。张俊主力进抵亳州,敌方守将弃城而逃。此后,宿、亳一带遇大雨,宋军皆坐水中,张俊斗志顿失,只留下"雄胜军"统制官宋超等千人守亳州,便回师庐州了。

南宋军队的番号经常变更。如岳飞军的番号曾叫"神武右副军",后改"神武副军",后又改"神武后军"。"雄胜军"残砖应是该军驻扎扬州时,为加强扬州城防而烧制。其色灰白,质地尚坚。在抗金、抗元的烽火岁月里,这块残砖也算是"烽火扬州路"的见证者。

当年鏖战急　尚听鼙鼓声
——"镇江前军"宋砖

现在的洼字街,已经成了扬州的一个历史地名。它留给我的纪念,不仅是为我提供了多年遮风蔽雨的居处,而且它也是我经常探古访幽的地方。"镇江前军"南宋城砖,就是在洼字街发现的。

洼字街在东关古渡对岸,亦作凹字街,因街道中部地势下凹,形似"凹"字,故得此名。洼字街分为正街、前街、后街,南临沙河,西滨邗沟,与东关城门隔河相望,是东乡通往城里的水陆咽喉之地,素有扬州门户之称。如此重要的交通要道,为什么要在大路中央故留低谷,令行人车马不便通行?为什么前街、后街与正街恰成双钳合抱之势?为什么不远处有个地方叫作大炮台?这些都使人不能不想到,洼字古街当初可能曾有军事用途。而街头随处可见的众多古

"镇江前军"宋砖

城砖,特别是"镇江前军"铭文砖的出现,更让人揣测这里可能是宋金交战之际扬州大城东门城防设施之一。

几十年前,曾经读到许姬传先生的一篇短文,叫《"镇江水军"砖》,刊于人民日报副刊。文中披露了一件鲜为人知的掌故,说 1953 年夏,梅兰芳先生在上海思南路寓所接到扬州市文物风景管理委员会一位先生来信,并赠送南宋"镇江水军"砖拓本一纸。拓本有赠者跋语:

1951 年春,扬州市拆城筑路。以旧城始因抗金而筑,曾于办事处中设有文物保管组,由鉴庭兼司其事。搜得文物及宋砖极伙,砖文中颇有丰富史料,足补《宋史》职官志、兵志及地理志之缺。远达江西、湖北,亦送砖来筑扬城。镇江砖凡得七十余种,韩世忠麾下镇江前、后、左、右、中、水各军则占多数。前以赴沪参加中华医史学会之便,得观梅院长《抗金兵》一剧,归检该故事当时之实物"镇江水军"砖,拓以奉赠,并求审定。癸巳初夏鉴庭耿胤漳识于扬州。

由落款可知,向梅兰芳赠送"镇江水军"砖拓本的乃是扬州已故名医耿鉴庭先生。从那时起,我开始关心"镇江水军"的史料。

据《嘉定镇江志·兵防》记载,建炎初年,镇江位当江防前线,城乡要枢驻屯大量军队,计有前军寨、右军寨、中军寨、左军寨、后军寨、水军寨等,不下二十多寨。在黄天荡大败金兀术的韩世忠、梁红玉夫妇所率领的宋军,有八千人之众。

关于南宋时镇江的前军、右军、中军、左军、后军、水军等,有考古方面的佐证。前些年,镇江在市区老北门地区考古,对定波门瓮城进行了抢救性发掘,发现了明初洪武元年(1368)建造的定波门瓮城遗迹。瓮城是在主城门外加筑的闭合式小城,又称月城,设有两道城门,即使敌人攻入瓮城,守城者仍可以"瓮中捉鳖"。这次发现的明初瓮城遗存,包括石垣、平台、护城河等遗迹,基本保存完整。据记载,唐宋时期镇江城北皆有定波门,但与明清定波门是否为一处,此次发掘终于解开了这一历史之谜。在考古中发现,唐宋定波门城垣被明清定波门包藏在里侧,遗迹叠压,十分丰富。首先揭示的是南宋末年的城门基座和瓮城城垣,其下发现稍早的南宋城门西侧基墙及城垣遗迹,并发现模印文字砖,分属唐、宋时期。砖上铭文有数十种,除了"官""大官""大窑""镇江府""润州官窑""镇江府砖""丹阳县张"之外,还有南宋时期镇江驻军烧制的"镇江前军""镇江后军"等。

显然,我在扬州洼字街发现的"镇江前军"砖,就是韩世忠、梁红玉驻守镇江时制造,并运至扬州城,支持扬州城防的。

扬州发现"镇江前军"砖,并非今日始。《清稗类钞》中有一则《况夔笙得砖于扬州》记载:

光绪戊戌(1898)九月,况夔笙以客授扬州故,自琼花观街移居旧城小牛录巷。其地距旧城遗址不远。虹桥西南有颓垣一角,屹立荒烟蔓草间,辄督郭姓老仆登城寻砖,辰往午还,肩荷甓蕝,殊苦。得砖一,旌以钱百。仆嗜饮,得钱供杖头,又甚乐。城筑于宋而砖则唐,盖当时取用他处旧砖耳。所得城砖七,其文曰"镇江前军",书势精劲圆腴,神似郁孝宽书《武侯祠碑》;又文曰"镇江后军";又文曰"镇江右军";又文曰"扬州"——宋砖也……

况夔笙即况周仪,号蕙风,清末民初词人,著有《蕙风词》《蕙风词话》,曾住在扬州。王国维说:"蕙风词小令似叔原,长调亦在清真、梅溪间,而沉痛过之。"由此可知,况夔笙在扬州得到过"镇江前军"砖。

梅兰芳演出的《抗金兵》,是1933年在上海由传统剧《娘子军》改编的一出激发抗敌斗志的新戏。剧情描写金兀术侵略宋朝,韩世忠守卫润州,与梁红玉共约邻镇张俊、刘铸合兵抗金。梁山好汉的后代阮良、费保、高青等人也来投军,战于金山江上。当时梁红玉擂鼓助战,金兀术被诱深入,韩、梁合兵大败金兵,故戏名又作《擂鼓战金山》。梅兰芳在剧中饰梁红玉,首场梳大头、穿绣帔,嫣然是夫人姿态;后场则扎大靠、插雉尾,凛然是大将风度。梅兰芳在全剧中,通过唱念、起霸、击鼓和武打,全面发挥了他的艺术才华。此剧的演出,对当年抗日战争起了振奋民心、鼓舞士气的积极作用。

"镇江前军"宋砖已残,只剩半截。砖面石灰紧粘,青灰似铁。高七寸半,宽三寸,长不可知。面对此砖,我好像又听到了梁红玉震天的战鼓,看见了韩世忠杀敌的雄姿。

清角吹寒 都在空城
——"镇江武锋军"宋砖

前些年,与台北艺术大学进修艺术考古的学生林宛萱踏访扬州唐城遗址,

"镇江武锋军"宋砖

在荒坡上发现半截古砖。清洗之后,见砖上有"镇江武锋军"五字铭文。

经考这是一块南宋残砖。"镇江武锋军"是南宋郭氏军事集团麾下的一支军队,驻守于镇江、扬州、淮安一带。南宋先后有三个家族型的庞大军事集团,即吴氏军事集团、郭氏军事集团、吕氏军事集团。郭氏军事集团在唐朝以郭子仪为代表,数代为将,忠君爱国。入宋之后,宋廷寻找郭氏后人入仕,其中郭浩是南宋早期著名的"蜀中三大将"之一,《宋史》有传。郭浩有郭棣、郭杲、郭果三子。淳熙二年(1175),郭棣任镇江都统,所率应该就是"镇江武锋军"。郭棣于光宗绍熙四年(1193)病卒,其弟郭杲接任"镇江武锋军"都统之职,兼知扬州。可见"镇江武锋军"是属于郭氏军事集团系统的一支部队。郭家的后人长期在扬州一带任职。郭浩的孙辈,据岳珂《桯史》卷十四《二将失律》说:"倪、倬、僎,皆棣、杲、果之诸子,浩之孙。"其中郭倪,字季端,开禧元年(1205)八月"自殿前副都指挥使为镇江都统,兼知扬州"(《两朝纲目备要》)。"镇江武锋军"铭文砖是否造于此时,不得而知。

现知郭杲是接任其兄郭棣担任"镇江武锋军"都统的。查清人徐松《宋会要辑稿·兵六》记载:"淳熙五年(1178)八月三日,镇江武锋军都统兼知扬州郭杲言:'已降指挥,将楚州屯戍武锋军左右两军官兵老小,移成扬州西城。虑恐楚州阙人弹压,已差镇江前军人马、扬州看守城壁人前去楚州屯戍。又缘楚州系极边,乞于镇江诸军并武锋军摘差马步军前去楚州,更替前军人马归司。其分差高邮军看守城壁、盱眙军巡检下防托人,若依旧于屯戍人内摘差,却恐队伍散漫,纪律失叙,欲于诸军别行差拨前去,并乞依例半年一替。'从之。"据此,武锋军的驻地不仅在镇江,淮安、扬州也是其驻地。《宋史》卷三百九十一《周必大传》云:"山阳旧屯军八千,雷世方乞止差镇江一军五千,必大曰:'山阳控扼清河口,若今减而后增,必致敌疑。扬州武锋军本屯山阳者,不若岁拨三千,与镇江五千同戍。'"这里出现了"扬州武锋军"的说法,应是驻扎在扬州的部分武锋军。

论者认为,郭氏军事集团其实是个没有什么军功的军事集团。郭浩的子孙是在《隆兴和议》之后,在宋金双方休战的和平环境中重新起家的。郭氏军事集团重新起家后,依靠管理军队的才干,长期身居要津,把持着禁卫军的指挥权,同时结交权门,参与政治角逐。在开禧北伐中,郭氏军事集团对南宋王朝输掉这场战争负有罪责。他们骄横用兵,又草率从事;他们身负要职,又不能胜任;他们身为将帅,又以权谋私。据《宋宰辅编年录》卷二十开禧三年(1207)部分载,元兵围六合时,"郭倪闻六合被围,虏兵渐近仪真,遂托言点检瓜洲,弃扬州而遁,且携选卒精杖自随"。后来江淮制置大使"丘崈遣人赍书檄,切责令还戍。倪不得已,再还城中",这都说明武锋军将领的怯弱。郭氏军事集团是个腐朽的军事集团,当然它的一些成员在军队管理上也有一定才干。岳珂对郭倪为人知之颇深,在《桯史》卷十五《郭倪自比诸葛亮》中对郭倪做了充分的揭露。嘉泰、开禧年间,郭倪是郭氏军事集团中最核心的人物。其人如此,可以想见整个郭氏家族的家风及其政治作为。难怪当时的优伶将郭氏家族当成讥讽的对象。据《四朝闻见录》载:"郭倪、郭果败,值赐宴,优以生菱进于桌上,命二人移桌,忽生菱堕地尽碎。一人曰:'苦坏了多少生菱(灵),只因移(倪)果桌(倬)。'"

"镇江武锋军"军心涣散,时有士兵逃亡。《宋史·李全传》说,有个叫沈铎的人,是"镇江武锋军"的士兵,逃命在山阳贩卖粮食,他引诱米商到山阳,一斗米往往以高出十倍的价格卖出。楚州知州应纯之用玉买他的粮,北方人到楚州的就施舍给他们。沈铎又劝应纯之以回收铜钱为名,废去对渡淮河的禁令,来淮南的人不要阻止。通过沈铎的四处联络,楚州招安了一些游兵散勇,沈铎不但恢复了武锋军的军籍而且担任副将。后来又以沈铎为楚州都监,招集忠义民兵,分两路攻打金军。

"镇江武锋军"铭文砖,只剩半截,形状扁平,颜色灰白,质地细密。顶端自右而左以楷书横写"镇江武锋军",书体秀丽端正。砖厚约二寸,宽约六寸,因是半截,长度不详。因砖发现于扬州蜀冈,距宋代堡城很近,应是为加固扬州堡城城防而烧制。南宋时扬州是抗金、抗元前线,各种名目的军队频繁调动。为了加强城防,不断烧砖修缮,所以各种铭文的城砖很多。当时战争对扬州城池造成的破坏,有姜夔《扬州慢》为证:"淳熙丙申至日,予过维扬。夜雪初霁,荠麦弥望。入其城,则四顾萧条,寒水自碧,暮色渐起,戍角悲吟。予怀怆然,感慨今昔,因自度此曲。"词中叹道:"自胡马窥江去后,废池乔木,犹厌言兵。渐黄昏,清角吹寒。都在空城。"这半截"镇江武锋军"铭文砖,见证了那一段硝烟弥漫的岁月。

神州何处银铸城
——"淮安州"宋砖

古代凡是坚固的城池,多有夸饰性的美称,如"石头城""铁瓮城""银铸城"等。"石头城"是南京,"铁瓮城"是镇江,"银铸城"是哪里呢?是淮安。

最近因一个偶然的机会,得到半块"淮安州"铭文砖。扬州教场拆迁后,现场一片瓦砾。一日中午,沿国庆路南行,忽见路边一块砖头上似乎有字。当时骑车已过十余步,忍不住还是回头,捡起那半块砖头。砖头已磨损残缺,字迹不清,而且质地粗糙,多有裂隙,细看之后,才辨认出阳文三字——"淮安州"。虽是残砖,但系数百年前之物,仍堪把玩。其字横写,自左而右,笔画稚拙,书体似在楷隶之间。

砖头的年代不难确定,只需查一查"淮安州"何时建立,就可断定。据《宋史·地理》:"绍定元年(1228),升山阳县为淮安军。端平元年(1234),改军为淮安州。"可知此砖造于南宋战乱时代的淮安。砖厚二寸不到,宽约五寸,因只有半截,故长度不可知。其制作之草率,质量之粗劣,揣想除了由于窑工的敷衍塞职之外,亦因当时战争形势之险恶。

淮安的建城史,可溯至晋代,而淮安城最坚固的时代,以宋代为最。乾隆《山阳县志》载,南宋孝宗时,守臣陈敏曾将原楚州城"重加修葺"。《宋史》则说:"北使过者,观其雉堞坚新,称为'银铸城'。"此后,"银铸城"便成为文人对淮安的美称。如阎若璩《送周道士之清江》云:"我曾持锸随堤平,沙黄莫辨银铸城。"即咏淮安城。然而,就是这样一座"银铸城",不过五十年时间就轰然倒塌了。据学者研究,宋时所谓"银铸城",其实是一座土城,不过在城修成之后,用白石灰抹了一遍而已。因此,到了南宋后期,不得不又进行了两次修建。而其城砖质量之低劣,从这半截"淮安州"残砖

"淮安州"宋砖

的多孔、毛糙即可得到证实。

这块砖头,之所以从淮安运至扬州,当是南宋扬州军情紧迫,急需筑城防卫,而一时城砖难以筹集,才由相邻的淮安城沿运河载来。八百多年过去了,砖头已经断裂,依然让人回想起那一段"烽火扬州路"的峥嵘岁月。在扬州情势万分紧急之际,李庭芝和姜才正在扬州城苦苦坚守。据《宋史·李庭芝传》说,当初朝廷讨论守卫扬州的人选时,帝曰:"无如李庭芝。"宋帝虽然昏庸,这一抉择却不错。待到宋亡之后,谢太后诏谕李庭芝投降,李庭芝登扬州城高呼:"奉诏守城,未闻有诏谕降也。"从来只有奉诏守城的,哪里听说有奉诏投降的?后来,元都督阿术派遣使者持诏来招降,李庭芝处死使者,焚诏陴上,以示不降。与李庭芝的刚烈相比,"银铸城"里的守将却是另一番表演。"已而,知淮安州许文德、知盱眙军张思聪、知泗州刘兴祖皆以粮尽降。庭芝犹括民间粟以给兵,粟尽,令官人出粟,粟又尽,令将校出粟,杂牛皮、曲蘖以给之。兵有烹子而食者,犹日出苦战"。再坚固的城池,也须由人来守卫。尽管大宋气数已尽,狂澜难挽,回天无力,可是李庭芝、姜才犹如巍巍高山,而淮安知州许文德之流不过是一抔黄土而已。淮安尽管号称"银铸城",又何用之有?

当淮安叫作淮安州的时候,出过一个著名的民族英雄,那就是陆秀夫。南宋末年,蒙古族政权继金而起,挥师南下,直接威胁到南宋王朝的生存。在这家破、族灭、国亡的紧要关头,南宋朝廷苟安一隅,而广大军民和爱国将领却临危不惧,坚持抗敌,谱写出一曲曲慷慨悲壮的乐章。陆秀夫就是在宋元交替的历史动荡年代,以誓死抗元、负帝蹈海而留名青史的民族英雄。陆秀夫,字君实,一字宴翁,淮安州人,故里在今江苏建湖建阳镇老街。十九岁赴京应试,与文天祥同登进士榜。他对同榜的乡人说:"吾侪当思报国,相勉为天下第一等人物,方不负此举。"他初为李庭芝幕僚,后官礼部侍郎等职。临安失守后至福州,与张世杰等立赵昰为帝。昰死,又拥赵昺,奉帝居崖山(今广东新会南),任左相,继续组织抗元。祥兴二年(1279)为元军所败,负帝投海而亡。有《陆忠烈公遗集》。

"淮安"取淮水安澜之意,夏周时为淮夷、徐夷聚居之地。春秋战国时期,先后属吴、越、楚。秦代设淮阴县,东晋置山阳郡,隋代称楚州,唐天宝年间一度改称淮阴郡。至南宋时,先称淮安军,后来升为淮安州,"淮安州"之砖当为此时制造。元代为淮安路,明清为淮安府,民国为淮安县。淮安自古为南北交通咽喉,兵家必争要塞。自宋端平元年(1234)称"淮安州"开始,"淮安"之名就此确定。

关于"淮安州",宋人王清叔《淮安州》诗云:"平野围淮甸,双城入楚州。喉襟关重地,鼓角动边楼。"因为宋时淮安原有老城,又筑新城,故诗中有"双城入楚州"之句。元人陈孚《淮安州》诗云:"残鸦感兴发,断肠悲飘零。安得携美酒,台上呼刘伶。"大约元代淮安城已经十分凋零,所以触目皆是令人伤心的景色。

此后,我在扬州准提寺旁又拾到一块残砖,铭文竖写,可辨"淮安"二字,下缺。此砖与上述之砖完全不同,可见从淮安运至扬州的城砖不止一批。

据《明南京城墙砖文图释》一书所录铭文,明初筑南京城时,有来自淮安州、扬州府、常州府、镇江府等地的城砖。这也说明,淮安州的城砖不尽是些粗劣之物。

保甲制度的见证
——"□甲"宋砖

"□甲"宋砖

有一段时间,我经常在扬州南门拆迁工地发现一种带有"甲"字的碎砖,后来才知道这是南宋砖。这一类带有"甲"字的砖,有据考,保甲法是王安石变法之一。熙宁三年(1070),司农寺制定《畿县保甲条例》,农户每五家组成一保,五保组成一大保,十大保组成一都保,以住户中最富有者担任保长、大保长、都保长。凡是家有两丁以上的,出一人为保丁,农闲军训,夜间巡查,维持地方治安。保甲法把人民按照保甲编制起来,以便强行稳定封建秩序。保甲的设置和职责,在北宋后期和南宋时期,因形势变化而有所不同。

据说保甲是宋代最为伟大的贡献之一。它产生的原因是宋朝号称"养兵百万,处处无兵"。按照宋仁宗时熟悉中央财政状况的蔡襄的说法,当时养兵的费用占全国总收入的六成至七成,然而养兵百万的宋代,却出现了处处无兵的怪事。宋仁宗庆历三年(1043)春夏之交,京东路沂州接连几年蝗灾,又遭百年大旱,粮价飞涨,路有饿殍,饥民忍无可忍,冲进官府抢粮。仁宗急令巡检使朱进带领"捉贼虎翼卒"前往镇压,但虎翼卒大多出身贫民和流民,纪律松懈,饷钱被扣,谁也不愿为宋廷卖命,于是在军卒王伦的领导下揭竿而起。据史料记载,王伦挥师南下扬州,行程千里,沿途"盗贼"纷纷加入,如入无人之地。王伦兵变暴露出宋代的三大危机:财政危机,社会危机,边地危机。为什么面对蝗灾、大旱,官府不敢采取减免赋税徭役的传统措施?因为财政危机下不敢减免。为什么"捉贼虎翼卒"主要是由流民构成?因为社会危机下流离失所的民众太多。为什么本是去"捉贼"的"虎翼卒"会兵变?因为财政危机下军费无保障,训练、纪律无保障,兵饷被克扣。为什么镇压王伦兵变需要外地调兵?因为边地危机下军队集中到了京畿和边地。因此,三大危机的相互交织使得宋代基层秩序乱象丛生。

王安石变法与警察制度最密切的措施,就是创建了保甲制度。这与他变法的指导思想分不开的。王安石曾经上书皇帝,要"因天下之力以生天下之财,取天下之财以供天下之费",简单地说,维护基层秩序不能仅靠官兵,要充分利用社会资源。

"保甲"最初的含义是以甲第保护自己,可以归纳为"自卫"二字。民众的自我防范在中国有悠久的历史。孟子提到周代井田制下的农民"出入相友,守望相助",据清人焦循的解释,"守"主要指"防备",即防备眼前过往的人顺手牵羊拿走东西;"望"主要指"伺察",伺察那些隐伏的盗贼冷不防上门来抢劫。秦汉的"什伍连坐",晋代的"闾伍之法",唐代的"伍保制",大抵都是自我防范和相互连坐的意思。

王安石对保甲法是颇为自负的,曾说:"保甲之法成,则寇乱息而威势强矣。"但保甲法自实施之日起,就出现了很多问题,主要是强制民众承担义务。如保长没有薪水,保丁自办弓箭,都需要民众无偿承担费用,致使中下之民,罄家所有,愁苦困弊,流移四方。因此,保甲法遭到了很多大臣的非议,司马光严厉批评保甲是"驱民为盗""教民为盗""纵民为盗"。

保甲制度一直延续到近代。这些烧刻着"□甲"的宋砖,就是它的见证。

夺我十家产　筑尔一佳城
——"扬州府提调官同知"明砖

两年前在扬州东圈门得一城砖,颜色青灰,质地厚重,形态方正,保存完好。铭文有三行:

扬州府提调官同知竹□,司吏陶旭;

通州提调官□,官□,司吏王懋;

海陵县提调□,司吏□。

另一侧可见"小甲盛茂,窑户高钱王,造砖人夫周从孙,周畹成"等铭文。书法清丽,端正流畅,当为官府幕僚、乡间秀才所写。经查《南京城墙砖文》一书,"扬州府提调官同知竹□"中的名字应为"竹祥"。凡是扬州府各县所制之城砖,上面均有竹祥的名字。

"扬州府提调官同知"明砖

按此砖形制,应为明初筑南京城墙所用,系扬州府通州海陵也即今泰州烧制。此前不久,南京友人王喜根先生送我一块南京城砖,砖上有铭文两行,格式与此相同,铭文十分清晰,为:"常州府提调官通判汤德,知军彭源,司吏张廷珪。宜兴县提调官县丞邓跃,司吏高暄(煊)。"相关的地点、官职、姓名,写得清清楚楚,为今人留下了珍贵资料。

我测量了一下,两块城砖的尺度相同,都是宽五寸不足,高八寸有余,长约一尺六寸半,重量达四十斤。

南京作为六朝古都,有大量文物古迹,明代城墙是其中之一。据史料记载,朱元璋于元末明初下令造砖筑城,劳役天下,耗资无算,历时二十馀载,才告成功。明代南京城墙是世界上最长的城墙之一,在世界城建史上有重要地位。为了建造明南京城墙,当时的应天府、扬州府、镇江府、袁州府、饶州府、常州府、淮安府、南昌府、广德府、吉安府、庐州府、临州府、长沙府、武昌府、太平府等三十三个府,十二个州,一百五十个县,及工部、兵部调集了全国的民力、兵力、财力制窑烧砖。其工程之浩大,劳作之艰辛,正如一块城砖上铭刻的诗句所写:"拟从工作到如今,日日挑柴吃苦辛。一日秤来要五百,两朝定是共千斤。山高路远难行步,水深堤滑阻工程。传语诸公除减少,莫数思苦众军人。"反映了当时南京建城者的真实心声。

我在南京读书、工作十几年,常从下关挹江门下经过。偶尔也和同学爬上城头,眺望大江。那时对于古城墙缺少认识,几乎从来没有观察过古城砖是什么样子。直到十几年前,在南京开会时,发现下榻处随便散落着一些完整的古城砖,才觉得人们在暴殄天物。

城砖上的文字究竟隐含着哪些历史信息呢?城砖铭文其实是包括了烧制该砖的机构称谓及负责人员,每一块砖有了铭文就有了自己的"身份证"。明初修建南京城是一项浩大的工程,为确保烧造城砖的质量,朝廷要求各地在生产的城墙砖上烧制出府、州、县、总甲、甲首、小甲、制砖人夫、窑匠等各级责任人的名字,以便验收时对不合格的城砖追究制砖人的责任。城砖铭文少则一字,或一个标记,多则七八十个字。这不仅是南京明城墙的一大特点,也是南京明城墙历史文化遗产价值的重要组成部分。

"扬州府提调官同知竹祥"的名字多次出现在砖铭中。如江都、泰兴、高邮、兴化、宝应、海门、泰州、通州等地的砖文中,都有"扬州府提调官同知竹祥"的字样。"常州府提调官通判汤德"也多次出现在砖铭中。据正德《姑苏志》卷三《古今守令表》载,汤德于洪武十一年(1378)由常州府通判升任苏州知府。城砖上的铭文留下了史书中没有记载的资料,因而具有不可替代的价值。但是,这些具有历史价值和文化价值的城砖,以往很少得到学术界和出版界的足够重视,所以专门图书文献几乎阙如。南京城砖的烧造和运送,在明初是一项规模宏大的系统工程。一般由朝廷指定府州辅官担任各级提调官,具体负责城砖的烧造和运送事宜。城砖上面用木模印上有关人员的职务与姓名,以便明确责任,随时稽核。不少砖铭的官员名字是可考的。例如南康府通判赵斌,因担任该府的提调官,大量出现在砖铭之中。据正德《南康府志》卷六《职官》载,赵斌任通判一职的时间在洪武十一年(1378)。

1999年7月,南京出版社出版了《明南京城墙砖文图释》,在学术界、出版界、收藏界引起了极大反响,获得了专家、读者的有力肯定和一致好评。《明南京城墙砖文图释》的编著者从历史传承的角度出发,以载有生产地和责任人等文字的城砖为视点,收集城砖,拓制砖文,撰写注释,编纂成书,为城砖修谱,替城墙立传,填补了中国古代城墙史的一项空白,可以说做了一件功德无量、意义深远的事。即便从出版选题的角度来看,这部书也称得上是匠心独运、慧眼独具的原创性著作。

  2008年5月,南京师范大学出版社又出版了《南京城墙砖文》,责任编辑王裕祥先生和丁亚芳女士知道我喜欢砖头,特地送我一册,其情可感。据介绍,南京城墙砖文中的实名制,不仅针对各级政府的官吏,对具体烧制城砖的窑匠、人夫以及基层组织者,也提出了实名制的要求。比如在这项劳役中,乡村基层组织的"总甲""甲首""小甲",均以实名见诸砖文。从府、州、县的官吏,到总甲、甲首、小甲的头目,再加上窑匠、人夫等工匠,不同的责任层面最多达到十一级,构成了一套自上而下的实名制管理责任体系。而乡村基层组织中的总甲、甲首、小甲则往往具有双重身份,他们既是基层管理者,也是直接造砖人。但当年的文献并没有记载这些具体史实,要解读和研究明代南京城墙,不能不依靠砖头上的铭文。

  《南京城墙砖文》书中有《扬州府》一章,其中涉及扬州府的高邮州、泰州、通州,及江都县、泰兴县、兴化县、宝应县、如皋县、海门县等。书后《明南京城砖产地表》中有"扬州府"一栏,列高邮州、泰州、通州、真州,及泰兴县、宝应县、江都县、兴化县、如皋县、海陵县、海门县、仪征县等。这对于研究明初扬州府的窑业,是有特殊意义的。可以想象,明初的扬州府几乎州州烧窑,县县造砖。明人流传着一首民谣:"毁我十家庐,构尔一邮亭。夺我十家产,筑尔一佳城。官长尚为役,我曲何时直。本是太平民,今愿逐逋客。"为了"筑尔一佳城",连官吏们也不免要参加劳役,更何况普通百姓呢?歌谣对明廷充满了不满和怨恨,以至于要用"佳城"这样的字眼来诅咒它。须知"佳城"的意思,就是墓地。

淮左名都
——"淮"字明砖

  "淮"字城砖,得自扬州城东高桥路拓宽工程之时。那是一个骄阳似火的夏日,挖土机几乎把马路挖了个底朝天。一天午后,我徒步在工地上徘徊,忽然在堆积如山的路西土阜上看到一块完整的城砖,顶端只有一个铭文,是楷书的"淮"字。城砖太重,几次搬起,几次放弃,终于舍不得丢掉,又把它搬将起来。待搬至便益门时,浑身已大汗淋漓。正巧有个扬大学生骑车经过,他听过我的讲座,认识我,承他美意用自行车将砖头运至我的寓所。

这块"淮"字砖铭文能够告诉我们什么呢?

打开尘封的史册,在几千年的历史变迁中,扬州曾有"广陵""江都""维扬""扬州"等不同称谓。而在这些称谓的背后,常与"淮"有不解之缘。如:

"淮夷"——商周时生活在黄淮、江淮一带的古代民族。在夏代以前,生活在今山东、河北等地,称"东夷"。后来一部分融进炎黄部落,另一部分南迁至淮河流域定居,称"淮夷"。"淮夷"实为最早的扬州居民。

"沟通江淮"——春秋时东周敬王三十四年(前487),吴王夫差修筑邗城,开凿邗沟,第一次把长江和淮河连接起来,史称"沟通江淮"。扬州从此成为"江淮都会"。

"淮南道"——唐太宗贞观元年(627),将全国分为十道,扬州属于"淮南道"。唐玄宗开元二十一年(733),将天下分为十五道,将"淮南道"治所设在扬州。扬州从此又称"淮南"。

"淮南节度使"——唐肃宗至德元年(756),新置"淮南节度使"之职,管辖包括广陵郡在内的十三个郡。当时的广陵郡,下辖江都、江阳、六合、海陵、高邮、扬子、天长等七县。至德二年(757),改广陵郡为扬州。到唐昭宗天复二年(902),封淮南节度使杨行密为吴王,都扬州。可见,唐代扬州与"淮南"这一地名关系十分紧密。

"淮南道""淮南路""淮南东路"——宋太宗淳化四年(993),把全国分为十道,扬州属于"淮南道"。太宗至道三年(997),又把全国分为十五路,扬州属于"淮南路"。到宋仁宗皇祐三年(1051),将淮南路分为东西两路,扬州为"淮南东路"。可以看出,宋代扬州一直属于"淮南"。

"江淮行省""淮东道宣慰司""淮南江北行省"——

"淮"字明砖

元世祖至元十三年(1276),在扬州设置了两个机构,一个是"大都督府",一个是"江淮行省"。至元十五年(1278),又设"淮东道宣慰司",扬州路隶属于该司。至元十九年(1282),废除宣慰司,以扬州路隶属于江淮行省。至元二十一年(1284),将江淮行省迁于杭州,复又建立宣慰司统辖扬州路。至元二十三年(1286),又废除宣慰司,江淮行省仍旧迁于扬州。后来行省又迁于汴梁路,复立淮东道宣慰司。到元顺帝至正十二年(1352),又设"淮南江北行省"于扬州路。在这些令人眼花缭乱的行政设置变化中,元代扬州始终与"江淮""淮东""淮南"难解难分。

"淮海翼元帅府"——明朝尚未建立时,朱元璋于元至正十七年(1357)攻取扬州,并在此设"淮海翼元帅府",后改为江南分枢密院,立惟扬府。则明代扬州与"淮海"二字亦有因缘。

"两淮巡盐御史""两淮盐运使"——元明清三代,朝廷先后派驻盐务衙门于扬州,长官分别称为"两淮巡盐御史""两淮盐运使",专门督察、管理两淮盐务。毫无疑问,扬州与"两淮"的关系密不可分。

从历史地理的演变可以看出,古代扬州的行政区域经常处于变动之中。先秦时范围较小,汉代后扩大,隋代最广,覆盖地域相当于今淮河以南、长江以北、滁州以东地区。自唐代起,地域开始缩小,但覆盖范围仍达到今长江以北、淮河以南、安徽天长、江苏六合以东等地。这种格局,到清代基本稳定了下来。

在频繁的行政区划变动中,扬州城一直是道、路、府、州的治所驻地。无论是大汉朝倚为屏障的吴国、江都国、广陵国的都城,还是历代管制地方军政的扬州大都督府、淮南节度使、扬州元帅府、淮南东路长官的驻节地,还是管理东南盐务的两淮盐政、两淮运司的衙门,都坐镇于扬州。而这些机构的名称,大多离不开一个"淮"字。这是由地处江淮要冲的扬州,在政治、经济、军事、交通上的中枢地位决定的。因而,扬州自古以来就有"淮左名都""淮南胜地"之称,大明寺前至今还有"淮东第一观"之碑。

"淮"字城砖,宽六寸,高三寸,长一尺一寸。根据其形制大小、出土地点,估计应是明代城砖。嘉靖年间,倭寇进犯扬州,城外商贾损失惨重。在此形势下,扬州开始增筑新城以抵御倭寇。康熙《扬州府志》记道:"新城始于嘉靖丙辰(1556)二月。时以倭寇,用副使何城、举人杨守城之议,起旧城东南角楼至东北角楼,周十里,即一千五百四十一丈九尺,高厚与旧城等。"汤显祖《牡丹亭》中有这样两段词:"维扬新筑两城墙,酾酒临江上。""真乃江北无双堑,淮南第一楼!"《牡丹亭》虽是文学作品,所写的"维扬新筑两城墙"却取材于扬州筑城抗倭的史实。

《牡丹亭》的写作时间,距离扬州筑新城不过四十多年。如果说"维扬新筑两城墙"是明代扬州抗倭斗争的反映,那么"淮"字城砖可能是明代扬州抗倭斗争的见证。

明代地券与砖刻工艺
——"直隶扬州府江都县河东清平界永兴乡"明砖

一直对砖头感兴趣,最初是出于"人弃我取"的考虑。因世人多以金玉珠宝为收藏对象,我不想凑那个热闹,只好出此"下策"。

砖头除了铭文砖之外,又有砖刻一项。砖刻也是一门民间艺术,但是专门的工匠极少,多数属于业余性质。前些时候,曾偶遇一位陌生的朋友,说他近年来全力专攻砖刻,自称是扬州当今唯一的砖刻艺人,可惜当时未能记下他的联系方式。然而,砖刻艺术,水平高下差别极大,非一般人所能想象。好的砖刻,形象生动,刀法流畅,能体现砖头的质地美,给人以质朴厚重之感。差的砖刻,线条丑陋,刀工拙劣,令人望而生厌,只觉得糟蹋了这门民间艺术。

"直隶扬州府江都县河东清平界永兴乡"明砖

李万才先生曾送我一对旧砖雕,乃是旧时门头装饰,一雕祥麟,一雕奔鹿,皆以飞鸟、松枝作为陪衬。作品运用浅雕、深雕、镂空雕等手法,左右逢源,富有变化。特别是一只鸟的眼睛作阳雕,一只鸟的眼睛作阴雕,尤见匠心。麟与鹿的比例、姿态、神情,于庄重之中不失灵动,实为清代扬州砖刻的佳作。

日前去刚刚开张的准提寺古玩市场,从顾建

中先生处得到一块难得一见的明代扬州地券残砖,这块砖在雕刻工艺之外,又有独到的史料价值。这件地券右边完好,左边缺失,整块砖面,画有栏线,上方为横栏,右边有半个残字,可辨认出是个"冥"字,估计原文应是"冥券"二字。中下方为竖栏,除了有一个"维"字刻在栏外,其余文字都在栏内,惜少数文字漫漶不清。经辨认,现将铭文试读如下:

维万历四年岁次丙子,十二月巳未,朔越念六日甲申。直隶扬州府江都县河东清平界永兴乡殷家凹许家庄居住,奉葬孝子许瀛等。伏仪明故先考许公讳才之柩,生于弘治辛酉;相配故妣许孺人孙氏之柩,生于乙丑。相停祀于家,未遑安厝。遂令日者,择此高原,来去朝迎,地占袭吉。当备钱彩九万九千九百九十九贯,买到朝洋墓地一所,堪为莹宅,迁甲……分。南北长百步,东西阔百步。左至青龙,右至白虎,前至朱雀,后至玄武。内方勾陈,管分四域,封……

字体为楷书,书法古朴遒劲。细玩其字,似非文人书法,可以发现万历民间某些不正规的书写习惯。如"孝子许瀛等"的"等",上部不用"竹",而用"卄",应是当时民间流行的俗字。又如"生于弘治辛酉"的"于",用繁体字"於",下文"相停祀于家"的"于",却用俗字"于",前后行文不相统一。再如"未遑安厝"的"厝",书手误写为"曆",也即"历"的繁体字,实是错字。还有"地占袭吉"的"袭",上部写的是繁体字"龍",而下文"左至青龙"的"龙",却写的是俗字"龙"。至于"买到朝洋墓地一所",可能是"买到朝阳墓地一所"之误,"朝洋墓地"义不可解。凡此种种,都说明书手的文化水平不高,大抵就是乡间的私塾先生。

该地券的价值,在于提供了明代扬州乡村砖刻艺术的实物和当时墓葬风俗的佐证,以及具体的地名"直隶扬州府江都县河东清平界永兴乡殷家凹许家庄"。可惜因为无法获知这一地券最初出土的地点,因此永兴乡殷家凹许家庄到底在什么地方无法推知。

地券一称冥契、幽契,源于西汉,盛于东汉,唐宋以后全国各地都流行此物。地券的意义,最初是作为死者拥有阴间土地的凭据。通常附有道教的符篆,文字一般刻在砖、石、铁等物上,以便久存。地券上一般要写明州县、乡村、姓氏、年月、四至等,与传统的风水、信仰等有密切关系。地券其实是古代民间地契形式的一种变体。它的产生和流传反映了土地私有的现实和土地买卖的手续。

据宋人周密《癸辛杂识》记载,当时造墓必买地券,券以梓木为之,朱书其上。但由于木质易朽,所以砖石地券更为普遍。值得注意的是,地券的内容和格式是不断变化的。汉代的地券,文字基本和社会通行的券约相同。从南北朝到明清,地券文字日益增添民俗的色彩,如券文常说土地是从"后土神"那里买来的,又总是用"东至青龙,西至白虎,北至玄武,南至朱雀"的俗套来标明墓地的四至等。尤其特别的是,墓地的价值总是"九万九千九百九十九贯"。我得到这块地券后,承陈晓友先生来电相告,券文中所谓"九万九千九百九十九贯"并非实际的土地价格,而是"冥币"的"价格"。他的说法是对的。查《癸辛杂识·别集》卷下写道:

今人造墓,必用买地券,以梓木为之,朱书云"用钱九万九千九百九十九文,买到某地若干"云云。此村巫风俗如此,殊为可笑。及观元遗山《续夷坚志》载曲阳燕川青阳坝有人起墓,得铁券,刻金字云:"敕葬忠臣王处存,赐钱九万九千九百九十九贯九百九十九文。"此唐哀宗之时,然则此事由来久矣。

为什么是九万九千九百九十九贯,而不是十万呢?那是因为古人认为"九"为最大之数,正像历来的豪宅都砌成九十九间一样,人们不想达到十万或一百之数。清人洪亮吉《北江诗话》说:"其钱数必如此者,盖不欲满十万,或当时俗例然也。"明万历年间,扬州府江都县河东清平界永兴乡殷家凹许家庄的三家村学究,就秉承这一古老的风俗行事。

我得到的这一地券,左侧已经断裂。后来得知,有些地券是故意分为两块的。如陕西咸阳彬县曾发现明代夫妻合葬石室墓,出土物中也含有一件明万历年间的地券。它们分别刻在两块青砖上,两砖合一,才能看到完整的内容。我手中的这一地券,是人为断裂,还是意外损坏,不得而知。

地券的风俗虽然由来已久,然其文物价值到清末才引起金石学家的注意。1918年,罗振玉先生将他所收集到的地券汇编成《地券徵存》。扬州的地券,将来也应当汇编成书才好。地券文字的雕刻,古朴而圆润,不过工匠的姓名已佚。顺便说一句,我看到过扬州古砖上有这样的名字:翁十三、颜璠、胡瑞等。但他们都是窑工。

清民窑造

朝廷之命　钦定之工
——"钦工"清砖

为了建设工艺坊,扬州北护城河边的民房正在拆迁。这里原是工人二村,房屋为几十年前所建,故用的都是当时的新砖,上面通常有"江建"字样。本来,但凡拆迁,总有机会捡到旧砖的,可是在工地上一转,只见遍地都是模印着"江建"字样的现代砖。失望之余,忽然在一条小巷里发现一块垫在煤炉下的旧砖,朝外的一端有两个字,却是"钦工"。

砖呈黑色,质地坚密,宽四寸半,高二寸半,长近一尺。砖基本完整,略有残缺。"钦工"二字,自右而左,笔画遒劲,风格矫健。尤其是"钦"字,金旁少两点,左右两边成犄角之势,富变化之美。"工"字则呈端庄之态,有静穆之风。仅从书法来看,亦当出自行家之手。

"钦工"的意思,是指奉旨兴造的工程。据有关史料,清代凡有重大工程常由皇帝钦派亲王及内阁重臣组建工程处,称为"钦工处",负责具体策划和实施。如北京紫禁城、圆明园、雍和宫等的修缮,以及其他皇家认为重要的工程,历史上都称作"钦工"。此外,各地有关国计的重大工程,也称作"钦工"。例如运河的疏浚,历代都属于"钦工"。

"钦工"(竖铭)清砖

那么,扬州这块"钦工"铭文砖是用于什么工程的呢?扬州可以列入"钦工"的工程,我想大约有三种,即:修筑城墙、举行寿典、疏浚运河。其中修筑城墙、举行寿典二事,其实地方官吏和地方士绅都可以自主施行,不一定非得"奉旨"不可。唯有疏浚运河一事,牵涉南北数省,关系朝廷命脉,非皇帝下令不可。因而扬州的"钦工"之砖,最有可能是用于治河工程的。果真是这样的话,它对于古运河的申遗应当具有特殊的意义。

事实上,在明清两代,疏浚运河一直是国家重点工程,也即"钦工",绝非地方政府所能承担。现在淮安还有一个名叫"钦工"的集镇,位于楚州北侧,据说因为明代后期有钦差大臣在此督办淮河疏浚工程,故名此地为"钦工"。也有人认为,那是清代康熙年间钦差大臣在此督工治理运河,而命名"钦工"的。"钦工"在明代已是一个大集市,并逐渐成为淮安三大镇之一,也就是淮安人常说的"一车(车桥)、二岔(岔河)、三钦工"。在淮扬菜系中,有一道名菜叫"钦工肉圆",就因产于淮安钦工镇而得名。据说此菜为康熙年间钦差大臣驻此督工治河时所创,后来成为献给朝廷的贡品,故"钦工肉圆"又称"清宫肉圆""清贡肉圆"。"钦工肉圆"以当地天然饲料喂养的家禽和鱼虾为主要原料,以独特工艺制作而成,口感脆嫩,味道鲜美,富有弹性,爽而不腻,是招待贵客、馈赠亲友的上等美食。民间歌谣云:"钦工肉圆光又圆,吃在嘴里嫩又鲜。夹在筷子院外撂,落到地上跳三跳。"言其不但味美,而且富有韧性。

大约在古运河沿线都不乏"钦工"遗物。前些年,在徐州夹河后街清代防洪石堤旧址,曾发现一块铸有"钦工"铭文的燕尾铁(铁锞),和两个钯锔子(铆钉),这些文物证实徐州的护城防洪石堤是清代国家重点工程。据记载,夹河后街现存两百米长的防洪石堤,建于清乾隆二十七年(1762)。这一年,乾隆命令将徐州的土堤全部改成石堤。石堤从基础到堤顶,砌石十余层,均以巨石精工打凿,严丝合缝。堤以铁锞左右固定,以铆钉上下连接,再用米汁调石灰浆浇灌,故而十分坚固。直到黄河改道山东的百余年间,洪水虽然依旧泛滥,却

"钦工"(横铭)清砖

没有发生过决堤的灾难,就得益于这是"钦工"。值得注意的是,固定巨石的燕尾铁上面铸有"钦工"字样,与扬州旧砖上面的铭文"钦工"相同。这也表明,治水向来是涉及地区广、质量要求高的钦定工程、御批工程、国家工程。

"钦工"一词,现在早已在人们流行的语言中淡出,但在历史上却是常用之语。例如,康熙四十七年(1708),曾任两淮盐运御史的曹寅、李煦书写奏折向康熙报告江宁织造事宜,说"如蒙恩准,则藩司驿道既免支解之烦,而织造钦工又不至迟误矣";因为织造是为朝廷提供织品的,故曰"钦工"。乾隆二十一年(1756),曾任两淮盐运使的尤拔世书写奏折向乾隆报告景德镇窑厂事宜,说"奴才伏查,窑厂瓷务,上系钦工";因为当时景德镇专为宫廷制造瓷器,故也曰"钦工"。光绪十七年(1891),庆亲王奕劻书写奏折向光绪报告颐和园事宜,说"钦工紧要,需款益急,思维至再,只有腾挪新捐暂作权宜之计";因为颐和园是皇家的花园,故亦曰"钦工"。这些都足以说明,在清代官场上,"钦工"曾是一个流行词。时过境迁,物是人非,封建王朝早已成为历史,散逸着专制气味和帝王色彩的"钦工"一词自然也退出了历史舞台。

在灯下细细玩味这经历数百年之久依然未被时光磨灭的"钦工"铭文,我的思绪十分复杂。运河的伟大,固然赖于历代劳工的血汗,同时也不能不承认赖于历代朝廷的重视,它才不息地流淌至今。然而朝廷的重视,其初衷并非为了民生便利,而是为了它的江山永固。许多显赫一时的宫阙,在乾坤流转中灰飞烟灭,但总有一些伟大的工程不会随着时光而消逝。在这些横亘古今的人间奇迹当中,有长城,也有运河。不过,长城砖的价值已经得到了人们的珍视,运河砖的存在却差不多已被人们遗忘了。

忏悔之塔　救赎之砖

——"吴惟华"清砖

砖头也有为了忏悔和救赎而造的,这在获得这块残砖之前从未想到。

前些年扬州举行运河博览会,东关城门楼加紧修建,从周边搜罗来不少旧砖。其中一种砖上有佛像,我得到残砖两块,后送人一块,自留一块。细摩残砖,厚三寸,宽五寸半,长不可知。砖之顶端有深深的印戳,中间是一尊佛像,高约一寸半;左边是竖写的"吴惟华"三字,正楷;佛像的上端有梵文,应是密宗六字箴言,也即"唵嘛呢叭咪吽"。

制砖者吴惟华,《清史列传·贰臣传》有传,与吴伟业、周亮工、龚鼎孳等人同卷。约略言之,吴惟华,顺天人,明末诸生,随其兄降清,于多尔衮入京时,拜迎马首,自荐愿往山陕各地招抚,因随征太原、大同等地有功,封恭顺侯,官至户部右侍郎。顺治八年(1651)外放漕运总督等职,常住扬州。因榨取灾区百姓白银九万三千两解京助饷邀宠,以贪渎公物、结交内监等罪,数次被劾,几乎处死,幸得宽免,坐罪夺爵。

据明遗民张怡《謏闻续笔》记载,吴惟华非但大节有亏,在人格上也属谄媚猥琐之流。清朝摄政王多尔衮好色,吴惟华闻之,投其所好,从败落的明朝旧臣家中选出"女子之有色者得二十人以献"。不料多尔衮愀然色变,说:"不可!明之勋胄,犹我与若今日也,以我与若之子女,供他人婢妾可乎?"结果多尔衮将二十个女子悉数遣出,令择良家子嫁之。多尔衮虽爱美人,然也取之有道,而吴惟华以此献媚,可谓小人也。

眼前的残砖,实系吴惟华在漕运总督时创建天中塔所制。天中塔在扬州三汊河高旻寺,系先有塔而后有寺。据现有史料,高旻寺的历史可溯至清初。乾隆三十七年(1772),高旻寺僧昭月《天中塔记》云:"扬州城南茱萸湾高旻寺,本曰'塔庙'(自注:十一年塔成,左偏营梵宇三进曰'塔庙',召僧侍奉香火),始于顺治八年辛卯(1651)。恭顺侯漕台大人吴公讳惟华者,念维扬黎庶水患频遭,心伤意惨,发心购地,庀材积料,于是年春兴工创建天中宝塔。于十一年甲午(1654)秋,周四年而功成。七级之中,吴公均有诗章碑记存焉。"顺治十二年(1655)春二月,吴惟华自己所撰的《天中塔记》亦云:"华不虑世途有阻,宁肯鞍掌相羁?于辛卯(1651)之春,在维扬之境,特购地亩,欲建浮屠。一则补造化之缺陷,一则完夙生之本怀。筑基培地,九龙之势稍纡;锁水观风,三汊之流渐缓。故尔鸠众捐金,宝莲从地涌出;驱

"吴惟华"清砖

神役鬼,舍利自天飞来。竟七级而合尖,周四年而功毕。"上述二记相距近一百二十年,所记史实相符。说明高旻寺天中塔系由吴惟华建于清顺治八年(1651),此砖乃为建塔所烧。

　　残砖虽残,但其质量之好堪称上乘。吴惟华以一人之力,建此浮屠,其宏愿可知。所制之砖,均留姓名,其心诚亦可知。吴惟华明显是带着忏悔与救赎之心愿,来造砖砌塔的。

　　吴惟华本是明朝士子,如为苟活性命,顺从清朝亦可,但不必在多尔衮入京时拜迎马首。他做了清朝新贵之后,如果安分守己做个循吏倒也罢了,但不必网罗民女讨好多尔衮,而且贪渎公物、结交内监。吴惟华的心灵一定受到地火般的煎熬,才想到独自建塔以拯救自己的灵魂。

　　吴惟华虽然投降了清朝,但还是被记入了《贰臣传》。清人编纂《贰臣传》的背景是,在经历了清初的动荡之后,到乾隆时清廷已建立百年,根基巩固。在此情况下,乾隆为巩固集权统治,瓦解民族意识,在大力表彰前明忠臣的同时,下令编纂《贰臣传》。在乾隆上谕中,把降清的明朝官员一概称为"贰臣",他痛切地批评这些"遭际时艰不能为其主临危授命"的叛臣逆子。所以吴惟华尽管背叛祖宗,认敌作父,最终还是落得两头不讨好。

　　天中塔后来毁于咸丰太平军劫火,吴惟华的灵魂能够在佛祖那里得到救赎吗?

往事无痕赖此砖
——"万寿宫"清砖

　　砖头也有它的生命和价值,或者因为它的历史背景,或者因为它的制作技术,或者因为它和某一个名人有联系。"万寿宫"铭文砖的价值,主要是因为后者。这是半块残砖,色泽青黑,坚沉如铁,一端断裂,另一端有铭文三字:"万寿宫"。这是我特别喜欢的藏物之一,因为在它残缺的身躯里蕴含着一段鲜为人知的历史。

　　砖是在邵伯古镇捡得的。那是一个春天的下午,同行者在有名的甘棠树下流连观赏、摄影留念,我独自走到西边的一个僻静小院。小院很荒凉,看得出多时没有清理,到处都是乱砖碎瓦。院门左侧有一个洗手的台子,台子下面也是一堆乱砖。驻足片刻正要离开,忽然瞥见一块砖头上似有铭文,弯腰拾起来一看,竟是"万寿宫"三字。急忙把砖拿到自来水下冲洗一番,铭文愈加清晰:"万寿宫"三字是正楷,端庄清秀;"万"字用繁体,上部磨损;"寿"字用简体;"宫"字左边稍缺。此砖为清代所造,应是万寿宫始建之物。

万寿宫似乎一直与我无缘——少年时代常从邵伯乘船,听说码头西面是万寿宫,可是从没有去看过它。青年时代读朱自清的文章,得知他少年时代住在邵伯万寿宫,却心向往之而不得见。中年时代为访朱自清足迹,多次去邵伯寻找万寿宫遗址,而它已不在人间。此次偶然拾得此砖,完全在意料之外。

万寿宫引起我的兴趣,主要因为朱自清先生在这里住过。朱自清在《我是扬州人》中写道:

四岁的时候先父又到邵伯镇做小官,将我们接到那里。海州的情形我全不记得了,只对海州话还有亲热感,因为父亲的扬州话里夹着不少海州口音。在邵伯住了差不多两年,是住在万寿宫里。万寿宫的院子很大,很静;门口就是运河。河坎很高,我常向河里扔瓦片玩儿。

这一段平实而亲切的记载常常教我想象当年万寿宫的模样。

据后人描绘,万寿宫是一座清代建筑,飞檐翘壁,高墙内大庭院寂静幽深,院中栽有鸡冠花、黄杨树和紫藤。夏日的夜晚,静坐在院中纳凉,耳边传来古运河河水轻轻拍打堤岸的涛声,和紫藤架下油蛉子欢快的歌唱。这幽寂的环境、静谧的氛围,使朱自清从小养成了喜幽静、爱独处的习性。据朱自清的胞弟朱国华先生回忆说,童年朱自清平日除了偶尔与一个叫江家振的小朋友在院内游戏外,多留在室内,成半天地读书习字,无需大人照料。在邵伯的几年,是童年朱自清接受早期文化教育的关键时期,除了他的母亲周氏绮桐辅导之外,他的父亲小坡在公务之余也常常教他读

"万寿宫"清砖

书练字,给他讲些天文地理、风土人情知识,还经常带他沿运河漫步,让他领略两岸秀丽的风光。

万寿宫的生活显然给朱自清留下了终身难忘的印象。那么,万寿宫究竟是一座什么样的建筑呢?

翻检故书杂记,关于万寿宫的文字并不多。《增修甘泉县志》有这样几句话:

> 万寿宫,在邵伯镇,八佛柱南。乾隆八年(1743)建,道光二十七年(1847)重建。徐太史玉丰有碑记,董尚书恂隶书勒石。

《甘泉县续志》略有增益:

> 万寿宫,在邵伯驿码头,八佛柱南,祀许旌阳真人。乾隆八年(1743)江西官商修建、立碑,今已湮没。道光二十七年(1847)重建,徐玉丰有碑记。

《甘棠小志》照抄《甘泉县续志》,但也补充了一些材料。要而言之,万寿宫是江西官商于乾隆年间建成,为江西会馆之所在。因为宫屋紧邻运河,河堤愈来愈高,宫屋也就日益低洼。到了道光年间,全宫重建。有关万寿宫的最重要的文献,是清人徐玉丰作的《邵伯埭重建万寿宫记》。记很长,要点有三:第一,万寿宫的性质是祭祀道教许真君的祠堂;第二,因为许真君是南昌人,所以凡是江西人聚居之处都有万寿宫;第三,万寿宫位于邵伯埭之侧,与谢公甘棠庙东西并列,庇佑一方生灵。

这样,我们也就明白,万寿宫原来不是佛教的寺庙,也不是庆祝清代皇帝寿辰的纪念堂。它是一座道观,同时也是江西人的会馆。

万寿宫所在的邵伯驿,历史上一直是南北交通咽喉,驿站规模也较大。新官莅任时都要到驿站察看,了解驿使是否克扣马料,驿马是否健壮善走。如果驿马合格,就在马头上烙印作为标记。驿马是为官府传递公文的,马颈下系的铃铛较一般马铃为大,声音特别响亮,路人一听到铃声就要迅速让道,否则被马踏死不偿命。一骑红尘驿马啸,谁人知是信使来。那急促的马铃声,在朱自清的童年时代不知是否宏亮如故?它在掠过万寿宫时,不知是否惊扰过童年朱自清的夜半清梦?

抗战时期,日军曾扬言要炸毁万寿宫。二十世纪五十年代,万寿宫尚存四进残破的大殿,内有戏台。不久后,它就因不合时宜而被拆除。万寿宫消失了半个世纪,它留下的遗物能有几何?深夜灯下,摩挲残砖,也许唯有它幸而存世,铭记着乡贤朱自清的童年身影,见证着古刹万寿宫的如烟往事。

道光二十六年
——"道光二十六年八月"清砖

黄仁宇先生写过一本《万历十五年》,我也写一篇《道光二十六年》。这不是为了模仿,而是因为我案头确有一块清代扬州城砖,上有铭文曰"道光二十六年八月","月"字已残。

道光二十六年(1846)的扬州为什么要造砖修城?这一年发生过哪些事情?

如果以道光二十年(1840)爆发鸦片战争为中国近代史开端的话,这时中国已经进入近代社会六年。这一年的中国,发生了一系列事件:英人强行进入广州城,市民拒之,并捣毁知府衙门;洋人在福州建立洋馆,民众群起毁之;江苏常熟发生农民起义,随即失败;湖南宁远天地会起义,接着东安也发生起义;美国商人在上海建立旗昌洋行,主要业务是贩卖鸦片……

整个中国面临着前所未有的内外交困:一边是船坚炮利的洋人,一边是饥寒交迫的农民。大清王朝在两面夹攻下首鼠两端,顾此失彼。而扬州城呢?正在这种形势下企图通过加固城墙,保障一方安宁。回顾这一年的扬州,并无波澜壮阔的事变,然而一切变数皆在悄悄地孕育之中。

道光二十六年(1846),退休在家的阮元八十三岁。是年六月,晋加太傅之衔,重赴鹿鸣之宴。他的学生梁章钜携其所藏鲜于枢《扬州诗四十韵卷》拜访阮元,阮元嘱人摹刻于石,嵌于扬州瘦西湖畔"邗上农桑"之亭壁。也在这一年,阮元作《耄年自述卷》行书,钤印"阮伯元氏""亮功锡祜""湖光山色阮公楼"。传统士大夫的一切风雅,仍在古城延续。

道光二十六年(1846),寓居扬州的学者包世臣出版了他的重要著作《安吴四种》。包世臣是安徽泾县人,住在扬州观巷,号"小倦游阁"。《安吴四种》包括

"道光二十六年八月"清砖

213

《中衢一勺》《艺舟双楫》《管情三义》《齐民四术》，体现了包世臣对若干现实问题的思考。包世臣是少有的经济学家，与迂阔的旧式文人相比，他注重经世之学，勤于实际考察，对漕运、水利、盐务、农业、民俗、刑法、军事等都有自己的见解。他反对上层集团的"重农抑商"政策，以"好言利"自许，提出"本末皆富"的思想。

道光二十六年（1846），梁章钜迁居扬州。五年前，英军攻陷虎门，梁章钜曾派兵遣将选送大炮至广州，支持林则徐抗英。后调任江苏巡抚，兼理两江总督及两淮盐政。他在福建浦城居住四年后，于道光二十六年迁居扬州。是年，梁章钜、梁恭辰父子在扬州与黄奭、罗茗香同游三贤祠。黄奭为个园主人之后，取材《东坡志林》《墨庄漫录》《避暑录话》掌故，撰成一联："四朵兆金瓯，是二千石美谈，不因五色书云，谁识名流皆五马；万花停玉局，惟六一堂如旧，若溯三贤谥典，合将祠额署三忠。"罗茗香也撰成一联："胜地景芳徽，卅载三贤俱典郡；同龛昭祀典，两文一献共称忠。"梁章钜评道："此前后两联俱见典雅，非不学人所能办。"

道光二十六年（1846），魏源在扬州丁忧，并修订《圣武记》和《海国图志》。两年前，年过半百的魏源终于考中礼部会试第十九名贡士，但因试卷文稿草率，被罚停殿试一科，次年才补中三甲进士，"奉檄权扬州府东台县事""奉檄权知扬州府兴化县事"。鸦片战争的失败使他感慨万分，想写一本清代武功史来激励国人，于是写成《圣武记》。书中高度赞扬林则徐，指出鸦片战争失败的原因在于内政腐败："承平恬嬉，不知修攘为何事，破一岛一省震，骚一省各省震，抱头鼠窜者胆裂之不暇，冯河暴虎者虚骄而无实。"《圣武记》两年前在苏州修订过，两年后在扬州又修订，成为定本。龚自珍题《圣武记》云："读万卷书，行万里路；综一代典，成一家言。"是年，《海国图志》也在扬州增订，至次年在扬州刊行。

道光二十六年（1846），围棋国手董六泉由扬州赴甘肃。董六泉是江南武进人，号称"官子六泉"，意谓董六泉下棋大多到官子才分出胜负，赢也官子、输也官子，很少有人中盘将他击垮。但董六泉虽号称"国手"，并无官府之禄，更无谋生之术，生活全靠赌彩与授徒所得。扬州本是围棋之乡，同时被称为"国手"的扬州人周小松就是董六泉弟子。然而鸦片战争后，西方列强逼迫清廷签订一系列不平等条约，国库空虚，民不聊生，江南学棋的人寥寥无几。号称"国手"的董六泉，只好于是年离开扬州，远赴甘肃谋生。

道光二十六年（1846），梁恭辰在《北东园笔录》里记录了一个真实的故事，名叫《雷击负心》。说泰州有个郑姓的恶人,其父工刀笔,家有资产。郑氏无恶不作,私通一婢,致其有孕。其妻责之,说事既如此,当纳为妾。郑不承认,反而辱打婢女,致婢缢死。其妻责夫昧良丧心,哭道:"吾此后尚能靠汝乎?"郑厌其絮聒,以脚踢之,适中其腹,妻亦有孕,痛楚之下亦自缢。一日,郑为续弦,来到扬州,是日午刻,霹雳一声,郑氏被雷击死。《北东园笔录》说:"此道光二十六年六月十三日事,余正随侍邗上,故知其详如此。"

道光二十六年(1846)是丙午年,嗣后我又捡到"道光丙午年"铭文砖一枚。可知这一年的扬州,有人风雅,有人忧国,有人荒淫,有人筑城。"道光二十六年八月"之砖,宽二寸半,高五寸,唯剩半截。清夜摩挲,依稀能感受到当年"山雨欲来风满楼"之势。

一手评聊斋　一手抗英夷
——"两淮盐运使但监造"清砖

我最早收藏的一块铭文砖是"两淮盐运使但监造"。

那年春节,在四弟家吃过午饭漫步回家,没走大路,却从便益门老街的小巷迂回穿行。这是我喜欢的事情,在陌生的巷子里踽踽独行,享受孤寂之美。大约在石狮巷附近的一处角落,有堆乱砖,无意一瞥,竟见一块砖头上有些铭文。凑近细看,乃是"两淮盐运使"云云,心中一喜,就想把它从砖堆中取出来。不料这块砖头被上面的砖头压着,动撼不得。时值天寒,砖堆上有许多积雪,砖缝之间也冻结着,便只好离去。这一晚我竟彻夜无眠,生怕那块砖头被别人拿走。

此后数日,几次转到小巷,发现它还静静嵌在砖堆当中,心中始安。经过用力挪动,砖头略有松动。再加一把力,终于将它从乱砖堆中取出,原来只有半截。持砖回家,用水清洗,仔细端详,发现它色泽乌黑,质地坚密,宽约三寸,高近半尺,长不可知。最可

"两淮盐运使但监造"清砖

喜的是顶端铸有一行阳文,楷书,竖写,为"两淮盐运使但监造",唯"造"字有缺损。

"两淮盐运使"是官名,也即《红楼梦》中林黛玉的父亲林如海先生曾经任过的官职,"监造"是普通词语,都无费解处。问题出在"但"字。"两淮盐运使但监造"是什么意思呢?文昌广场改造时,在文化宫地下发现大量老城砖。据当时报道,这些城砖有薄有厚,砖上的铭文则有"两淮盐运使监造""道光二十六年造"等。有专家说,其中小而薄的是唐宋之砖,大而厚的是明清之砖。我特别注意报道中有"两淮盐运使监造",并无"但"字,心想可能因为记者无法理解"但"为何意,因而在报道时省去了此字。

我一直在想"但"是什么意思。有一天忽然悟到,"但"可能是姓氏。在清代担任两淮盐运使的官员之中,有人姓但,名叫但明伦。我之所以知道但明伦,是因为曾对《聊斋志异》做过一点研究。在《聊斋》各种版本之中,有一种"但评本",为两淮盐运使但明伦所刻。胡适先生写过一篇《记但明伦道光壬寅(1842)刻的〈聊斋志异新评〉》,说但明伦"自序作于两淮运署",表明此人曾在两淮运署任职。齐鲁书社出版的《但明伦评〈聊斋志异〉》,即胡适所论"但评本"。鲁迅先生《中国小说史略》说,《聊斋志异》"终著者之世,竟未刻,至乾隆末始刊于严州;后但明伦、吕湛恩皆有注"。在清代文学评论史上,但明伦被称为"评点《聊斋》第一人"。

不过,胡适和鲁迅都未能详细介绍但明伦生平。但明伦,字天叙,号云湖,清贵州广顺人。嘉庆进士,翰林院庶吉士、编修,转御史。道光年间,先后主持湖南、浙江乡试,在湖南、湖北、山东、山西为官十数年,道光二十二年(1842)任两淮盐运使。著有《治谋随笔》《读史管见》《升沈功记录》《白云山迹考》《资治通览观要》《耕织器具图说》等,尤以批评《聊斋》为人所称。他批注的《聊斋》于道光二十二年(1842)刊行时,正官两淮盐运使。但明伦在《聊斋志异序》中回忆自己少年时代爱读《聊斋》,其父曾以"好鬼狐怪诞之说"责之。有人问他,为何喜欢《聊斋》,但明伦回答说:"不知其他,惟喜某篇某处典奥若《尚书》,名贵若《周礼》,精峭若《檀弓》,叙次渊古若《左传》《国语》《国策》,为文之法,得此益悟耳。"其父闻之,转怒为笑。

但明伦任两淮盐运使时,正值鸦片战争爆发之后。英国军舰沿江而上,进犯镇江,扬州人家闻风而逃,纷纷出城避兵。此时但明伦竭力防堵,加意抚循,直至《中英南京条约》签订,英舰撤出长江,扬州城始安,故扬州人均感戴但明伦。这年九月,适逢但明伦生辰,扬州豪绅纷纷为他祝寿。阮元也写了一副楹联祝贺:"菊花潭里人同寿;扬子江中海不波。"上联借菊花喻其高洁,下联言其为扬城带来平安。梁章钜《浪迹丛谈》评此联"落落大方,恰如身分,不能不推为大手笔也"。"两淮盐运使但监造"之城砖,应该就是但明伦为了加固扬城、防御英夷而烧制。在这半截城砖的后面,竟记录着一段历史烽烟。

几年前,冯其庸先生来扬州,曾到大东门附近寻找芸娘故居。自大东门沿河向南,我们一路向他介绍某处应当是城墙遗址,某处可能是石涛故居,某处或许是歌楼旧迹,某处曾经是画舫码头。当晚去他下榻的宾馆,我给他看了那半截沉甸甸的古砖。冯其庸摩挲着"两淮盐运使但监造"铭文,若有所思地说:"这是但明伦,批评过《聊斋》的。"又问:"你知道但明伦的年代吗?"我说:"我查过了,他是道光二十二年(1842)在扬州两淮运署写的《聊斋志异序》。"他听了,点点头。

"但评"在《聊斋》研究中有特殊的价值。如评《促织》一篇,有"不复以儿为念,儿不如虫矣"之语,可知其高见。但明伦题扬州建隆寺联云:"宋史何妨称叛宋;周亲毕竟欲存周。"也可见他熟谙扬州风土。有学者称但明伦为抗英民族英雄,因为他面临强敌,不是消极防御,而是积极备战。当时他到处购买硝磺、船舶,招募盐民、水勇,组织团练,沿江布防。当英军入侵扬州门户三汊河时,但明伦命令一下,伏兵四起,远近呼应,大败英军,一举收复瓜洲。今抚砖思昔,不禁肃然。

高墙岂可挡西风
——"两淮运司江□重修"清砖

在清代扬州城砖中,有一种四面都有铭文的,文字分别是:

两淮运司江□重修
大清光绪二十四年
戊戌孟秋

经历吴办

其砖数量既多,质量也佳。光绪二十四年为公元1898年。这一年,英商丰和银行在扬州开设小轮公司,专保火险,是为扬州保险业之始;扬州邮政分局正式开业,地址设在砖街,是为扬州邮政业之始。一面是高筑墙、深挖沟步步设防,一面是近代化、西方化步步逼近,形成了一种历史转型期的奇观。

"两淮运司江□"究竟是谁呢?据我考证,应是清代两淮盐运使江人镜。

江人镜,字云彦,号蓉舫,徽州婺源人。生于清道光三年(1823),自幼聪慧。道光二十九年(1849)年乡试中举,次年任镶白旗汉学教习。咸丰三年(1853)任内阁中书,后考取军机京章,因功赏顶戴,升内阁侍读。同治九年(1870),授山西蒲州知州,到任后查禁溺女陋规、劝储积谷、捐薪助院、致力河防,得到皇上嘉奖。后任太原知府,代理山西按察使。其间,清理积案、减免徭役、大力赈恤、救活灾民,广为山西人称颂。后任河东盐法道、河东道兵备、湖北盐法道、江汉黄德道,兼管中外通商事务。光绪十六年(1890)升两淮盐运使,清除积弊,增收国税,皇帝特下圣旨赏一品花翎顶戴。江人镜任两淮盐运使后,便在扬州定居,共育十子七女。他本想回安徽老家安享天年,可惜没等衣锦还乡,就病逝扬州,时为光绪二十六年(1900),享年七十七岁,最后灵柩运往婺源晓起村安葬。著有《知白斋诗钞》。

江人镜的生平主要见《蓉舫府君行述》。此外,江人镜自己写过一首长诗,题为《将发韶州,子箴嘱予早日还都,明岁仍应礼部试,感其意厚,自悔蹉跎,因叠前韵以谢》,回顾了自己的经历:

"两淮运司江□重修"清砖

> 我生随缘穷水陆,十年六度践场屋。
> 焦尾徒伤在爨桐,不材敢望千霄竹。
> 一官滥厕中书省,东涂西抹难免俗。
> 晴闾寥廓鸿鹄翔,倦羽不乔入幽谷。
> 到家未久强出游,离愁满载南浦舳。
> 妻孥怪骂行不归,身如遁户逃捉扑。
> 我行初见菊花黄,我归将及菖蒲绿。
> 自叹命宫坐磨蝎,幼婴忧闵悲风木。
> 寒儒萑饭难主张,客舍黄粱今又熟。

四十不作黑头公，三刀枉说益州牧。
穷愁郁郁是东野，进退皇皇怜孝叔。
蓬山楼阁望逶迤，多少神仙美冠玉。
齿摇发落渐衰零，嘲诮任人羞报复。
争名仅得豹留皮，养拙尤防蛇画足。
几辈炎隆遭绝灭，惟有翰林擅清福。
同年诸子鳌顶行，下界峰峦皆俯伏。
感君厚意起褰裳，席帽未离惭我独。

从诗中看，江人镜似乎对前半生仕途并不满足，但其实他是受到朝廷重用的。据梁章钜《枢垣记略》云："十年十月二十三日旨：范运鹏、龚聘英、沈淮、江人镜……均著记名，以军机章京用。"可见他的名字，直达天听。

江人镜算是一个循吏，也即奉公守法的官吏。他精通盐务，监修过《河东盐法备览》，并对两淮所属通州、泰州、海州的煎盐产量予以核查，并将结果上报。

江人镜在扬州居住日久，感情甚笃，曾集句题扬州史公祠云："天地有正气；园林无俗情。"工整而典雅。同时，他在扬州还流传有不少有趣的故事。

扬州人撰过一部戏文《护印缘》，说江人镜官江汉黄德道时，一日夜间衙中起火，家人从睡梦中惊醒，顾不上收拾细软便慌忙逃出。喘息甫定，才想起官印尚在火中，若被烧毁，必受严惩。正在惶恐之际，有一个婢妾从容出列，从袖中取出官印，原来她在众人慌忙逃命时取出了官印。江人镜转惧为喜，不久升为两淮盐运使，便把这位护印的婢妾立为夫人。《清稗类钞》云："扬人士作《护印缘》院本张其事，谓夫人以护印得夫人，非寻常护印夫人比。"此剧歌颂了一个卑贱者的睿智，当据真实事件所编。

扬州人又写过一部小说《冷眼观》，书中写道："那位三品大员就是前任两淮盐运司江人镜都转，不清楚是他第几个儿子，却同我们这位张年丈的大世兄甲榜同年，而且出在同门。他们两人因同年同门的因，就结了一个同赌同嫖的果。泥金报后，凡金台有名的男女窑子，没有一处没得他们的足迹。"似乎江人镜的后代，口碑不太好。

江人镜的老家在安徽婺源晓起村，现在尚存三座豪宅，称为荣禄第、进士第、大夫第。进士第建于康熙年间，咸丰间被太平军所毁。其时江人镜在扬州，听说老家被焚,亲手绘制图纸,并解银两重建。江宅风水极为讲究,门前用石板铺出龙形图案,房屋正对南山,门口落脚石上雕刻"雀鹿蜂猴",寓意"爵禄封侯"。江家多出人才,其弟江人铎官及四品。婺源江氏很多,不一定是同宗。传说虹关江氏为攀附大姓,到处通谱联宗,后来找到江人镜。江人镜向当地大姓詹氏了解情况后,得知虹关江氏地位卑微,回去便在祠堂前竖立一碑,告诫后代永远不与虹关江氏交往。

江人镜自光绪十六年(1890)担任两淮盐运使,至光绪二十六年(1900)病逝,共在扬州做官十年。这个时期的扬州城,西风东渐,动荡不安。他就是在此形势下,用盐税来烧砖筑城的。案前的这块城砖也许还留着江人镜的手泽,可是大清江山已经不是用高高的城墙保得住的了。

末代城砖
——"咸丰二年六月□日修"清砖

在古代的城墙砖中,有铭文的城墙砖历史价值最高。城墙砖的铭文分为官名、地名、年代名等。其中铸有年代名的城墙砖,因记载着烧造、修葺城墙的具体年月,故而研究价值更为突出。

在扬州城庆两千五百年的前夕,发现了一块刻有"咸丰二年六月□日修"铭文的扬州城墙砖,为研究扬州城的修造史提供了新的确凿的见证。这块城墙砖很完整,但比通常所见的城墙砖略小,约长一尺,宽四寸,高五寸半。

咸丰二年(1852)是晚清历史上一个关键的年头。在此前一年,太平军占领广西永安州,在永安城分封诸王,封杨秀清为东王,萧朝贵为西王,冯云山为南王,韦昌辉为北王,石达开为翼王。太平天国还建立了初期

"咸丰二年六月□日修"清砖

的官制、礼制、军制,推行自创的历法——"太平天历"。到了咸丰二年(1852),太平军战火燃遍南部中国,他们攻打桂林,进军长沙,占领岳州。到咸丰三年(1853)1月12日,太平军连续攻克武昌、南京,并将江宁改名天京,定都于此。实际上第二年就开始进攻扬州城了。

同样是在咸丰二年(1852),扬州城里正在刊行一部影响中国百年历史的巨著——《海国图志》。这是魏源编著的一部世界地理历史综合性图书。它以林则徐主持编译的《四洲志》为基础,将当时搜集到的其他文献书刊资料和魏源自撰的多篇论文进行扩编,初刻于道光二十二年(1842),为五十卷。道光二十七年(1847)增补刊刻,为六十卷。后又辑录徐继畬的《瀛寰志略》等资料,成一百卷,于咸丰二年(1852)在扬州刊行于世。全书详细叙述了世界舆地和各国历史政制、风土人情,提出"师夷长技以制夷"的中心思想,因而是一部具有划时代意义的巨著。在一百卷本的《后叙》里署明"咸丰二年邵阳魏源叙于高邮州"。

正当南方战火熊熊燃烧之际,北京城里的咸丰帝却在大选秀女。咸丰二年(1852)五月,咸丰帝龙颜大悦,因为他的后宫又多了四名"贵人"——兰贵人、丽贵人、婉贵人、伊贵人,四名"常在"——容常在、鑫常在、明常在、玫常在。其中的兰贵人,即后来臭名昭著的慈禧太后。

可以说,咸丰二年(1852)是太平军势如破竹、清朝廷醉生梦死、思想家力图变革的动荡时代。就是在这风雨欲来、无所适从的时候,扬州城感到岌岌可危、摇摇欲坠,所以当局决定重修城墙,加固防守。这一块城砖就是当年扬州外御兵燹、内忧变法的见证。

然而,一切都晚了。这块城砖尽管完整,但看上去质地疏松,表面粗糙,空隙明显,裂纹深刻,尤其是铭文书法拙劣,显系是在匆忙之中烧制。估计此后扬州城的修补再也没有大规模烧制过城砖,只是用多余的城砖加以补缀而已。

共和热血今犹红

——"五色旗"民国砖

在辛亥革命百年纪念前夕,我没有想到会在一块普通砖头上发现辛亥革命

"五色旗"民国砖

的历史。

那是初夏的一天,因建桦兄从北京回扬州探亲,我们在扬州的几个兄弟一起驱车返乡看看。老家基本上已经面目全非,唯有临河的房子尚存一点旧影。在走过一座大桥时,忽见菜地旁的乱砖堆里有半截砖头,露出奇怪的图案,好像两面旗帜交叉着。因为好奇,便捡起这半截砖头,仔细端详,一时也看不出什么,只是觉得那图案与一种旧时铜币上的图案相似。

回来查阅资料,才明白砖头上的图案是交叉着的两面旗子,右面的是"五色旗",左面的已经漫漶不清,揣想不是"九角旗"就是"青天白日满地红旗",乃是民国年间流行的旗帜。因为"青天白日满地红旗"不可能与"五色旗"同时悬挂,则左面的必是"九角旗"无疑。

不久前,曾有外地收藏家发现一对粉彩花鸟纹光复纪念杯,上面彩绘两面交叉状的旗子,一是以红、黄、蓝、白、黑彩绘成的"五色旗",一是以红彩绘旗,旗子中心以墨彩绘九角形图案,九角尖的内外两圈各以黄彩绘九颗星,即"九角旗"。纪念杯上有"辛亥八月十九日光复纪念品"年款,为它的年代与意义提供了确凿依据。残砖上的图案与纪念杯上的相同,估计应是光复的产物。

"五色旗"和"九角旗"是辛亥革命后最早采用的国旗和军旗。

"五色旗"是民国最早采用的国旗。宣统三年(1911),上海、江苏军政府成立,采纳宋教仁、陈其美的提议,将"五色旗"作为新政权的标志。1912年1月,南京临时政府成立,参议会决定以此旗作为国旗。但孙中山先生认为,"五色旗"是清朝海军之旗,而且以五色表示五族,取义不确,表示反对,并复函参议会暂勿颁行。后参议会迁至北京,于1912年作出决议,以红、黄、蓝、白、黑"五色旗"为国旗,五色代表汉、满、蒙、回、藏五族共和。直至1927年,北洋政府倒台,孙中山领导的国民党以"青天白日满地红旗"为中华民国国旗,取代了"五色旗"。

"九角旗"俗称"十八星旗",全称是"铁血十八星旗",是武昌起义后民国湖北军政府成立时的旗帜。"十八星旗"原是湖北革命团体共进会的会旗。1907年8月间,一批在日本的同盟会会员筹组湖北共进会,任务是谋划在长江中游举行反清武装起义,议定以"十八星旗"为会旗。1911年9月,同盟会策划武昌起义,文学社和共进会两个革命组织召开联席会议,组成起义总指挥部,决定以"十八星旗"为旗帜。武昌起义在1911年10月10日晚7时左右爆发,起义军成功占领武昌全城。10月11日,中华民国湖北军政府宣告成立,"十八星旗"成为其旗帜。"十八星旗"的意义,是代表十八行省。

"五色旗"和"九角旗"交叉悬挂时,通常右边是"五色旗",左边是"九角旗"。但这种情况实际上只存在于共和后的很短一段时期。因为共和刚刚开始,统一的国旗尚未制定,无论是在官场还是在民间,只好以权宜之计张挂旗帜。1912年1月10日,中华民国临时参议会曾通过专门决议,以"五色旗"为国旗,以"十八星旗"为陆军旗。

孙中山先生一直反对以"五色旗"为国旗。他反对的理由有三:其一,"五色旗"乃前清官旗,今推翻其国而用其官旗,似是失体;其二,"五色旗"代表五大民族,但是分配代色,取义不确;其三,既言五族平等,却将"五色旗"上下排列,仍有阶级之分。他曾复函临时参议会,提出待民选国会成立后再行表决。但是,因为当时的报纸已经抢先披露决议结果,国人于是纷纷将"五色旗"作为国旗到处张挂,以表达庆祝共和的心情,一时间造成既成事实。

民国十年(1921)5月5日,孙中山在广州就任非常大总统,明令废止"五色旗",以"青天白日满地红旗"为国旗。但因为北洋政府仍为当时统治全国的政权,广泛认同的国旗仍为"五色旗"。直至民国十五年(1926),国民政府进行北伐,所到之处皆竖"青天白日满地红旗"。民国十七年(1928)北伐完成后,"青天白日满地红旗"终于成为全国统一使用之国旗,全面取代"五色旗"和"十八星旗"。

中国的历史虽然漫长,但是一直没有"国旗"的概念。直到晚清同治初年,清廷才决定以"黄地蓝龙抢赤珠三角旗"为国旗。三角旗形状本是中国军队用旗的惯例,采用此三角旗可显示中国特色,不同于诸夷。不料,因三角旗与国际通用长方形旗样式不合,常被列国所讥,故光绪年间又改为长方形,算是清朝的国旗。

　　"五色旗"残砖,色泽灰白,形制甚小,宽三寸,厚二寸,长不可知,当是民间建筑用物。就我所知,这种"五色旗"砖在扬州一带并不罕见,当年应该遍地皆是。这也证明,熊成基们用鲜血缔造的共和,曾得到扬州民众的普遍欢迎。